소남 이일우와 우현서루

**소남 이일우와 우현서루**

© 도서출판 경진, 2017

**1판 1쇄 인쇄**__2017년 07월 20일
**1판 1쇄 발행**__2017년 07월 30일

**엮은이**__소남 이일우 기념사업회
**펴낸이**__양정섭

**펴낸곳**__도서출판 경진
　　　　　등록__2010-000004호
　　　　　블로그__http://kyungjinmunhwa.tistory.com
　　　　　이메일__mykorea01@naver.com

**공급처**__(주)글로벌콘텐츠출판그룹
　　　　　대표__홍정표　편집디자인__김미미　기획·마케팅__노경민
　　　　　주소__서울특별시 강동구 천중로 196 정일빌딩 401호　전화__02-488-3280　팩스__02-488-3281
　　　　　홈페이지__www.gcbook.co.kr

**값** 20,000원
**ISBN** 978-89-5996-549-6 93000

·이 책은 본사와 저자의 허락 없이는 내용의 일부 또는 전체를 무단 전재나 복제, 광전자 매체 수록 등을 금합니다.
·잘못된 책은 구입처에서 바꾸어 드립니다.

# 소남 이일우와
# 우현서루

소남 이일우 기념사업회 엮음

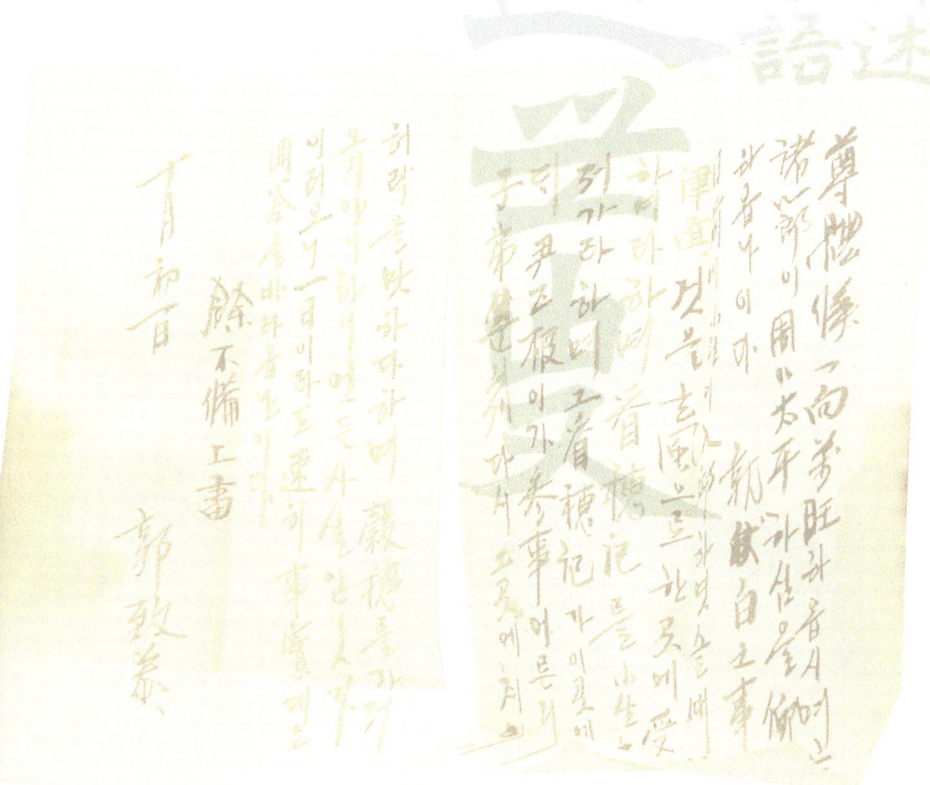

경진출판

소남(小南) 이일우(李一雨, 1870~1936) 공

경주 이장가 금난공파 제실

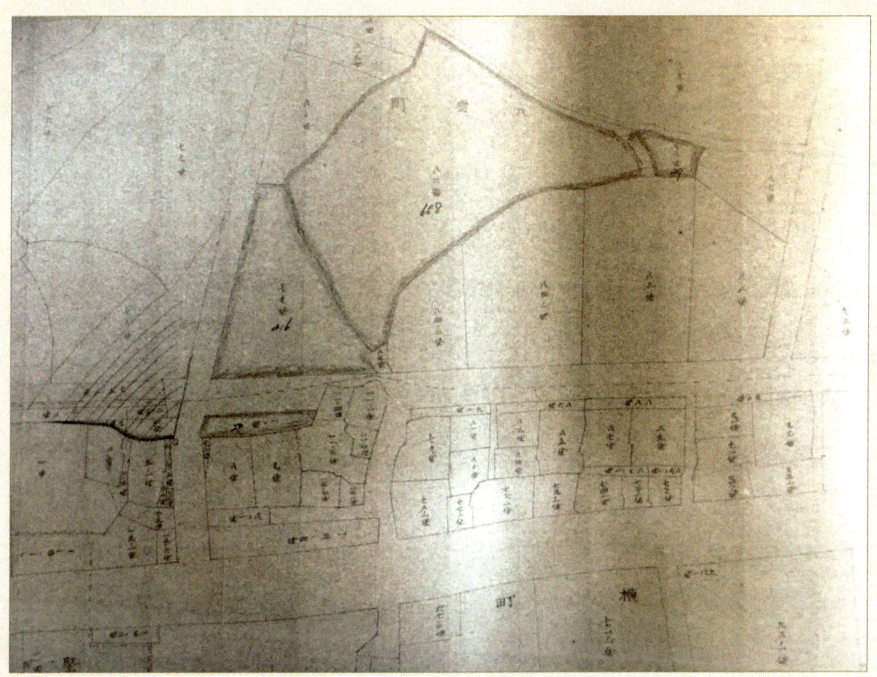
우현서루 소재지로 추정되는 팔운정 101-11번지

友弦書樓(古友)

1952년 李碩熙씨 寄贈. 中華民國 18년 上海 商務印書館에서 影書한 四部叢刊이 주종을 이루고 있다. 東洋의 文學, 歷史, 哲學, 文集 등에 이르기까지 망라적이며, 전체 3,937책이다.

〈우현서루(友弦書樓)〉(경북대학교 중앙도서관)

대구은행 서성로 지점(구 우현서루 자리)

달성 곽치태로부터 소남 이일우에게 온 편지

달성 곽치태가 소남에게 보낸 편지(전장관리에 대한)

소남 이일우에게 온 편지

전답 매매문서(명문)

四部叢刊史部

國語

友弦書樓

▲『사부총간』의 장서인

世界進化史目錄

卷上

| | |
|---|---|
| 人類 | 一葉 |
| 人類獨具之智慧 | 一 |
| 人類共同之責任 | 六 |
| 權力之發達 | 九 |
| 戰爭之性質 | 一一 |
| 和平之思想 | 一四 |
| 種族 | 一八 |
| 亞洲人種 | 一八 |
| 歐洲人種 | 二二 |
| 美洲人種 | 二六 |

世界進化史 目錄 一

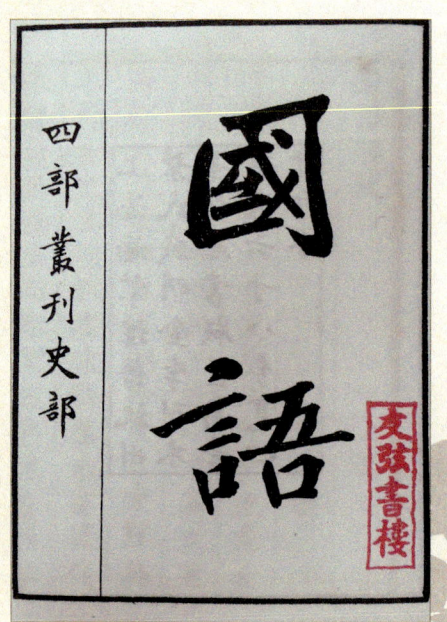

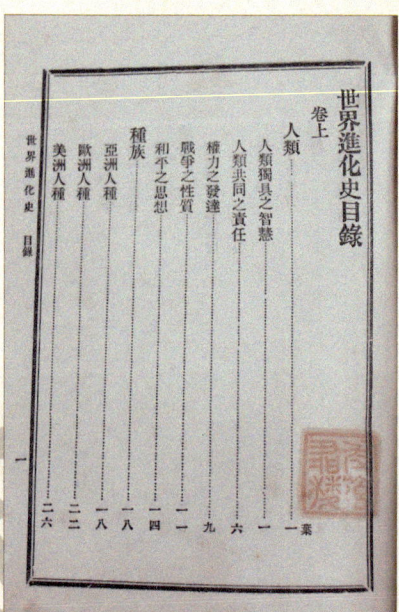

▲『세계진화사』 목록

▼〈우현서루(友弦書樓)〉에서 출발한 교남학교

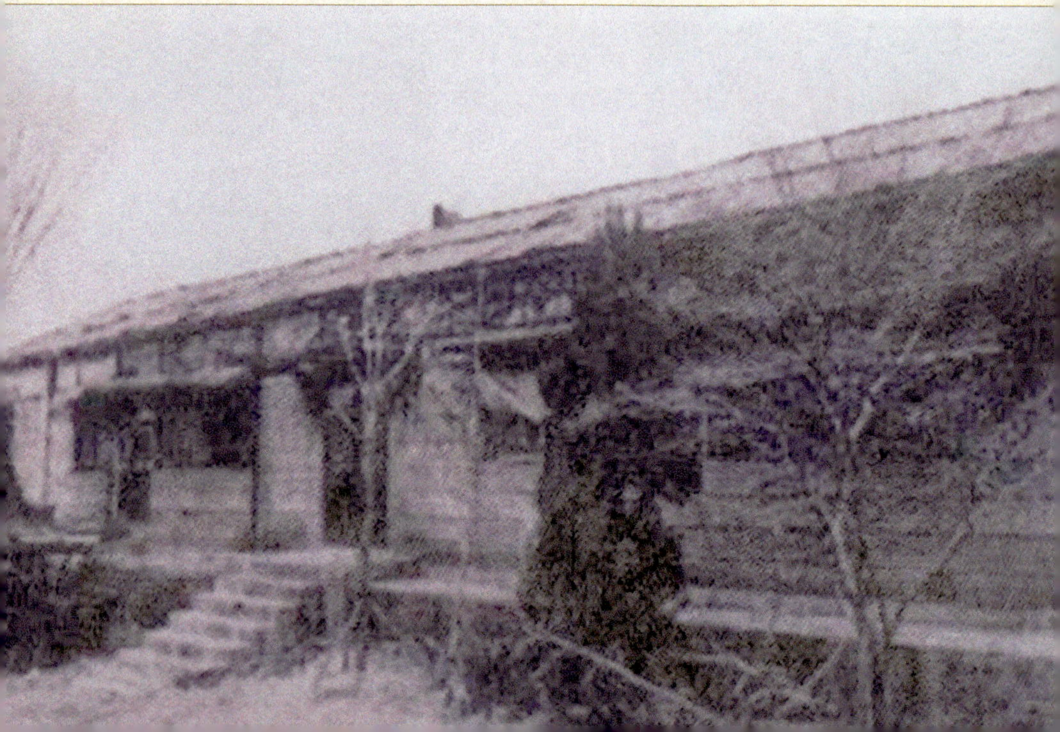

교남학교 1회 졸업생

전주사이일우연의기념비(前主事李一雨捐義記念碑)

금남 이동진·소남 이일우 양대 문집 『성남세고』

"소남 이일우의 생애와 나라사랑 정신"

소남이일우기념사업회 준비위원회 제1회 학술대회

일시: 2016년 09월 26일

"소남 이일우 생애와 나라사랑 정신" 제1회 학술대회

국민의례

소남 이일우 종손 이원호

소남 이일우 기념사업회 준비위원장 이재주

축사: 전내부부장관 이상희

축사: 대구지방보훈청장 오진영

발제: 이상규 교수

발표: 권대웅 교수

발표: 한상인 교수

발표: 김란기 원장

토론좌장 김희곤 교수

종합토론(이정호, 김태열, 김희곤, 변학수, 강윤정)

# 간행사

안녕하십니까? 경주이씨 금남공파 종중의 종손 이원호입니다.

겸손을 미덕으로 역사의 조명에서 비켜 계셨던 소남 이일우 할아버지의 '소남 이일우의 생애와 나라사랑 정신'을 주제로 한 학술세미나에 참석해 주셔서 대단히 감사합니다.

특히 많은 관심과 성원을 보내주신 권영진 시장님, 시의원님, 주호영 국회의원님, 김광림 국회의원님, 윤재옥 국회의원님, 정종섭 국회의원님, 곽상도 국회의원님, 오진영 대구지방보훈청장님, 우동기 교육감님, 이태훈 달서구청장님과 달서구의원님들, 특히 축사를 해주시기 위해 서울에서 내려오신 이상희 전 장관님 그리고 귀한 내빈 여러분께 진심으로 감사의 말씀을 드립니다.

이번 학술대회를 준비하시느라 노고가 많으셨던 이재주 준비위원장님께 머리 숙여 감사드립니다. 준비 시간이 길지 않았음에도 여러 교수님들의 훌륭한 논문이 많이 나와 학술회의를 성공적으로 개최할 수 있게 된 데 기쁘게 생각합니다. 오늘 발표자와 토론자 여러분께 진심으로 감사의 인사를 올립니다.

경주이장가(慶州李庄家) 가문 사람이라면 누구나 어려서부터 배운 일화들이 몇 가지가 있습니다. "길을 걸으며 솔잎으로 마른 목을 축였다", "감나무 잎에 글을 쓰며 글공부를 하였다", "나라가 어려운 때에 잔치를 할 수 없어서 잔치를 할 돈으로 옷을 만들어 구휼에 쓰게 하였다"는 금남/소남 할아버지의 절약과 성실함, 그리고 함께 하는 마음에 대한 일화들이 그것입니다.

이번 학술회의에 발표될 논문들을 읽어보면 이런 일화들은 할아버지께서 걸으셨던 길의 파편에 불과한 듯합니다. 기울어져 가다가 잃어버린 국권을 되찾기 위한 구국의 힘든 노력을 우리가 제대로 배워야 할 것이라 생각합니다.

아직 부족한 자료로 이런 파편들을 모아주신 여러 발표자 여러분들께 진심으로 감사드리며 앞으로 더 발전적인 교육의 장을 만들기 위해 힘을 함께 모읍시다. 현재 소남 이일우 기념사업회는 설립 준비 중에 있습니다. 앞으로 전국에서 가장 빛나는 학술 단체로서 소남 이일우 기념사업회가 성공적으로 발족될 수 있도록 적극적으로 노력 하겠습니다. 그리고 이번 학술회의가 해를 거듭할수록 더욱 발전할 수 있도록 가문 차원에서도 연구를 위한 자료의 공개 등 적극 돕도록 하겠습니다.

"성실함과 신용을 가로로 하고, 근검을 세로로 한다는 가훈을(誠信爲緯 勤儉緯經)" 오직 실천으로 보여주신 소남 할아버지의 일생이 많은 분들께 잔잔한 울림이 되기를 기원합니다.

다시 한 번 이 자리에 함께 해주신 모든 분들께 감사드립니다. 특히 학술대회에 발표하지는 않았으나 옥고를 보내주신 박용찬, 최재목 교수님께도 감사드립니다.

2016년 09월 26일
경주이씨금남공파 종중 종손 이원호

## 경과보고

　　존경하는 이상희 전내부부장관님, 오진영 대구지방보훈청장님 그리고 주호영, 정종섭 의원님을 비롯한 의원님과 대구시의회의장님과 시의원님 그리고 내외 귀빈 여러분 오늘 이 자리는 일반 시민들에게는 잘 알려지지 않았던 소남 이일우 기념사업회 출범을 준비하는 제1회 학술회의에 참석해 주셔서 무한한 영광으로 생각합니다.

　　저의 경주이장가를 일으킨 금남 이동진 공과 소남 이일우 공이 물려주신 겸허한 자세와 검약정신을 저희들 모두의 가슴에 가훈으로 깊이 새기고, 독립운동가 이상정, 일제 저항 민족시인 상화, IOC 한국 위원장을 지낸 상백 선조의 나라사랑하는 그 숭고한 정신을 이어왔습니다.

　　특히 소남 이일우 공은 몰락해가는 대한제국 시대를 거쳐 일제에게 나라를 잃어버린 위난의 시대를 의연히 나라를 사랑하는 정신으로 살았던 분입니다. 대구에서 〈우현서루〉를 세워 계몽교육을 통한 인재교육과 더불어 구국운동으로서 국채보상운동의 한 축을 주도한 핵심적인 인물입니다. 또한 대구지역의 주요 근대 산업화 발전의 중추적 인물이기도 합니다. 그러면서도 늘 주위를 돕는 공동체적 정신을 가진 노블레스 오블리주를 실천한 인물입니다.

"이러니까 저가 겸손하지 못하고 저의 집안 자랑만 한 것 같지요?"

이런 이유 때문에 소남 이일우 선생의 현창 사업을 미루어 왔던 것입니다.

저도 이젠 나이가 들자 이장가의 종녀로서 책임감을 느끼게 되었습니다. 지금이라도 소남 이일우 선생의 나라사랑 정신을 일깨워 우리들의 후손들에게 교육의 지침이 될 수 있도록 해야겠다는 판단에서 "소남 이일우 기념사업회"를 결성을 결심하였습니다. 그동안 여러 가지 말 못할 어려움 앞에 부닥치기도 했습니다.

종중 친척들을 설득하는 동시에 학계 인사를 비롯하여 주변의 지인들에게 도움을 요청하였습니다. 그리고 임시 사무실도 마련하고 정관의 기초를 마련해 둔 상황입니다. 그런데 예상 외로 그 반향이 큰 울림으로 다가왔습니다.

앞으로 〈우현서루〉의 복원과 소남 이일우 선생이 살다간 생가 터의 문화재 등록과 함께 시민들에게 공개하는 등의 사업을 통해 소남이 남겨 주신 공동체에 이바지하는 정신을 계승해나갈 것입니다. 그리고 소남과 이상악, 상정, 상화, 상백, 상오 선생과 관련 중요 문화유산을 학계에 널리 공개하여 참다운 연구가 진척될 수 있도록 하는 동시에 콘텐츠로 재구성하여 지역민들에게 제공하는 데 노력을 기울이겠습니다.

이러한 일이 나라 사랑 정신으로 그리고 이 대구지역의 문화발전에 기여할 수 있도록 저에게 주어진 소임을 다할 것을 약속드리며

정부에서도 적극 지원해 주실 것을 기대합니다.

 앞으로 소남 이일우 기념사업회의 출범을 위해 많은 분들의 의견을 수렴하여 그 사업회의 기본 방향을 설정하되, 연구자 중심의 사단법인 소남 이일우 기념사업회로 자리를 잡을 수 있도록 매진하겠습니다.

 오늘 첫 학술대회의 발표와 토론을 위해 진력을 다 해주신 여러 교수님들에게 먼저 머리 숙여 감사의 인사를 드립니다. 그리고 오늘 참석하신 내외 귀빈 여러분께 다시 한 번 감사의 인사를 드립니다.

2016년 9월 26일<br>
소남 이일우 기념사업회 준비위원장 이재주

# 축 사

안녕하십니까?

민족과 국가 앞에 주어진 시대적 소명을 다해온 자랑스러운 호국의 도시 대구에서 대구 계몽교육의 선구자 '소남 이일우 선생 학술회의'를 개최하게 된 것을 매우 기쁘게 생각하며, 진심으로 축하드립니다.

소남 이일우 선생님께서는 일제강점기에 신지식을 제공하고 고명한 인사들의 강연·토론 등 숱한 우국지사를 배출한 대구정신의 산실인 우현서루(友弦書樓)를 개설하였으며, 시무학당, 달서여학교 등 교육기관 설립에 적극 참여하였고, 대구광학회를 결성하여 대구 국채보상운동을 주도하는 등 애국계몽운동과 국채보상운동에 앞장서신 분입니다.

"역사적인 현자들과 벗을 삼는다"는 우현서루의 뜻처럼 오늘 학술회의 통해 소남 이일우 선생님을 재조명하고, 대구시민들에게도 선생님의 나라사랑 정신이 널리 전해지는 계기가 되기를 바랍니다.

오늘 '소남 이일우선생 학술회의'를 마련해 주신 이장가 장손 이원호님과 이재주 소남 이일우 기념사업회 준비위원장님께 감사의 말씀을 드리며, 함께 해주신 모든 분들의 가정과 직장에 건강과 행운이 함께 하시기를 기원합니다.
　감사합니다.

2016년 9월 26일
대구광역시장 권영진

# 축 사

　그 어느 해보다 무더웠던 여름이 가고 겨레의 큰 명절 한가위도 막 지나 이제야 잠시 숨을 고르며 아름다운 우리나라 가을 하늘을 우러러 봅니다. 이 좋은 절기에 우리 지역의 민족 자본가로 나라 잃은 엄혹한 현실에 맞서 겨레사랑을 실천하신 소남 이일우 선생을 추모하는 학술대회가 열리게 됨을 진심으로 축하합니다.

　소남 선생은 구한말과 일제강점기 우리 지역을 대표하는 민족 자본가로 대구에서 시작된 국채보상운동을 주도하신 분입니다. 국채보상운동은 나랏빚을 갚자는 구국운동을 넘어 당시 각계각층의 시민의식이 성장해 간 시민운동이기도 해 세계사적으로도 그 의의가 큰 운동입니다. 이에 지금 우리 지역을 중심으로 국채보상운동 관련 기록물들을 세계기록문화유산으로 등재하자는 운동이 한창 진행 중입니다. 이처럼 뜻 깊은 운동을 주도하신 것만으로도 선생의 겨레사랑과 실천적 지성은 크게 추앙받아 마땅합니다.

　이와 더불어 선생께서는 교육 운동에도 많은 힘을 기울이셨습니다. 특히 나라의 운명이 풍전등화이던 1905년, 막대한 사재를 들여 '우현서루'라는 도서관을 열고 전국의 지식인들을 불러 모아 교육 운동을 펼치신 점을 저는 크게 우러러 봅니다. 선생의 조카이신 독립운동가 이상정, 민족시인 이상화를 비롯하여 장지연 등 150여 명의 의인, 열사가 이곳에서 배출되었으니 '우현서루' 나아가 대구는 당대 민족 교육의 요람이며, 인재의 산실이었습니다. 오늘날 대한민국 교육수도 대구의 위상은 이러한 전통에 굳건히 뿌리를 둔 것이라 여김에, 소남 선생과 같은 선각자 여러분의 헌신이 저는 참으로 자랑스럽고 소중합니다.

이처럼 소남 선생은 암담한 민족사를 극복하기 위해 부의 사회적 환원을 과감히 실천함으로써 우리 역사에서 흔치 않은 노블레스 오블리주를 보여 주었습니다. 부디 이번 학술 대회가 성황을 이루어, 오늘을 사는 이들에게 선생의 이 같은 겨레 사랑과 나눔의 삶이 널리 귀감이 되기를 진심으로 기원합니다.

감사합니다.

2016년 9월 26일
대구광역시교육감 우동기

## 축 사

안녕하십니까? 대구지방보훈청장 오진영입니다.

광복 제71주년을 맞이하여 소남 이일우 선생의 학술회의를 개최하게 된 것을 진심으로 축하드리며, 오늘 회의를 준비해 주신 소남 이일우 기념사업회 준비위원장 이재주님을 비롯한 관계자 여러분의 노고에 감사의 말씀을 드립니다.

'소남 이일우 생애와 나라사랑 정신'이라는 주제로 오늘 진행되는 학술회의를 통해 그 동안 역사에 묻혀왔던 소남 이일우 선생의 독립운동 공적에 대한 심도 있는 논의와 평가가 이루어지기를 바랍니다.

신지식 보급은 물론 항일 지식인의 사랑방이자 계몽사상 전파처로 알려진 우현서루를 통해 선생이 실천하신 나라사랑 정신이 재조명되어 독립운동자 포상 심의의 기초자료가 되고 독립운동사에서 인정받을 수 있기를 기대해 봅니다. 또한, 10월 준공 예정인 이상화 기념관과 복원을 계획하고 있는 우현서루까지 잘 마무리되어 소남 이일우 선생과 가계의 독립운동과 민족정신을 배울 수 있는 체험교육의 산실로 활용될 수 있기를 바랍니다.

　지금 우리는 남북으로 분단된 채 자국의 이익을 위해서라면 언제라도 돌아설 수 있는 냉혹한 국제사회의 현실에 직면해 있습니다. 그 어느 때보다도 선열들이 몸소 실천하신 나라사랑정신으로 하나가 되어 이 위기를 극복하고 통일 한국으로 나아가는 기반을 다져야 할 때입니다.

　오늘 이 학술대회를 통해 선생의 나라사랑정신이 지금의 우리는 물론 미래세대에까지 이어지는 계기가 되기를 바랍니다.
　감사합니다.

2016년 9월 26일
대구지방보훈청장　오진영

# 축 사

여러분 반갑습니다. 새누리당 주호영 의원입니다.

오늘 '소남 이일우의 생애와 나라사랑 정신'을 주제로 학술대회가 개최된 것을 매우 진심으로 축하드리며, 행사 준비를 위해 애써주신 이재주 위원장님을 비롯한 소남이일우기념사업회준비위원회 관계자 여러분께 감사드립니다.

이상화 시인의 부친 이시우의 친형이었던 소남 이일우선생은 구한말에 나라가 망하는 조짐이 보이자 '나라가 없으면 지방 토호의 재력 따위는 한 줌 티끌에 불과하다'는 깨달음으로 우현서루(友弦書樓)를 세워 인재양성을 도모하였습니다.

또, 다양한 회사 및 기관을 설립하고 운영하여 민족자산을 축적하고 근대산업 기술을 발전을 도모하고 독립지사들을 후원하고 독립운동을 지원하였으며 대구광학회(大邱廣學會)를 이끌고 국채보상운동(國債報償運動)을 대구광문회(大邱廣文會)와 함께 추진한 핵심인물입니다.

이러한 소남 선생의 나라사랑 정신은 어려운 안보상황과 경제위기를 맞은 지금 이 시대를 사는 모두에게 계승되어야 할 소중한 유산입니다.

그간 자산의 축적과정 등을 비롯한 터무니없는 오해와 사료의 부족 등으로 그의 업적이 조명을 받지 못하고 있어 안타까운 심정이었습니다만, 오늘 학술대회를 통해 소남의 교육의식과 광복정신을 다시 재조명하게 되어 매우 뜻 깊게 생각합니다.

모쪼록 오늘 학술대회가 소남 선생의 나라사랑 정신을 오늘에 되살려 세계 중심에 당당히 서는 부강한 나라를 이룩하는 동시에 우리나라 독립운동사 연구에도 크게 기여하는 소중한 시간이 되기를 기대합니다.

발표와 토론에 임해주신 여러 교수님과 연구자분들께 깊이 감사의 말씀을 드리며, 함께하신 모든 분들의 건강과 행운을 기원합니다. 감사합니다.

2016년 9월 26일
국회의원 주호영

# 축 사

안녕하십니까? 경북 안동의 국회의원이자 새누리당 정책위의장 김광림 의원입니다. 소남 이일우 선생의 생애와 업적을 기리는 학술대회가 열리게 된 것을 진심으로 축하드립니다.

오늘 귀한 자리 마련해 주신 이재주 준비위원장님을 비롯한 소남 이일우 기념사업준비위원회 회원 여러분들께도 감사드립니다.

소남 선생님은 을사늑약 이후 대한민국의 주권을 되찾고자 대구 경북에서부터 시작하여 전국으로 퍼져나간 국채보상운동을 추진하신 핵심 인물이셨습니다. 또한 수많은 우국지사를 배출한 〈우현서루〉와 대구의 명문 사학인 교남학교(대륜학교 전진)의 기반을 마련하신 대구 경북을 대표하는 계몽교육의 선구자이기도 하셨습니다. 하지만 우리는 그동안 항일투쟁으로 평생을 바치신 소남 선생의 삶을 잘 모르고 살아왔습니다. 서슬 퍼런 일제 치하에 맞서 항일투쟁과 독립운동에 헌신하시고도 끝내 대한민국의 광복을 못 보시고 눈 감으신 그분의 생애를 돌이켜 보면 저 역시도 숙연해지는 듯합니다.

모쪼록 오늘 이 자리를 통해 조금이나마 소남 선생의 애국정신이 재조명될 수 있어 진심으로 다행이라 생각합니다. 그뿐만 아니라 대구경북의 민족 자본의 발전을 위해 헌신하신 소남 이일우 생가의 문화재 등록과 복원, 근대 계몽교육의 산실이었던 〈우현서루〉를 복원하는 일은 우리들에게 주어진 과제라고 할 수 있습니다.

소남의 삶 전체에 녹아있는 나라를 위하시던 마음을 우리 후손들도 본받아 지역사회와 나라 발전에 이바지할 수 있는 계기가 되었으면 좋겠습니다.

거듭 오늘 학술대회를 축하드리며 앞으로 소남 이일우 기념사업회도 승승장구하시길 바랍니다. 함께 자리해주신 모든 분들의 건강과 행복을 기원하겠습니다.
감사합니다.

2016년 9월 26일<br>
새누리당 정책위의장 국회의원 김광림

## 축 사

안녕하십니까? 국회의원 윤재옥입니다.

'소남 이일우의 생애와 나라사랑 정신' 학술회의가 개최됨을 진심으로 축하드리며, 본 행사를 위해 애써주신 이재주 준비위원장님과 소남 이일우 선생 일가를 비롯한 토론자 및 관계자 여러분께 깊은 감사와 격려의 말씀을 전합니다.

소남(小南) 이일우 선생은 독립운동가 이상정, 민족시인 이상화 선생의 백부이자, 1905년 우현서루를 개설하여 많은 우국지사를 배출하고, 교남학교(현 대륜고)를 설립한 계몽 교육의 선구자입니다.

'빼앗긴 들에 봄'이 온 것은 사회적 신분과 막대한 재력에도 불구하고 도덕적 의무를 다한 우리 선조들이 있었기에 가능했습니다.

오늘 이 자리가 소남 선생을 비롯한 선열들의 숭고한 애국정신과 나라사랑 마음을 후손들이 이어나갈 수 있는 계기가 되기를 바라겠습니다.

이번 학술회의를 통해서 소남 이일우 선생의 생애가 독립운동사에서 재조명 될 수 있기를 기대하며, 대구 항일운동의 산실이자 애국지사 양성소였던 우현서루 복원을 통해 후손들이 이일우 선생 가문의 노블레스 오블리주 정신을 계승할 수 있는 역사교육 및 애국정신의 산실이 되도록 국회에서도 적극적으로 노력하겠다는 말씀을 드립니다.

감사합니다.

2016년 9월 26일
대구 달서을 국회의원 윤재옥

# 축 사

안녕하십니까? 국회의원 정종섭입니다.

소남 선생의 업적을 기리기 위한 '소남(小南) 이일우(李一雨)의 생애와 나라사랑 정신' 학술대회 개최를 진심으로 축하드립니다.

이번 학술대회 개최를 위해 애써주신 '소남 이일우 기념사업회' 이재주 준비위원장님을 비롯한 관계자 여러분의 노고에 깊이 감사드립니다. 또한 바쁘신 와중에도 오늘 학술대회의 강연과 발표 및 토론을 맡아주신 전문가 여러분께도 감사의 말씀을 드립니다.

소남 이일우 선생은 일제식민지 통치시기 대구지역 독립운동의 중심에 있었던 분으로, 국채보상운동을 추진한 핵심 인물입니다. 우현서루(友弦書樓)를 개설하여 수많은 우국지사를 배출한 계몽교육의 선구자였고, 민족자산을 축적하고 근대 산업화를 추진하여 대구와 나라 발전에 기여한 분입니다.

소남 선생의 선구자적 안목과 통찰력, 그리고 나라사랑 정신은 지금 대한민국이 직면한 여러 위기를 극복하는데 많은 시사점을 줄 것입니다. 북핵문제 등 대외적 위기와 사회갈등, 고령화 등 대내적 문제를 극복하기 위해서는 무엇보다 나라사랑 정신의 함양이 필요하며, 중장기적인 통찰력과 안목도 절실합니다.

이번 학술대회는 소남 이일우 선생의 활동과 업적을 면밀히 탐구하고 새롭게 조명하는 자리입니다. 대구를 중심으로 이어져 온 선생의 나라사랑 정신을 계승함으로써 대구시민의 긍지를 높이고 국민 모두의 애국심을 함양하는 소중한 자리가 되기를 간절히 바랍니다.

뜻깊은 학술대회에 참석하신 모든 분들의 건승과 행운을 기원하며, 학술대회의 성공과 소남 이일우 기념사업회의 무궁한 발전을 늘 응원하겠습니다. 감사합니다.

2016년 9월 26일
새누리당 동구 국회의원 정종섭

# 축 사

여러분 안녕하십니까? 국회의원 곽상도입니다.

우리 독립운동사의 큰 별, '소남 이일우 선생의 생애와 나라사랑 정신'을 고찰하는 학술대회가 열리게 된 것을 진심으로 축하드립니다.

아울러 학술대회 준비에 애쓰신 준비위원, 장손 이원호님, 종녀 이재주님을 비롯한 관계자 여러분의 노고에 감사드립니다.

소남 이일우 선생은 민족정기를 바로잡기 위해 정신계발을 통한 항일투쟁과 체계적인 교육활동을 지원하기 위해 우현서루를 개설하여 많은 우국지사를 배출하였고, 금융기관, 언론기관 등을 설립해 민족자산을 축적하고 근대 산업화를 추진한 대구 근대 산업화의 중심인물이십니다.

독립운동가 이상정, 일제 저항시인 이상화 등 걸출한 인재를 양성하고, 많은 독립지사들을 후원하셨지만 소남 이일우 선생의 업적은 우리 독립운동사에서 조명받지 못한 부분이 많은 것 같습니다.

"역사를 잊은 민족에게 미래는 없다."

영국 정치인 윈스턴 처칠이 했던 말입니다. 이번 학술대회를 통해 뼈아픈 우리 민족의 역사를 되새기고 미래를 준비해나갈 수 있는 계기가 되길 바라며, 소남 이일우 선생의 생애와 업적이 재조명되길 기대합니다.

다시 한 번 학술대회 개최를 축하드리며, 오늘 이 자리에 함께해주신 모든 분들의 가정에 건강과 화목을 기원드립니다.

감사합니다.

2016년 9월 26일
새누리당 중남구 국회의원 곽상도

# 목 차

**사진으로 보는 소남 이일우**  4
**간행사**(경주이씨 금남공파 종중 종손 이원호)  17
**경과보고**(소남 이일우 기념사업회 준비위원장 이재주)  19
**축사**(권영진 대구광역시장  22, 우동기 대구광역시 교육감  24, 오진영 대구지방보훈청장  26, 주호영 국회의원  28, 김광림 국회의원  30, 윤재옥 국회의원  32, 정종섭 국회의원  34, 곽상도 국회의원  36)

## 제1부 소남 이일우의 생애와 나라 사랑

**소남 이일우: 생애와 사상, 평가와 재조명**  이상규  45
  1. 소남 이일우는 누구인가? ································································· 45
  2. 소남 이일우에 대한 조명 ······························································· 47
  3. 소남 이일우 재조명 ········································································· 67
  4. 마무리 ······························································································· 83

**소남(小南) 이일우(李一雨)의 생애와 국권회복운동**  권대웅  86
  1. 머리말 ······························································································· 86
  2. 출생과 성장 ····················································································· 88
  3. 계몽운동기의 신교육구국운동 ······················································· 96
  4. 맺음말 ····························································································· 107

**우현서루는 대구정신의 산실이다**  최미화  115
  1. 우현서루(友弦書樓)란? ································································· 115
  2. 소남의 생애 ··················································································· 117
  3. 우현서루는 대구정신의 산실 ······················································· 118

## 소남 이일우가의 근대기업활동과 경제관 ___ 한상인 ___ 123

1. 서론 ·································································································· 123
2. 소남의 생애 ······················································································ 125
3. 소남가의 근대기업 활동 ··································································· 127
4. 소남의 경제관 ··················································································· 145
5. 결론 ·································································································· 150

## 근대계몽기 대구의 문학 장(場) 형성과 우현서루 ___ 박용찬 ___ 154

1. 서론 ·································································································· 154
2. 우현서루(友弦書樓)의 설립 동기와 과정 ········································· 156
3. 우현서루 소장도서와 근대지(近代知)의 보급 ································· 163
4. 출판사 광문사와의 연계 ·································································· 172
5. 결론 ·································································································· 176

## 근대 대구 정신의 요람 〈우현서루(友弦書樓)〉 ___ 180
___ 최재목·정다운·김찬우·곽재관 ___

1. 서언 ·································································································· 180
2. 〈友弦書樓〉에 대한 기록 ································································· 181
3. 〈友弦書樓〉의 실체 ········································································· 188
4. 결어 ·································································································· 203

## '우현서루', 근대화 담론의 장(場)을 열다 ___ 백승종 ___ 208

1. 출발점 ······························································································ 208
2. 이일우는 누구인가 ·········································································· 209
3. 서루(書樓)의 이름에 새긴 이일우 일가의 충정 ······························ 215
4. 시무학당에서 우현서루로 ······························································· 221
5. 근대화 담론의 중심에 선 우현서루 ················································ 228
6. 우현서루는 국채보상운동의 한 축 ·················································· 237
7. 요약과 전망 ····················································································· 241

## 소남 이일우 가옥의 보존과 활용에 관하여 ___ 김란기 ___ 244

1. 이일우 가옥 개요 ············································································· 244
2. 조사 개요 ························································································· 252
3. 등록문화재 제도 검토 ····································································· 262

## 제2부 토론

소남 이일우 발제에 대한 토론 ____ 변학수 ____ 273

## 부록

소남 이일우 「행장(行狀)」 ____ 박승조(朴承祚) ____ 279

소남 이일우 「유사(遺事)」 ____ 이상악(李相岳) ____ 294

『성남세고(城南世稿)』 발문(跋文) ____ 이상무(李相武) ____ 306

소남 이일우 년보 ____ 이상규(李相揆) ____ 308

경주이장가 소남공 가계 ____ 342

# 제1부 소남 이일우의 생애와 나라 사랑

소남 이일우: 생애와 사상, 평가와 재조명 ─ 이상규

소남(小南) 이일우(李一雨)의 생애와 국권회복운동 ─ 권대웅

우현서루는 대구정신의 산실이다 ─ 최미화

소남 이일우가의 근대기업활동과 경제관 ─ 한상인

근대계몽기 대구의 문학 장(場) 형성과 우현서루 ─ 박용찬

근대 대구 정신의 요람 〈우현서루(友弦書樓)〉 ─ 최재목·정다운·김찬우·곽재관

'우현서루', 근대화 담론의 장(場)을 열다 ─ 백승종

소남 이일우 가옥의 보존과 활용에 관하여 ─ 김란기

# 소남 이일우: 생애와 사상, 평가와 재조명

이상규(경북대학교)

## 1. 소남 이일우는 누구인가?

소남(小南) 이일우(李一雨, 1870~1936)는 대구지역의 근대사 흐름에 여러 가지 방면에서 매우 중요한 영향을 끼친 인물이다. 특히 조선 후기에서 일제강점기를 거치는 근대화 과정에서 전형적인 민족자본의 이행 사례를 보여주는 핵심 인물이다. 특히 일제강점기에 대구광문회(大邱廣文會, 김광제, 서상돈 주도)와 함께 대구광학회(대구광학회, 이일우, 이종면 주도)를 이끌며 국채보상운동(國債報償運動)을 공동으로 추진한 핵심 인물이다. 소남 이일우 선생은

첫째, 1904년 〈우현서루(友弦書樓)〉를 개설하여 중국으로부터 많은 서책을 구입하여 강호제현에게 제공하며 강학을 할 수 있게 함으로써 숱한 우국지사를 배출하였다. 또 교남학교[1] 설립의 기초를

---

[1] 이일우가 설립한 〈우현서루〉에서 출범한 〈교남학교〉는 1921년 9월 홍주일, 김명

놓은 것뿐만 아니라 달서소학교, 노동야학교 등을 설립하고 교원으로도 활약한 대구지역의 계몽교육을 선도한 선구자이다.

둘째, 소남 이일우는 구한말 대구를 중심으로 아들인 상악(相岳)과 더불어 광산개발, 섬유산업, 주정회사, 금융기관, 언론기관 설립 투자와 운영을 통한 민족 자산을 축적하고 근대산업 기술을 발전시킨 대구 근대산업화의 핵심인물이다.

셋째, 독립운동가 상정(相定), 일제저항 민족시인 상화(相和), 초대 IOC위원 상백(相佰)과 대한체육회사격연맹 제4대 회장 상오(相旿) 등 집안의 인재 양성뿐만 아니라 많은 독립지사들을 후원하고 독립운동을 지원한 인물이다.

넷째, 당시 대부분의 대구 지역 지주와 자산가들이 소작농으로부터 비난의 대상이 되거나 일제에 야합하였지만 소남 이일우는 그의 아버지인 금남공과 더불어 소작농들에게 가뭄이나 수해의 재난이 휩쓸고 가면 지세나 수세를 대납하거나 도지(賭地)를 인하하는 호의를 베푼 모범적인 대지주로서 대구사회에서 노블레스 오블리주(noblesse oblige)를 실천한 인물로 평가된다.

---

지, 정운기 등이 우현서루(대구 팔운정 101-11번지)에서 사설학습강습소로 출발하여 설립하였다. 교남학교 설립은 이일우 선생의 지원과 그를 따르던 홍주일, 김명지, 정운기가 주동하여 학교를 설립하게 된다. 1940년 10월 서병조가 이를 인수하여 대륜학교로 교명을 바꾸고 재단명칭을 대봉교육재단으로 명명하였다. 1948년 1월 25일 대봉교육재단은 대륜교육재단으로 변경하였다가 1971년 서병조는 대륜교육재단 설립 50주년 기념식을 하였고 1963년 5월 다시 재단이 변경되어 오늘에 이르고 있다.

## 2. 소남 이일우에 대한 조명

그동안 경주이장가(慶州李庄家)가 배출한 독립운동가 상정(相定), 일제저항 민족시인 상화(相和), IOC 위원 상백(相佰) 등의 이름난 유명 명사들의 그늘에 가려 세상에 널리 알려지지 않았다. 그 중요한 이유는 관계 사료가 학계에 뒤늦게 공개되었고 일부 사료가 관리 부실로 도난 또는 유실되었기 때문이다. 그러나 최근 경주이장가(慶州李庄家)에서는 남아 있는 관련 사료를 알뜰하게 수습하여 공개와 함께 지역 문화 발전을 위해 적극적으로 제공할 의사를 밝힘으로써 그동안 미루어왔던 소남 이일우에 대한 연구가 본격적인 궤도에 오를 것으로 전망된다. 특히 사료뿐만 아니라 대구 서성로에 소재하는 소남의 생가 고택을 문화재로 지정한 이후 복원과 더불어 경내에 이상화 문학관을 건립하여 시민에게 공개할 것이라 하니 큰 기대감을 가질 수 있을 것 같다.

조선 말엽 봉건시대와 대한제국시대를 거쳐 일제침략기 동안 전통적인 봉건 자본을 근대 민족 자본으로 계승 발전시켜 온 소남(小南) 이일우(李一雨)와 그의 부친 금남(錦南) 이동진(李東珍)에 대한 객관적인 조명이 필요하다. 비판은 차치하고라도 인터넷에 떠도는 전혀 근거가 없거나, 무지(無知)에 가까운 추론(推論), 곧 친일세력으로 매도하려는 일방적 논의들은 그를 조명하는 데 걸림돌이 된 것만은 분명하다. 최근 진지한 학문적 연구가 쇠퇴하면서 올바른 역사의식을 토대로 한 역사적 인물의 평가를 저지하고 있다. 그렇기 때문에 우리는 사료를 토대로 한 실증적 연구로 잊혀진 역사적 인물을 재조명하고 그것을 토대로 역사와 학문의 진리를 회복하여야 한다. 또한 성긴 실증적 사료가 메워주지 못하는 부분에 대한 개인의 행적과 사상은 시대에 대한 정밀하고도 직관적인 통찰력을 통해 복원하려는 노력이 필요하다. 이것이야말로 진정한 학문적인 태도라고 할 수 있다. 이런 관점에서 그간 소남 이일우와 관련된 연구 가운데 오해와 비난을 받았던 문제점들을 몇 가지 간추려 보면 다음과 같다.

첫째, 금남 이동진 공과 소남 이일우 가문의 자산 증식 과정에 대한 의혹.
둘째, 대구광문회(大邱廣文會)와 대구광학회(大邱廣學會)가 공동으로 추진한 국채보상운동의 실체.
셋째, 소남 이일우와 친일파 박정양(朴定陽, 1841~1904)의 관계와 3.1운동 이후 자제단 가입과 관련한 친일파 논쟁의 문제.
넷째, 사료의 선택과 제한의 문제.

이상에 세 가지 문제를 먼저 검토한 이후 소남 이일우의 공과를 검토하는 순서로 진행하려고 한다.

## 1) 금남과 소남의 자산 증식 과정

지금까지 경주이장가가 조선 말 대구지역의 신흥 부자로 등장하였다. 따라서 "당시 대구사회에서는 동진공의 실력을 두고 신흥부자의 출현이라는 소문이 자자하여 드디어 탐오로 이름난 영남관찰사의 토색 표적으로 지목되었다."[2] 그런데 금남공의 자산 축적에 대한 평가는 상당한 시각의 차이를 보이고 있다. 김일수(2009: 217~218)는

---

2) 상백 이상백평전출판위원회, 『상백이상백평전』, 을유출판사, 1996, 33쪽.

이일우(호 小南, 1869~1936)의 아버지이자 시인 이상화의 할아버지인 이동진(李東珍, 1836~1905)부터였다. 알려진 것에 따르면 이동진은 매우 가정 형편이 어려운 집안에서 태어나 힘든 유소년기를 보냈다고 한다. 그렇게 무일푼이던 이동진이 당시 영남에서 가장 큰 시장 가운데 하나였던 대구의 서문 밖 시장에서 어떤 상인의 도움으로 시전(市廛 일종의 돈놀이)을 놓으면서 돈을 조금씩 모으게 되었다고 한다. 이동진은 그렇게 모인 돈을 가지고 당시 영남지역에서 어염미두(魚鹽米豆) 교환방식으로 성행하던 낙동강무역에 뛰어 들었고, 여기에서 무척 많은 돈을 모으게 되었다. (…중략…) 이동진은 낙동강 무역을 통해 인생역전에 성공하였고, 삼천석의 부자가 되었다고 알려져 있다.

이일우는 서문시장 및 고령, 자인, 청도 등지의 장터를 상대로 돈놀이[를] 해[서] 번 [돈]을 다시 토지에 투자해 지주가 된 이동진의 장남이었고, 우현서루를 운영하면서 대구 계몽운동을 이끈 중심 인물이었다.[3]

인용문에서 보다시피 이동진의 자산 축적 과정을 "~라고 알려져 있다"라는 추측성 기술을 기정사실화함으로써 마치 그가 고리대금업으로 자산을 축적한 것처럼 자산 형성을 왜곡하기 시작하였는데 심지어 다른 학자들까지도 이러한 논의에 대한 실증적 검토 없이 인용함으로써 거리낌 없이 그에 대한 나쁜 이미지를 만들어 낸 것이다.

박창암(朴蒼巖, 1996: 33)은

신혼의 애서(愛壻)인 동진공에게 그 빙장께서 가용에 보태라는 용돈으

---

3) 김일수, 『근대 한국의 자본가』, 계명대학교출판부, 2009, 65쪽.

> 로 2냥을 주셨는데, 뼈저린 빈한(貧寒)의 체험에서 이를 가벼이 낭비하지 않고 소중히 간직하여 <u>식화(殖貨)를 시도했고</u> 성장하면서 이재(理財) 활동의 일환으로 채금사업(採金試業)에서 2백원의 돈을 벌게 되면서 <u>식화(殖貨)가 순조로워졌고</u> 이후 방적, 영농 등 사업을 벌이는 대로 잘 되어 드디어 각고 끝에 천 수백 두락의 부를 기초로 일가를 크게 이루었다.4)

라고 하면서 좀 더 구체적인 진술을 하고 있으나 '식화(殖貨)' 곧 돈을 증식시켰다고 하면서 그것이 긍정적인 통로인지 부정적인 통로인지, 그것이 어느 정도의 재산 증식을 가져왔는지 그 구체적인 방법에 대해서는 밝히지 않고 있다. 그리고 이것은 앞에서 논의한 김일수(2009: 217~218)의 서술과 비교해 보면 전혀 다른 시각이라는 것을 알 수 있다.

상화의 할아버지인 이동진(李東珍, 1836~1905)부터였다. 알려진 것에 따르면 이동진은 매우 가정 형편이 어려운 집안에서 태어나 힘든 유소년기를 보냈다고 한다. 그렇게 무일푼이던 이동진이 당시 영남에서 가장 큰 시장 가운데 하나였던 대구의 서문 밖 시장에서 어떤 상인의 도움으로 시전(일종의 돈놀이)을 놓으면서 돈을 조금씩 모으게 되었다고 한다. 이동진은 그렇게 모인 돈을 가지고 당시 영남지역에서 어염미두 교환방식으로 성행하던 낙동강 무역에 뛰어들었고, 여기에서 무척 많은 돈을 모으게 되었다.5)

김일수(2009: 217~218)는 낙동강 어염미두 무역을 통한 증식으로,

---

4) 상백 이상백평전출판위원회, 『상백이상백평전』, 을유출판사, 1996, 33쪽.
5) 김일수, 『근대 한국의 자본가』, 계명대학교출판부, 2009, 218쪽.

박창암(朴蒼巖, 1996: 33)은 채금시업을 통한 식화를 한 후 방적, 영농 등을 통해 천 수백 두락의 자산으로 발전되었음을 알 수 있다고 밝히고 있어 어느 진술이 사실인지 알 수 없다. 이러한 논의에 불을 당긴 것은 박창암의 논의로부터 시작된 것으로 보인다.6) 다른 사람의 풍문으로 듣고 기술한 것을 제외하면 금남 이동진 공의 자산 증식 과정에 대한 내용은 『성남세고(城南世稿)』에 자신의 기술과 함께 그의 아들 소남 이일우와 그리고 친지들의 기록이 유일하다.7)

『성남세고(城南世稿)』에 「이장(李庄) 서문(序文)」에서 이동진 공 스스로 아래와 같이 재산 증식 과정을 밝히고 있다.

나는 어려서 아버지를 여의고 학업은 보잘것없었으니 나아가 세상에 쓰임이 없었고 물러나 집에서도 계책이 없었으니 외롭고 구질구질하여 오직 할 일을 잃고 버려진 사람이었다. 기사년(己巳年, 1869, 34세)에 이르러 곤궁은 지극하고 의지는 옹졸하였지만 <u>200푼[文]을 빚내어 옥산(玉山)에서 설공(薛公)의 고사(古事)를 행하였다. 7년이 지난 을해년(乙亥年, 1875, 40세) 겨울에 문서를 거두고 돌아왔는데 불린 돈이 수천금이었다.</u> 아껴 쓰고 부지런히 노력한 지 지금까지 18년 사이에 자녀들의 혼인은 이미 마쳤다. 각처에 소재한 전답(田畓)을 헤아려보니 밭이 260두락(斗落)이고 논이 994두락이었으니 분수에 충분하였다. 이 정도면 제사를 받드는 데 유감이 없고 또한 우리 자손들을 입히고 먹일 만하다고 생각하였다.

---

6) 상백 이상백평전출판위원회, 『상백이상백평전』, 을유출판사, 1996, 35~36쪽.
7) 1893년 대구 객주 상인들이 청도, 밀양 객주 상인들 하관포의 임궁객주에 가입하였다.

동진공이 200푼을 자금을 빌려서 "설공(薛公)의 고사(古事)"를 행하였다고 분명하게 밝히고 있다. "설공의 고사"란 무엇인가? 설공은 전국시대 제(齊)나라 맹상군(孟嘗君)이다. 맹상군이 식객(食客)인 풍환(馮驩)을 시켜 설(薛)에 가서 빌려 준 돈을 거두어들이라고 하였다. 그러자 풍환은 설로 가서 원금과 이자를 낼 수 있는 자에게는 갚을 기일을 정하고 낼 수 없는 자는 그 증서를 불태워버리게 하였다. 이는 갚을 수 없는 자에게는 10년을 재촉해도 돈은 걷히지 않고 결국 도망칠 뿐이라는 것이다. 『史記』卷75 「孟嘗君傳」 중국의 고사를 인용한 그의 행적은 달성공원에서 돈놀이를 했다는 비난과는 너무나 거리가 멀다.

그가 말한 옥산(玉山)이라는 곳은 경북 경산 소재 옥산동이며 지난 시절 제일모직이 위치했던 곳에 동진공이 확보한 전장이 있었던 것이다. 그러니 구체적으로 달성공원이라는 지정 장소에서 돈놀이를 했다는 것은 지나친 비약이다. 그리고 조선조 말이라는 것을 고려할 때 당대의 관점에서 형성된 농지관리 형태에 대한 인식이 없던 시절로서 돈 이식을 했다는 것은 명백한 해석의 오류라고 할 수 있다. 유추해석 하자면 바로 옥산 전장에 전토를 구입하여 그 도지(賭地) 수익 혹은 지세나 수세를 대납한 뒤 수곡을 할 때 10% 정도의 이자를 수납하여 재산을 이식(利殖)을 했을 것이라 추론할 수 있다. 밀양(密陽) 박형남(朴亨南)이 쓴『성남세고(城南世稿)』「이장록(李庄錄) 뒤에 적음」이라는 글을 살펴보자.

이금남(李錦南)의 이름은 동진(東珍)이고 자는 사직(士直)이며 대대로 달성(達城)에 살았다. 어릴 때 아버지를 잃고 다른 형제는 없었으며 집이 가난하여 노모를 봉양할 수 없었다. 이에 경기(經紀)[8]하는 시장(柴場)에 종사하였지만 숙수(菽水)[9]를 잇기 어려웠기 때문이었지 평소의 뜻은 아니었다. (…중략…) 이에 그 산업을 그만두고 두 아들과 두 딸에게 나누어주어 부지런히 일하면 굶주림을 면할 바탕을 만들었다. 그 나머지 400이랑은 모두 종족에게 주어 그 한 해의 수입을 거두어 때에 맞게 두루 지급하였는데 모두 절도와 규정이 있었으며 그 종족은 대체로 29가구였다고 한다.

여기서는 동진공의 재산 증식 과정에 대해 매우 추상적으로 기술되어 있다. 그러나 동진공의 아들 소남은 『성남세고(城南世稿)』「『양세연묵첩(兩世聯墨帖)』 뒤에 삼가 씀」이라는 글에서는

> 나의 돌아가신 아버지는 어릴 때 부친을 여의고 가정이 지극히 가난하여 일찍이 소나무 판자와 감나무 잎으로 글자를 익혀서 글을 배웠다. 성장해서는 글방 선생을 따라 경전(經典)과 사서(史書)를 읽었다. 이미 가계가 빈곤했기 때문에 수수(滫瀡)의 봉양10)을 이바지할 수 없었다. <u>십일업(什一業)에 종사하여 조금 넉넉해지자 바로 그만두고</u> 고향으로 돌아와 칠순에 이르기까지 오래도록 살다가 돌아가셨다. 아, 이것이 나의 아버지의 평생의 대략인데 남긴 시와 잃어버린 필적을 비록 모두 수록할 수는 없지만 지금 남아있는 종이와 한 조각의 필적은 바로 아버지께서 노쇠함에도 게으르지 않았다는 하나의 증거물이다.

소남 이일우는 자신의 아버지 금남공의 재산 증식 과정에 대해

---

8) 경기(經紀): 경륜기리(經綸紀理)의 준말로, 계획을 잘 세워 다스린다는 뜻. 계획, 대책, 방도 등을 세워 생업에 종사한다는 의미를 가짐.
9) 숙수(菽水): 콩과 물. 곧 변변하지 못한 검소한 음식을 이름.
10) 수수(滫瀡)의 봉양: 맛있는 음식으로 봉양하는 것을 말한다. 수수(滫瀡)는 고대 요리법의 일종으로, 녹말을 음식물에 섞어 부드럽고 걸쭉하게 하여 만든 음식이다.

"십일업(什一業)에 종사하여 조금 넉넉해지자 바로 그만두고"라고 하여 구체적인 방법을 "십일업(什一業)"이라고 밝히고 있다. 십일업(什一業)이란 "당년 총 수확량의 10분의 1을 도지(賭地)로 거두던 옛날의 세법(稅法)"(『맹자(孟子)』「등문공 상(滕文公上)」)이다. 곧 여기서 십일업(什一業)이란 조선조 후기 봉건 농경제 하에 유행했던 "원금의 10분의 1을 이자로 주기로 하고 돈을 빌려주는 업"을 가리킨다. 그러므로 금남공의 재산 축적이 고리대금의 방식이라는 가학적 방식으로 수탈한 것이 아니라 근대경제 체제로 이행하는 과정의 이식(利殖) 혹은 채금(採金) 방식으로 이해할 수 있다.

이후 곧바로 금남공은 증식된 자산을 공동체와 더불어 나누는 일에 착수한 것이다. 이것이 바로 〈이장가(李庄家)〉를 설립하여 경북 경산 옥산 일대에 확보된 부지 수천 두락(제일모직 공장 부지에서 옥산 아파트 단지에 이르는 넓은 전작지)을 문중과 가족들에게 나누는 동시에 이웃 소작농에게 세금을 경감시키거나 한재나 풍수 재해를 당하면 많은 곡식을 풀어서 구휼하는데 앞장 선 것이다. 동진공과 소남공의 양대 문집인 『성남세고(城南世稿)』「감영(監營)에 올리는 글」은 대구면 각동의 사람들이 금남공에게 감사하는 마음을 모아서 경상도 감영에 올린 글이다. 이 글을 살펴보자.

삼가 생각하건대 향리 사이에서는 진실로 하나의 선행이나 하나의 특이한 행실이 있으면 오히려 바쁘게 우러러 받들며 표창하고 격려할 방도를 도모하는데 하물며 한 사람이 몇 개의 선행을 겸함에 있어서랴! (…중략…) 이동진(李東珍)은 일찍 아버지를 여의고 집안이 가난하였지만 편모를 잘 섬겼는데 남을 속이지 말라는 교훈을 체득하여 조금이라도 남의 것을 취하지 않았으며 부지런히 독서하라는 가르침을 받들어 아침부터 밤까지 게으르지 않았습니다. 그 성장함에 이르러서는 숙수

(菽水)11)에 대한 생각이 간절하여 옥산(玉山)에 점포를 열고는 30리가 되는 거리를 아침에 갔다가 저녁에 돌아오며 혼정신성(昏定晨省)을 펼쳤습니다. 몇 년을 경영하여 다행히 천금에 이르게 되자 사람들은 효성의 감응이라고 말했습니다. 모친이 천수를 누리고 돌아가자 장례와 제례를 예에 따라 치루고 3년을 여막에서 거처하며 슬픔이 지나쳐 몸이 상하여 거의 죽을 뻔하다가 겨우 살아났으니 이것이 표창할 만한 첫째입니다.

이 글에서 알 수 있는 것은 동진공이 "십일업(什一業)"으로만 재산을 증식한 것이 아니라 "옥산(玉山)에 점포를 열고는 30리가 되는 거리를 아침에 갔다가 저녁에 돌아오며"라는 대목에서 보듯이 경북 경산에 생활품을 거래하는 점포에서 대구부 읍성 서문 부근의 집(대구 중구 서성로 1가 44번지, 현 생가 고택)까지 30여 리의 길을 매일 오가며 장사를 하고 있었음을 알 수 있다. 이러한 진술은 당대 동시대인들의 진술이기 때문에 매우 신빙성이 높다고 할 수 있다. 아마도 여염이나 세포 등을 밀양 하구로 통해 들어오면 밀양에서 경산으로 이송하여 장사를 했음직하다. 소남 이일우는 『성남세고(城南世稿)』에서 이렇게 번 돈을 어떻게 공동체 삶에 환원했는지를 말하고 있다.

세월이 흐를수록 마음과 생활이 군졸하여, 기사년에 채금 2백 돈을 얻고 설공 고사를 본받아 경산 고을에 가서 노력한 지 7년 되는 을해년 겨울에 집에 돌아온 문권(文券)을 살피니 불어난 돈이 수천 냥이 되었다.

---

11) 숙수(菽水): 콩과 물밖에 없는 가난한 생활 속에서 어버이를 정성껏 봉양하는 것을 말한다. 공자의 제자 자로(子路)가 집안이 가난해서 효도를 제대로 하지 못한다고 탄식하자, 공자가 "콩죽을 끓여 먹고 물을 마시더라도 기쁘게 해 드리는 일을 극진히 행한다면 이것이 바로 효이다[啜菽飮水盡其歡 斯之謂孝]"라고 한 데에서 나온 말이다. 『禮記』「檀弓下」.

다시 방적과 농사에 근면한 지 18년에 자녀 가취도 이미 마쳤고 각처에 있는 토지를 계산하니 밭이 260두락이고 논이 994두락이 되었다. (…중략…) 그래서 내 소유인 전답 중 밭 80두락과 논 150두락은 친척에게 나누어 주고, 논 400두락은 종족에게 붙여 주어서 나와 같이 의식 걱정이 없도록 하는 것이며12)

여기에는 이장(李庄)을 어떻게 개척해 나간 것인지 더욱 자세한 기록이 보인다. 금남(錦南) 이동진(李東珍, 1836~1905) 공이 〈이장서(李庄書)〉에 남긴 글을 보면 "밭 260두락과 논 994두락 가운데 밭 80두락과 논 150두락을 친지들에게 고루 나누어 주고 논 400두락은 종족에게 농사를 짓도록 하여 의식 걱정이 없도록 하면서 종족과 이웃이 함께 잘사는 길을 열어주시고 실천하셨다"고 밝히고 있다. 『성남세고(城南世稿)』「감영(監營)에 올리는 글」은 대구면 각동의 사람들이 올린 글은 이러하다.

종족 중에 혼인과 장례에 시기를 넘긴 자에게는 빨리 행하게 하였으며, 가난하여 일이 없는 자에게는 거기에 의지하여 생업을 가지게 하였습니다. 만일 흉년을 만나면 골고루 분배하고 구휼을 시행하였는데 한결같이 주문공(朱文公)의 사창(社倉)13) 규약에 의거하여 시행하였습니다. 그 말은 마치 금석에서 나온 듯 하였으니 신명을 감동시킬 만하였습

---

12) 상백 이상백평전출판위원회, 『상백이상백평전』, 을유출판사, 1996, 35~36쪽.
13) 사창(社倉): 사창(社倉)은 기근이 들었을 때 빈민을 구제하기 위해 설립한 곡식 저장 시설로, 주희(朱熹)가 1171년 건녕부(建寧府) 숭안현(崇安縣) 오부리(五夫里)에 설립하였다. 원곡(元穀)을 민간에 대여하고 가을 추수 이후에 이자와 함께 원곡을 갚도록 한 제도인데, 1181년에 주희의 건의가 받아들여져 사창법(社倉法)의 실시를 선포하였다. 『朱子大全』卷13「辛丑延和奏箚」, 『朱子大全』卷77「建寧府崇安縣五夫社倉記」.

니다. (…중략…) 이동진(李東珍)으로 하여금 포상의 은전을 우선 받게 한다면 영남에서는 의리를 숭상하는 선비들이 반드시 자취를 이어 일어날 것입니다. 이것은 합하(閤下)의 하사이니 어찌 훌륭하지 않겠으며 어찌 성대하지 않겠습니까? 삼가 우매(愚昧)함을 무릅쓰고 진술합니다.

글의 내용을 보면 이동진에게 포상을 내려 줄 것을 경상감영에 호소하고 있다. 이동진은 시전(市廛, 가게 점포)과 낙동강 무역을 통해 인생역전에 성공하였고, 삼천석의 부자가 되었다고 알려져 있다. 그와 관련된 많지 않은 기록에서 『황성신문』에 간간이 독지가의 모습으로 보인다. 1903년 3월 11일자와 1904년 5월 10일에 그와 관련된 기사가 실려 있는데, 그 가운데서도 1904년에 실린 보도 내용에 따르면 "자비와 덕의 마음으로서 빈민을 구휼하였다(구휼궁교빈족(救恤窮交貧族)하야 자덕지심(慈德之心)으로…)"라는 기사가 보인다.[14]

그 후 금남공에 대를 이은 소남은 대구를 대표하는 자산가의 반열에 속하게 되었다. 대구의 조선인 은행의 중역 및 주주들은 봉건적 지주 상인에서 근대적 자본가로 전환한 사람이었다. 그 가운데도 대구은행의 경우 중역진과 대주주가 동일한 인물은 정재학, 최준, 이병학, 이영면, 윤상태, 이일우, 정해붕, 이종면, 사카모토 등 모두 9명이었다. 소남은 아버지로부터 물려받은 이장가의 정신을 준수하면서 봉건적 자산을 근대 자산 체제로 일대 전환시키는 데도 성공한 인물이며 그 이후 이장가의 가계는 대구 아니 전국에 내놓아도 손색이 없이 많은 인재를 육성시킨 명문가로 발돋움하게 된 것이다.

---

14) 김일수, 『근대 한국의 자본가』, 계명대학교출판부, 2009, 218쪽.

## 2) 대구광문회와 대구광학회, 그리고 국채보상운동

1906년 8월 대구지역에 계몽운동단체로 대구광문사(大邱廣文社, 김광제, 서상돈 등)가 설립되었고 이와 함께 동년 8월에 이일우가 중심이 되고 최대림, 이종면, 윤필오, 김선구, 윤영섭 등 대구광학회(大邱廣學會)가 결성되어 교육흥학(敎育興學), 민지개발(民智開發), 상업발달(商業發達)을 내세우고 특히 교육흥학과 민지개발을 위해 학교설립, 박물관, 도서관, 박람회, 토론회, 연설회, 도서전시회 등의 사업들을 추진하였다. 대한 제국이 기울어져 가면서 선각자들은 나라를 되살리는 유일한 길은 교육을 통한 인재 흥학과 지난 봉건 경제 방식을 탈피하는 식산부흥, 민지개발 등에 힘을 쏟아야 한다는 데 뜻을 같이 하였다.

1906년 8월 대구광학회를 발기한 소남은 우현서루에 사무소를 둔 대구시의소를 개설하였다. 그리고 독립의식 고취와 계몽교육과 민지개발을 위한 학교설립 박물관, 도서관, 시무학당 설립을 주도하였다. 1906년 8월 대구광학회가 결성될 당시 이일우가 발기인이 되고 최대림, 이종면, 윤영섭, 김선구, 윤필오, 이종면, 이쾌영이 함께 대구 지역 계몽운동의 결사체인 대구광학회를 결성하였다. 이일우는 대구광학회를 설립한 이유를 "우리나라가 위기에 닥쳐 있고 망하게 된 것은 민지가 개발되지 못했기 때문"이라고 지적하면서 "독립의 권한을 부식하려면 교육으로 국민의 정신을 양성하는 것과 같은 일이 없다"고 주장하였다. 대구광학회의 사무실은 이일우가 1904년 설립했던 우현서루를 사용하였다.

1907년 4월 대구시의소가 설립되었는데 이 역시 대구광학회를 이끈 이일우가 주도한 것이다. 대구에서의 계몽운동은 1898년 독립협회 대구지회 설립과 함께 1906년 서상돈 김광제가 중심이 된 대구광문사(대동광문회로 명의 변경)와 인민대의소를 한 축으로 하고 이일우가 주도한 대구광학회와 대구시의소가 또 다른 한 축이 되어 각종 교육사업과 더불어 국채보상운동을 발의하여 추진하게 되었다.15) 대구에서의 계몽운동은 1898년 독립협회 대구지회 설립과 함께 1906년 서상돈 김광제가 중심이 된 대구광문사(대동광문회로 명의 변경)와 인민대의소를 한 축으로 하고 이일우가 주도한 대구광학회와 대구시의소가 또 다른 한 축이 되어 각종 교육사업과 더불어 국채보상운동을 발의하여 추진하게 되었다.16)

하지만 이 시기의 대구의 계몽운동의 전개는 대구광문사와 대구광학회가 통합되지 못하고 분열된 모습을 보여주게 되는데 1906년 6월 경 이러한 상황에 대한 비판이 언론을 통해 지적되었다. 곧 당시 대구사립학교 교감 윤영섭과 대구사범학교 학감 김용선 등이 『황성신문』에

"광문사 사장 김광제와 광학회원 이일우 등이 항상 근심스럽게 하고, 서로 욕하고 허점을 들추어내니 어떻게 우리에게 다행스럽다 하겠는가"17)

라는 내용의 글을 기고했던 것이다.18) 이 당시 광문사 대표인 김광제는 서상돈 등이 경상도관찰사 신태휴에게 뇌물 수수 및 각종 비

---

15) 1907년 4월 30일 국채보상운동의 일환으로 금연상채소(금연상채회, 단연동맹회) 운동으로 국채보상 모금 운동을 결의하고 서상돈이 1천원, 정재학 4백원, 김병순, 정규옥, 이일우는 가각 1백원 기부.
16) 이일우가 주도한 대구광학회는 대구광문회의 정신과 방향이 크게 다르지 않았고, 다만 이일우는 김광제와 지역 계몽운동의 주도권 장악을 위한 '경쟁' 관계에 있었던 것으로 보인다.
17) 『황성신문』, 1906년 6월 19일자.
18) 김일수, 『근대 한국의 자본가』, 계명대학교출판부, 2009, 111쪽.

리에 연루되었다는 보도에 대한 변명을 하고 나서자 서상돈이 좀 더 적극적으로 국채보상운동에 몰입한 것으로 보인다. 김광제와 서상돈이 주도한 대구광문회와 이일우와 이종면이 주도한 대구광학회로 나뉘어 진행되었던 계몽운동이 국채보상운동의 추진을 계기로 통합되는 결과를 가져 왔으나 실제 완전한 통합은 이루어지지 않고 현실 안주를 하느냐 민족 독자적인 자본 형성에 무게를 두느냐에 따라 각자 다른 길을 걷게 된 것이다.

이러한 관점에서 국채보상운동의 출발 과정에 대한 새로운 평가와 전개 과정에서 서민과 심지어 교방의 기생들까지 비녀를 뽑아 모은 돈이 어떤 경유로 사라졌는지 그것은 의문으로 남아있다. 결국 국채보상운동은 성공하지 못한 불발의 계몽적 운동이었고 그 주동자들의 일부가 극친일주의파에 속하고 또 각종 비리와 민생 수탈의 주역이었던 인사들이 섞여 있었던 사실을 결코 숨길 수가 없는 미완성의 시민운동으로 재평가되어야 할 것으로 판단하고 있다.

### 3) 소남 이일우와 친일파 논란

1919년 3.1운동 이후인 3월 8일 독립만세운동의 파급을 저지하기 위해 총독부에서는 대구지역의 유력한 인사들을 모아 대구자제회단을 강압적으로 설립하였다. 일제는 3.1운동 확산 저지를 위한 대구부 내 조선인들을 중심으로 자제회단을 결성하여 3.1만세운동의 확산을 저지하려고 하였다. 단장으로는 경상도관찰사인 박중양, 발기인으로 이병학, 이장우, 정해붕, 이일우, 이영면, 정재학, 한익동, 김홍조, 서경순, 장상철, 서철규, 서병원 등이었다. 대구를 대표하는 계몽운동의 지도자이자 재계의 유력 인사와 일제 협력 단체인 교풍회 회원 등 65인으로 구성하였다.

이 자제회단에 소남 이일우가 이름을 올려졌다는 이유로 일부 학자들이나 재야 향토 사학자들이 소남을 친일적 인사로 그를 매도하는 터무니없는 평가가 있다.[19] 근대 역사해석학에서 역사가 진보적, 역사철학적 관점에서 서술되어야 한다는 관점이 중요한 역할을 한 것만큼이나 레오폴트 랑케가 주장한 것처럼 역사주의적 관점에서도 평가되어야 한다는 관점 또한 중요하다. 말하자면 당대적 관점에서 조망하느냐 현시적 관점에서 조망하느냐에 따라 시각의 차이는 있을 수 있다. 예를 들어, 세종대왕은 전제 왕권의 군주지만 군주 시대가 지나간 현대에도 그가 평가받는 것은 바로 역사주의적 관점 때문이다. 하지만 그럼에도 불구하고 당시 대구의 토호세력이었던 서상돈, 이병학, 정재학 등의 극친일적 행각에 비하면 소남의 행동은 조족지혈에 불과하다. 조선총독부로부터 중의원 추천을 거부했던 사실로도 소남의 심중을 헤아릴 수 있다.

소남은 당시 독립운동에 적극 가담한 조카인 이상정과 이상화를 아버지 대신 직접 키운 사람이었으며 서상일, 안희제, 김동삼 등 대동청년단 인사들과도 연계하여 간접적으로 독립운동 세력을 지원했다. 1910년에 발생한 달성친목회 사건(조선국권회복단 중앙총회)에 소남이 연루되어 일경에 조사를 받기도 하였다.[20]

---

[19] 대구자제회단 인명에는 '李─爾'로 되어 있어 동명이인일 가능성도 배제할 수 없다.
[20] 김일수, 「1910년대 달성친목회의 민족운동」, 『韓國學論集』 제45집, 2011, 261~285쪽 참고. "1910년대 달성친목회는 한말 계몽운동이 활발했던 대구지역을 배경으로 경상도 일대 나아가 국외 독립운동 세력과 연계하여 민족운동을 전개한 비밀결사였다. 달성친목회는 대한협회 대구지회의 청년조직의 성격을 가진 계몽운동 단체였으나 한일병합으로 인해 활동이 정지되었다. 그 뒤 1913년 1월 대구 비슬산에 소재한 안일암 시회에서 새로운 구성원이 참여한 가운데 달성친목회는 재건되었다. 재건 달성친목회는 대종교의 이념을 수용하면서 민족독립을 위한 비밀결사로 재조직되었다. 달성친목회는 강유원 간친회와 함께 대구를 중심으로 경상도 일대까지 영향력을 넓혀갔다. 이때 달성친목회는 대구권총사건이 발생하자 태궁상점을 기반으로 계몽운동노선을 견지하였다. 또한 1919년 3·1운동을 계기로 독

1919년 3월 1일 대구 만세시위 운동은 이상화, 백기만 주도하였는 바, 이 사건으로 상화는 일경에 감시를 피해 서울 박태원의 하숙집에 은거하였다. 이러한 상황에서 일제로부터 사찰 대상으로 지목된 소남은 일제의 강압으로 대구의 토호들 대부분과 함께 자제단에 이름을 올렸으나 일체의 행동에 합류하지 않았다. 이 기간 동안 소남은 눈에 보이지 않게 일제에 강압적 감시와 탄압을 받았던 것으로 추정된다. 대구의 토호 경영인으로 한편으로는 민족 자산을 보호하고 민족 독립을 내심 기원했던 소남의 입장이 그렇게 편안하지는 않았을 것이다. 그 한 예로 1919년 6월 이일우는 제령7호 위반사건에 관련되어 일경에 피의자 심문과정에서 소남은 다음과 같은 진술을 하였다.

죽은 동생의 아들 이상정이란 자는 일본에서 부기 공부를 했다는데, 그는 원래가 방탕무뢰하여 항상 내가 감독은 하고 있으나 지금부터 한 달 쯤 전에 가출하여 현재 행방을 알 수 없는 상태인데, 혹은 그와 신문하는 것과 같은 말이 있었는지는 모르겠다. 그도 3~4만원의 재산이 있다.[21]

이 자료가 일경이 만든 것이라는 점을 고려할 때, 나아가 그것이 일제의 강압적 위협 앞에서 이루어진 진술이라는 점을 고려한다면 이 진술 그대로 역사적 사료로 받아들이는 것은 모순이다. 어느 누구도 강한 자 앞에서 양심적인 고백을 하는 사람은 없기 때문이다.

---

립운동 자금 모집 운동과 독립청원서 운동에 참여하는 등의 실천 활동을 벌였다. 그러나 재건 달성친목회의 민족운동은 관련자의 밀고에 의해 일제의 탄압을 받고 좌절되었다. 이 과정에서 일제사법당국은 달성친목회를 국권회복단이라는 이름을 붙였고, 경찰은 조선을 덧붙여 조선국권회복단이라 하였다. 따라서 달성친목회는 한말 계몽운동 시기에 결성된 이래로 계몽운동의 노선에서 독립을 전망하고 실천한 비밀결사였다. 그리고 이 운동은 1920년대 이후 대구지역에서 문화운동과 자본증식운동을 내용으로 하는 실력양성운동 노선으로 이어졌다."

[21] 『한국민족독립운동사료집』 7, 44쪽.

나아가 설령 그가 그런 진술을 하였다 하더라도 우리는 어떤 특별한 맥락에서 그것을 해석해야 한다. 백승종(2016)은 이와 관련하여 이 시대 소남의 친일 논쟁에 대한 평가를 다음과 같이 하고 있다.

> 후세인 우리는 그들의 고뇌를 제대로 헤아리지 못한 채, 저항과 협력이라는 일종의 흑백논리로 과거를 심판하기 일쑤다. 그러나 인간의 삶을 그처럼 단순한 기준으로 쉽게 재단할 수 있는 것일까. 일제강점기의 역사를 제대로 평가하기에는 아직 우리의 인식 수준이 지나치게 안이한 것은 아닐까, 하는 물음을 쉽게 지울 수 없다. 일제 때 이일우와 우현서루 출신 인사들이 헤쳐나간 역사의 격랑에 관하여는 또 다른 논의의 장이 마련되어야 할 것이다.[22]

한편 소남을 친일파로 매도하려는 근거로 친일파의 앞잡이인 박정양(朴定陽, 1841~1904)과 사돈 간이라는 관계를 들어서 시비를 걸고 있는 경우도 있다. 일고의 가치도 없지만 인터넷에 올라온 글을 살펴보면서 진실이 어떻게 왜곡될 수 있는지를 살펴보고자 한다.

> 강태원 석학은 박중양이 3.1운동 이후 '자제단'이라는 단체를 만들어 민족운동을 막기 위해 노력했음에도 불구하고 그가 3.1운동을 주도한 사람의 유학을 주선했다는 사실을 알고 적잖게 놀랐다고 한다. 그 후로도 지속적인 관심을 가지고 연구를 하다보니 그가 대구의 유지인 이일우 집안과도 관련이 있고, 오봉산의 일소대를 만들 때는 많은 지역 유지들이 참여했다는 사실도 알게 된다.[23]

---

22) 백승종, 「'우현서루', 근대화 담론의 장(場)을 열다」, 소남 이일우 생애와 나라 사랑 정신 학술회의, 2016.
23) 강태원이라는 사람이 페이스북에 〈동네석학이 들려주는 대구이야기〉, 2016년 6월

소남이 살아있는 동안 박중양과 사돈의 관계가 맺어지지 않았다는 사실을 간과하고 함부로 사돈 간일 것이라고 추정하고 친일 인사로 매도하려는 것은 어불성설이다. 그에 대한 결정적인 근거로 박중양(朴重陽, 1872.5.3~1959.4.23)에 관한 한, 소남의 둘째아들 상무(相武, 1893~1960)의 셋째 아들 열희(烈熙, 1924~2012)의 부인인 박부남(朴富南, 1931~)의 아버지가 박문웅(朴文雄, 1890~1959)이고 그 아버지가 박중양이라는 사실을 언급해두고자 한다. 소남이 1936년에 하세하였으므로 박중양과 사돈관계라는 어불성설이나 다만 소남의 사후에 소남의 손자이자 대구적십자병원장을 지낸 열희(烈熙)의 아버지 상무(相武)와 사돈격이 된다. 이러한 사실을 분명하게 파악하지 않고 소남 이일우와 박중양이 사돈 관계로 추정하고 친일 세력으로 몰아세우려는 견해는 오류다. 거듭 강조하거니와 소남 생존시에는 박중양의 손녀인 박부남은 당시 여섯 살 밖에 되지 않는 어린 나이였다. 이만하면 자칭 "강태원 석학"이라는 자의 주장이 얼마나 터무니없는 오해로 시작된 비판인지 이해할 것이다.

1906년 2차 대구성벽 철거를 시행할 당시 박중양 경상도관찰사와 일본거류민단이 주도하였는데 이에 소남은 중립적인 입장을 취하였다. 또한 1942년 1월 조선임전보국단 경북지부 부인부 결성하여 1942년 2월 군용기 5대에 해당되는 거액을 헌납하였는데 이에 동참한 박중양, 서병조(서상돈의 둘째아들), 장직상, 신현구, 서상일 등의 반민족 행위가 자행되었을 때에 이미 소남은 이 세상을 하직한 이후이다.

그 외 1905년 이토 히로부미와 순종이 대구에 왔을 때와 1925년 일본 관동대지진 참사 돕기 기금을 출연한 결과 총독부의 南次郞이

---

올린 글.

감사장을 수여한 것을 들어 친일파로 매도해서는 안 된다.

4) 사료의 취사 선택의 문제

먼저 '두산백과'에 실린 이일우기념비(李一雨記念碑)에 대한 내용을 살펴보자.

> 이일우 불망비(李一雨不忘碑)
> 경상북도 칠곡군 약목면 복성리에 있는 비석.
> 경상북도 칠곡군 약목면 복성리 약목면사무소 내에 모여 있는 11기의 비석 중 하나이다. 비석에 을축년(乙丑年)이라는 기록만 있어 건립연대는 확실하지 않으나 조선시대 주사(主事)를 지낸 이일우(李一雨)를 기리기 위하여 세운 것으로 비석군 앞줄 왼쪽에서 두 번째 자리에 있다. 자연석 받침돌과 네모난 호패형 비신으로 이루어져 있으며, 높이는 119㎝, 너비는 전면 42.4㎝ 측면 14㎝이다. 전면 중앙에 세로로 '전주사이일우청덕불망비(前主事李一雨淸德不忘碑)'라는 명문이 새겨져 있는데 마멸이 심하여 판독하기 어렵다. [네이버 지식백과] 이일우 불망비(李一雨不忘碑).

현장 답사를 해 보면 이 내용이 얼마나 틀린 내용인지 금방 알수가 있다. 곧 필자의 조사 결과를 요약하면 아래와 같다.

> "전주사이일우연의기념비(前主事李一雨捐義記念碑, 전 주사 이일우의 의로움을 바친 것을 기념하는 비석)"이 세워졌다. 1922년 이일우가 칠곡공립보충학교 학생들에게 학비를 전액 지원해 준 것에 보답하여 세운 비석으로 자연석 대석에 각진 호패형으로 만들어 세워져 있다. 자연석 받침돌과 네모난 호패형 비신으로 이루어져 있으며, 높이는 119㎝, 너비

는 전면 42.4cm 측면 14cm이다. 전면 중앙에 세로로 "전주사이일우연의 기념비(前主事李一雨捐義記念碑)"라는 명문이 새겨져 있고 좌우측에는 4언절구의 시가 새겨져 있다. '우측'에는 "先公義庄 曠世昌基(선친께서 마련한 의장을 세상에 드물게 기반을 넓혔네), 繼志潤色 有實無私(선친의 뜻을 이어 더욱 빛냈으니, 진실을 지닌 채 사사로움이 없었네)" '좌측'에는 "惠究存沒 感浹髓肌(은혜가 산 자와 죽은 자까지 미쳤으니, 감동이 살갗과 뼛속까지 사무치도다), 不待輪章 己成口碑(높다랗게 빛내기를 기다리지 않아도, 구전하는 비석이 이미 이루어졌네)"라는 시가 새겨져 있다. 우측 면에는 "壬戌 正朔 立"이 새겨져 있어 이 비석이 건립된 일자가 1922년 임술년(壬戌年) 정월 초하루임을 알 수 있다.

비석의 명칭과 건립 년대가 전혀 잘못되어 있음을 확인할 수 있다. 이처럼 인터넷에 올라와 있는 오류들이 지속적인 오류로 재생산되고 있는 안타까운 실정이며 이 오류의 내용이 한국학중앙연구원의 『향토문화전자대전』 '칠곡'편에 그대로 실려 있다.
다음의 사례로 『월간 조선』(2015년 8월호)에 실린 이충희(이일우의 종손자)의 증언이 주목된다.

"우현서루와 인연을 맺은 인물이 많은데 '목 놓아 크게 소리 내어 통곡하노라'고 쓴 〈시일야방성대곡(是日也放聲大哭)〉의 장지연(張志淵), 상해 임시정부 국무총리와 제2대 대통령을 역임한 박은식(朴殷植), 임시정부 초대 국무령으로 독립운동에 헌신한 이동휘(李東輝) 등이 대표적입니다. 이 우현서루에 인재들이 모여들자 1915년 일제는 폐쇄하고 말았어요."[24]

---

24) 『월간 조선』(2015년 8월호). http://pub.chosun.com/client/news/viw.asp?cate=C05

이충희의 증언은 『상백 이상백평전』(을유출판사, 1996)에 실린 박창암(1996: 49)의 기록을 보고난 이후의 진술이라고 판단되는데 이 진술이 과연 역사적 사실을 정확하게 반영하고 있는가는 검토되어야 할 문제이다. 구술의 채택이 자칫 왜곡, 과장될 위험성이 얼마나 큰지 잘 판단해야 할 문제이다.

우현서루는, 대구지역을 대표하는 애국담론의 중심지였다는 사실이 이처럼 왜곡되거나 과장되어서는 안 된다. 왜냐하면 우현서루가 개설되어 있던 1904~1910년이 기간 동안 박은식과 이동휘가 대구의 우현서루에 와서 기숙을 하며 학업을 닦을 만큼 여유가 있었던 것도 아니요 박은식은 10년 이후 중국 상해 망명생활을 이동휘는 블라디보스토크에서 공산주의 계열의 항일 운동을 전개했기 때문에 이들이 대구를 단순하게 방문한 것이 아니라 우현서루에 머물렀다는 사료를 제시할 수 있어야 이러한 논의가 성립될 수 있다.

이처럼 사료나 진술의 취사선택의 문제가 역사적 사실을 자칫 매우 심각하게 과장하거나 왜곡시킬 수 있다.

## 3. 소남 이일우 재조명

### 1) 우현서루와 계몽교학

소남은 갑진년(甲辰年, 1904)에 서울을 유람하였다. 세도(世道)가 변하고 풍조(風潮)가 사라져서 서구문명이 동양으로 옮기는 정세를

&mcate=M1006&nNewsNumb=20150818165&nidx=18166&dable=10.1.4 (2016.8.15 검색)

통찰하고는, 선비로서 이 세상을 살아가며 옛 전통에만 얽매여 지켜서는 안 된다고 생각하였다. 돌아와서 선공께 아뢰고는 바로 넓은 집 하나를 창립(刱立)하여 영재를 교육할 계획을 세우고 현판(懸板)을 '우현(友弦)'이라 하였다. 대개 옛날 상나라 사람(商人)인 현고(弦高)가 군사들에게 음식을 베풀어 위로하고 나라를 구제한 뜻25)을 취하였으며, 또한 동서양의 신구(新舊) 서적 수만 종을 구입하여 좌우로 넓게 늘여놓았다. 총명하고 준수한 인재를 살펴 교육과정을 정립하고, 옛 학문을 근본으로 삼아 새로운 지식으로 윤색하였다. 의리(義理)의 가운데에서 법도(法度)의 안에서 실천하게 하였다. 멀고 가까운 데에서 뜻이 있는 선비로서 소문을 듣고 흥기한 자가 날마다 운집(雲集)하여 학교에서 수용할 수 없었으니 한 시대에 빛나는 풍모(風貌)가 있었다고 한다.

이렇게 하여 1904년 우현서루(友弦書樓) 의숙이라는 대구에서 최초의 계몽교육을 위한 사숙을 설립하여 동서고금의 서적 수천 종을 비치하고 팔도 준재들을 숙식시키며 양성하였다. 당시 열국지사들이 모여 나라를 지키는 일에 힘을 모으는 구심점의 역할을 하였다. '우현(友弦)'은 "'萬古志士 顯考'를 벗으로 삼는다는 뜻"이 담겨 있다. "대구 읍성 서문 외에 있는 유지신사 이일우 씨는 일반 동포를 개도할 목적으로 자본금을 자당하여 해지에 〈우현서루〉라는 집을 대구시 팔운정 101-11번지26)에 건축하고 내외국에 각종 신학문 서적과

---

25) 노희공(魯僖公) 33년에 진(秦)나라가 정(鄭)나라를 치러 가는데, 정(鄭)나라의 상인(商人) 현고(弦高)가 주(周)나라에 가서 장사하려던 차에 도중에 진나라 군사를 만나 정 목공(鄭穆公)의 명이라고 하면서 우선 부드러운 가죽 4개를 바치고 소 12마리를 보내어 군사들을 위로하는 잔치를 벌이게 하였다 급히 역마를 보내 정 목공에게 이러한 사실을 보고하여 미리 대비하게 하였다. 이에 진나라 군대를 거느리고 온 장수 맹명(孟明)은 정나라에 충분한 대비가 되어 있다고 판단하고 물러갔다(『春秋左氏傳』「僖公 33年」).
26) 1939(昭和 14)년 1월 18일 일제가 발급한 지적도 대구부(大邱府) 시가도(市街圖)

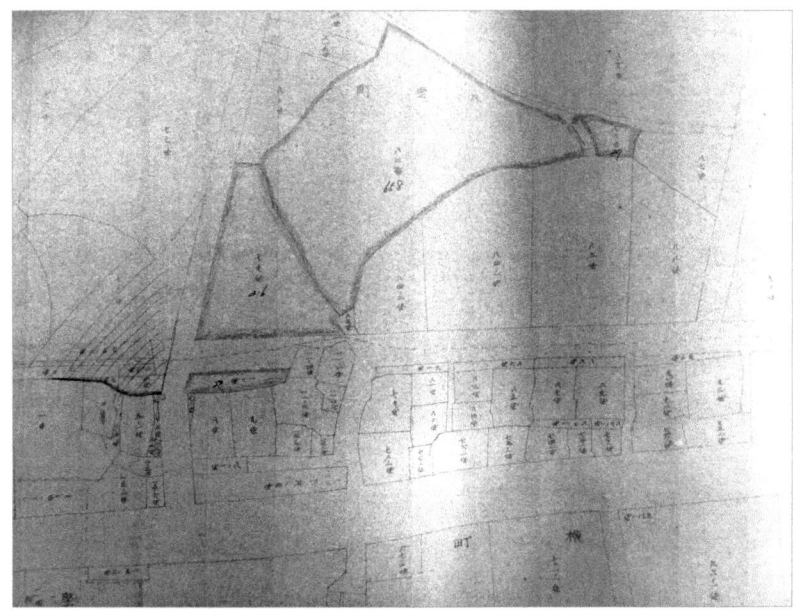

우현서루 소재지로 추정되는 팔운정 101-11번지

도화를 수만여 종이나 구입하여 적치하고 신구학문에 고명한 신사를 강사로 청빙하고 경상 일도 내에 있는 총준 자제를 모집하여 그 서루에 생활하면서 공부하도록 하였다. 그리고 매일 경향각지로부터 모셔온 고명한 인사들로부터 학술로 강연 토론하며 각종 서적을 수의 열람케 하여 문명의 지식을 유도하였다. 그 서생들의 숙식 경비까지 자당한다 한다"(『해조신문』, 1908.4.22)라고 소개하고 있다. 이 우현서루를 거쳐 간 인물로는 장지필, 윤세복, 안확 등이 있다. 이 무렵 소남 이일우는 두 가지 방향의 교육관을 가지고 있었다. 『성남

---

75매 내 47호 140필 축적도 상에 나타나는 우현서루가 소재했던 지번은 78垈, 79垈, 82畓, 88垈 등 5~6필지로 나타나고 있어 정확한 지번의 변화를 확인해야 할 것이다. 대구광역시, 『이상화탄신 100주년 기념특별전 도록』, 2001. 우현서루의 위치를 "옛 우현서루 자리의 일부인 수창동 101-11번지 대구은행 북성로지점"으로 비정하고 있으나 더 상세한 추적이 필요하다.

세고(城南世稿)』「유사」에는 이렇게 적혀 있다.

　을사년(乙巳年, 1905년)에 선공께서 심한 병으로 몸져누우시자 약을 달이는 봉양을 몸소 맡아 게으르게 하지 않았으나 끝내 망극(罔極)함을 만났다. 무릇 상례(喪禮)를 치루는 법도는 반드시 예절에 알맞게 하였으며, 몸을 훼상(毀傷)하면서까지 예제(禮制)를 지켰는데 삼년상을 마치는 것이 마치 하루처럼 똑같았다. 일찍이 선공의 뜻에 간혹 다하지 못한 것이 있을까 염려하여, 더욱 의장(義庄)과 서루(書樓)에 전력을 다하였고 곤궁한 친족 중에 살 곳이 없는 자에게는 반드시 구급(救急)하였다.

　이 글은 '의장(義庄)'과 '서루(書樓)'라는 두 가지 핵심 키워드를 가지고 집안 교육으로써 종친들의 공동체 의식과 나눔 교육을 그리고 대 사회적으로는 〈우현서루〉를 중심으로 흥학정신의 실천과 구현이라는 활동으로 요약할 수 있다. 오늘날까지 이장가의 가세가 번창한 이유를 곧 소남의 가족 교육에서 그 연원을 찾을 수 있을 것이다. 소남은 『성남세고(城南世稿)』「유사」에서 계속해서 이렇게 말하고 있다.

　자손들이 혹 새로운 풍조에 골몰(汨沒)하여 회사를 창립하기를 청하자 문득 허락하며 말하기를, "이는 공중(公衆)의 이익이요, 우리 집안에서 대대로 내려오는 법도이다."라고 하였다. 경영한지 얼마 되지 않아 결손(缺損)이 조금 생겨서 근심스러운 낯빛이 있자 조용히 타이르며 말하기를, "토지는 일정한 한도가 있으니 몇 가구의 생활에 불과하지만 이러한 사업은 내가 손해를 보면 이익을 얻는 자가 많을 것이니, 어찌 자질구레한 세속인들이 이해(利害)를 따지는 일을 본받겠는가?"라고 하였다. 집안이 매우 부유하여 허다한 돈과 곡식의 처리에 번거롭다고 말할 만하였지만 한결같이 미리 정해놓은 법규가 있었으므로 조금도 군색하거나 급한 때가 없었다.

1901년 3월 11일과 1904년 5월 10일 『황성신문』 기사에 소남의 아버지 금남공의 사회에 헌신한 내용이 "자비와 덕의 마음으로서 빈민을 구휼하였다."라는 기사를 통해서도 대구의 부호로서 이미 기반을 확보하였으며 이를 사회에 나누어 주는 미담은 그의 후손가에 교훈으로 실천덕목으로 살아남게 되었다. 소남은 애국계몽운동(愛國啓蒙運動)으로서 사회적 흥학을 위해 매진하였다. 특히 〈우현서루〉를 기반으로 하여 교남학교의 기반을 마련했을 뿐만 아니라 많은 학교를 설립하는데 기여를 한 대구 계몽교육운동의 선구자이다. 이러한 기풍은 1895년 고종의 을미개혁, 신교육제 시행에 따른 소학교 및 사범학교, 상공학교, 외국어학교 등 설립 등의 칙령이 내려진 뒤 1905~1910년 사이에 전개된 개화자강파(開化自强派)의 국권회복운동의 일환으로 1907년부터 1909년 4월까지 대구경북에 설립된 사립학교 수는 3,000여 개교에 달하였다. 경상북도의 경우 계몽운동이 확산되면서 선각적인 개화 인사들의 노력과 총독부의 적극적인 지원으로 학교 설립이 매우 활발하였다. 그 결과 경상북도에서는 1905년부터 1909년 3월 1일까지 155개교의 사립학교 인가를 청원할 정도였다.

1898년 9월, 소남 이일우는 흥화학교지교, 달성학교 설립을 지원하였고, 1904년 대구 최초의 사숙인 〈우현서루〉의 개설에 이어 1905년 근대적인 여학교인 달서여학교 설립을 서상돈과 이일우가 주도하였다. 1906년 고종의 흥학조칙(興學詔勅) 발표에 따라 경상도관찰사 신태휴는 흥학훈령(興學訓令) 발표하였는데 이미 이전 1898년 3월 경북 청도에서 신교육 기관인 사립유천학교 설립되었다. 1906년

3월 사범학교를 관덕정 자리에 설립하였다. 김윤란, 서상돈, 정규옥, 서병오, 이선형, 서돈순, 서우순, 서상하, 서상규, 최성조, 이장우, 정재래, 곽의견, 이석진, 박치서, 이일우 등이 발기인이 되어 기금조성에 참여하였다. 1906년 3월 대한협회 대구지회에서 이일우는 한글교육을 위한 동년국문야학교 설립 제안하고 이종면, 서기하, 김재열과 함께 설립연구위원을 맡았으며, 동년 6월 대한협회 대구지회에서 설립한 노동야학교에 이일우는 교사로 활동한 바가 있다. 협성학교 설립에도 직접 관여하고 임원개선, 교과목 선정, 학사행정 등에 관여하였다. 1906년 3월 소남은 달명의숙 설립, 낙육제에 공립대구중 대구시립양성학교설립, 대구사범(광덕정) 설립을 위한 설립기금을 출연하였다. 1908년 5월 대한협회 대구지회에서 이일우 제안으로 국문야학교 설립을 제안하고 설립연구위원으로 이일우, 이종면, 백일용, 서기하, 김재열 등을 선임하였다. 1908년 6월 대한협회 대구지회 노동야학교 개설하고 교장에 현경운, 교사로 최시영, 이쾌영, 이종면, 김재열, 김봉업, 서기하, 이은우, 허협, 이일우가 담당하였다. 대한협회 대구지회에서는 협성학교, 수창학교 설립 운영에도 깊이 관여하였다.

　1906년 8월 대구지역에 계몽운동단체로 대구광문사(大邱廣文社, 김광제, 서상돈 등)가 설립되었고 이와 함께 동년 8월에 이일우가 중심이 되고 최대림, 이종면, 윤필오, 김선구, 윤영섭 등 대구광학회(大邱廣學會)가 결성되어 교육흥학(教育興學), 민지개발(民智開發), 상업발달(商業發達)을 내세우고 특히 교육흥학과 민지 개발을 위해 학교 설립, 박물관, 도서관, 박람회, 토론회, 연설회, 도서전시회 등의 사업들을 추진하였다. 1909년 교육부인회(여자 교육회) 결성, 이일우 계수 김화수(金華秀, 이상정과 이상화의 어머니)를 비롯한 100여 명이 결성하였다. 서상돈, 이일우가 발기하여 설립한 대구사립달서여학교의 운영지원을 하였다. 김화수는 200원의 기금을 마련하여 달서 여학교에 기부하고 부인야학교를 설립하여 20여 명의 부녀자들을 교육하였다. 1910년 3월 대한협회 대구지회 창립 2주년 기념 총회 회장 이교섭, 부회장 이종면, 총무 이일우 등 선임하였다. 대한협회 강령 〈본회 7강령의 의지〉를 이일우가 기초하였는데, ① 교육의 보급, ② 산업의 개발, ③ 생명재산의 보호, ④ 행정제도 개선, ⑤ 관민 폐습, ⑥ 근면저축 실행, ⑦ 권리의무 책임복종 사상고취하는 것을 주요 내용으로 하고 있다. 대한협회 대구지회를 통해 소남 이일우의 계몽 교육운동과 민족자본 구축을 위한 그의 사상이 반영되어 있다.

1911년 일제의 강압에 의해 1904년 개설했던 우현서루와 1905년 우현서루 내에 설치했던 시무학당은 강제 폐쇄되고 강의원(講義院)으로 운영되었다. 당시 우현서루에는 중국으로부터 수천 종의 서적을 수입하여 비치하였다. 그 후 소남의 맏아들 상악(相岳)이 사돈관계에 있던 최남선(崔南善)과 협의하여 1925년부터 1928년 사이에 상해로부터 추가로 중국 도서를 대량 수입하였다. 그러다가 1952년 소남의 손자인 석희(碩熙)가 중화민국 18년 상해 상무서관에서 영사한 『사부총서(四部叢書)』를 비롯한 동양 문학, 역사, 철학, 문집 등 3,937권의 〈우현서루〉의 소장도서를 경북대학교 중앙도서관 고도서실 〈友弦書樓(古友)〉에 기증하여 보관하고 있다.[27] 소남이 1904년 설립한 〈우현서루〉는 대구 지역에서 신문화 신사상을 접하고 익힐 수 있는 신학문과 신교육의 요람이었다. 이처럼 소남은 대구의 계몽교육 운동을 이끌고 실재로 학교를 설립하거나 교사로서 활동함

---

27) 현재 경북대학교 중앙도서관 〈우현서루〉에 소장된 책들은 주로 1920년대 이후 중국으로부터 수입한 책들이 주류를 이루고 있다.

으로서 홍학 민풍 선양을 통한 독립 구국운동에 앞장 선 것이다.

## 2) 근대 민족 자본 경영

소남은 대지주로서 그리고 자산가로서 구한말 대구를 중심으로 맏아들인 상악(相岳)과 더불어 광산개발, 섬유산업, 주정회사, 금융기관, 언론기관 설립과 운영을 통한 민족자산을 축적하고 근대산업기술을 발전시킨 대구 근대산업화의 중심 인물이다. 일찍 금남 이동진으로부터 물려받은 수천 두락의 자산을 기반으로 하여 이장가를 경영하면서 민족 자본의 증식과 기술 축적을 위해 엄청난 공헌을 하였다. 소남의 중요한 산업 경영과 관련된 내용을 시대별로 살펴보면 다음과 같다.

1906년 8월 현 대구 상공회의소의 전신인 대구민의소를 설립하는데 참여하였다. 1906년 9월 대구에 거주하는 일본인들이 결성한 거류민단과 일본인 상업회의소에 맞서는 대구상무소(객주조직)를 결성하였다. 이일우는 박기돈, 정재학, 이병학, 이영면 등 25명으로 구성된 의원단을 결성하여 일본 상권에 대항하는 운동을 전개하였다. 이 대구민의소는 1907년 2월 대구상무소(대구조선인 상업회의소)로 개편, 1915년 10월 대구상업회의소로 통합, 1930년 10월 대구상공회의소로 개편되어 오늘에 이르렀다.

1906년 3월 〈농공은행조례〉 제정에 따라 6월 14일까지 주식 모집 이후 창립총회를 통한 농공은행을 설립하였다. 당시 자본금 20만원이었는데 소남의 맏아들인 이상악이 70주를 가진 주주로 참여하였다. 이 사실은 상당히 일찍 소남은 아들에게 자산 경영을 가르쳤던 것으로 보인다.

1907년 4월 대구시의소가 설립되었는데 대구광학회의 이일우가 주도하였다. 대구에서의 계몽운동은 1898년 독립협회 대구지회 설립과 함께 1906년 서상돈 김광제가 중심이 된 대구광문사(대동광문회로 명의 변경)와 인민대의소를 한 축으로 하고 이일우가 주도한 대구광학회와 대구시의소가 또 다른 한 축이 되어 각종 교육사업과 더불어 국채보상운동을 공동으로 발의하여 추진하게 되었다. 연이어 소남은 1907년 4월 30일 국채보상운동의 일환으로 금연상채소(금연상채회, 단연동맹회) 운동으로 국채보상 모금운동을 결의하고 이일우는 1백원 기부하였다.

1912년 7월 대구은행 설립계획서 총독부에 제출. 정재학, 이일우, 이종면, 이병학, 장길상, 최준, 배상락 등 서명하였다. 이어서 1912년 8월 26일 대구은행 발기인 대회, 정제학, 이일우, 이종면, 장길상, 최준, 배상락, 이병학 등과 함께 이사로 설립에 참여하였다. 이일우는 900주 소유주주 및 이사가 되었다. 이 시기인 1912년 〈은행령〉 개정과 일본 자본가들이 대구 지주들을 끌어 들여 설립한 선남상업은행에는 투자를 하지 않았다. 1913년 5월 29일 대구은행 창립총회를 개최하였다. 정재학 은행장, 이일우가 주주로 참여하였다. 이러한 점은 소남의 경영 방침을 이해하는데 매우 중요한 근거가 된다. 곧 친일적 기업 경영에는 가급적 직접 개입하지 않았으며 역시 투자도 매우 소극적이었다는 사실이다.[28]

1913년 5월 31일 대구지역 지주조합 설립하였는데 대구지역 대지주 150명 중에 전답 50두락 이상의 지주는 김덕경, 박병윤, 이영면, 서병조, 이장우, 최만달, 서철규, 정재학, 이일우, 정해붕 등 10인 정도였다고 한다.[29] 소남은 금융업 외에도 민족자산(民族資産) 증식

---

[28] 1920년 7월 경상공립은행, 경일은행(설립이사 이일우-), 1920년 대구은행 이일우 900주 주주, 1925년 대구은행 이일우 1,200주주, 이사 이일우, 이종면 등. 1928년 대구은행과 경남은행 합병 경상합동은행 설립, 이일우 930주 주주.

을 위해서는 농업, 임산업 등 농업관련 산업 발전에도 매우 큰 관심을 가졌던 것으로 보인다. 1918년 계림농림(주) 임업 관련 회사 설립에 최준, 서병조, 진희규, 서창규, 편동환, 정재학, 김홍조 등과 함께 참여하였는데 이일우는 중역을 맡았다. 1922년 8월 경상북도산업자문위원 위원 이일우, 산업자문위원에는 진희규, 정해붕, 이일우, 서병조, 문명기, 김명옥 등. 임업, 산업, 상공업, 무역분야 자문위원에는 이일우, 우상학, 권병선, 한익동, 박정준, 이기소, 문명기 등이다. 1922년 9월 대구곡물시장 개장을 협력하고, 경상북도산업자문위원 정해붕, 서병조, 한익동, 이일우가 맡았다. 그리고 1918년 조선물산무역(주) 우피, 미곡, 면포 등 무역 거래 회사, 정재학, 이병학, 이장우, 서병조와 함께 이일우 중역으로 참여하였다.

1919년 최초의 근대식 면방직회사가 설립되었는데 설립 당시 민족계 기업체로서는 최대 규모의 근대식 제조업체로, 민족의 성원과 기대 속에서 김성수(金性洙)에 의해 설립되었다. 1900년대 초부터의 일본의 면직물 및 면방직 자본의 거센 진출에 대항하여 자립 경제를 수립하기 위하여 전국적으로 민족자본을 규합, 민족기업임을 표방하면서 설립하였다. 창립 당시의 경영진은 사장에 박영효(朴泳孝), 전무에 박용희, 오늘날의 이사라고 할 수 있는 취체역에는 이강현, 선우전, 윤상은, 안종건, 김성수, 감사역에는 장두현, 이일우, 장춘재, 박승직, 조설현 등이었다. 이를 기반으로 하여 소남은 대구의 섬유산업을 처음으로 일으켰다.

---

29) 1933년 2월, 『삼천리』 잡지 1933년 2월호의 별책부록인 『조선사상가총관(朝鮮思想家總觀)·반도재산가총람(半島財産家總覽)』(A6판, 120면)은 '대구'의 자산가 명단이 실려 있다. △ 100만원 이상 정재학(鄭在學) 서병국(徐丙國) 장길상(張吉相) 추병화(秋秉和) 김태원(金泰源) △ 50만원 이상 서병조(徐丙朝) 이일우(李一雨) 정해붕(鄭海鵬) △ 30만원 이상 서병린(徐丙麟) 서병항(徐丙恒) 서철규(徐喆圭) 서창규(徐昌圭) △ 10만원 이상 이근상(李根庠) 서병주(徐丙柱).

소남의 근대자산의 경영의 핵심은 금융업이라고 할 수 있다. 대구지역의 각종 은행 설립에는 매우 적극적으로 가담하였으나 친일계열의 금융산업에는 매우 소극적으로 대처하였고 1920년대부터 그의 맏아들 이상악에게 경영권을 상당히 이양한[30] 것으로 보아서도 매우 조심스러운 처신을 보였다.

특히 소남은 아버지인 금남공의 가훈의 영향으로 독점적 경영방식이 아닌 매우 합리적인 경영방식으로 임했으며 어디에서든지 가장 앞장서는 것을 탐탁하게 생각하지 않았던 것으로 보인다. 그런 측면에서도 일제식민지 치하에서 조선인 경영이 그렇게 녹녹한 일이 아니었음에도 불구하고 친일적 자산가로 치우치지 않았던 것도 그러한 개인적 성향에 의한 것이었다. 특히 소남의 산업 경영의 철학은 바로 '의장(義庄)'에 있었기 때문에 소작농과 가난한 나라를 잃어버린 백성들을 좀 더 잘살 수 있는 농업경영 발전을 위해서도 1922년 9월 경상북도산업자문위원 등을 맡으면서 일선에 직접 나섰던 것으로 평가된다. 특히 봉건 경제체제에서 식민경제 체제로 전환되는 과정에 근대민족 자산의 확충과 나눔을 위해 노력한 뛰어난 경영인이었다.

### 3) 인재양성과 독립운동

소남은 독립운동가 상정(相定), 일제저항 시인 상화(相和), 초대 IOC위원 상백(相佰)과 대한체육회사격연맹 제4대 회장 상오(相旿) 등 집안의 인재 양성뿐만 아니라 많은 독립지사들을 후원하고 독립운동을 지원한 인물이다. 1908년 3월 25일 〈대한협회〉 대구지회 창

---

[30] 1921년 고려요업주식회사에 소남의 둘째 아들인 상무(相茂) 이사로 참여하였다.

립을 위한 특별 총회가 개최되었는데 이 자리에서 회장 박해령, 부회장 서봉기, 평의원 이일우, 서병오, 이종면, 최대림 등이 〈대한협회〉 대구지회 창립을 대구광학회 계열의 인사들이 주도하였다. 이일우는 이 〈대한협회〉를 배경으로 다양한 활동을 펼친다. 이일우는 1908년 9월 5일 대한협회 대구지회는 국권회복단(달성친목회) 남형우, 안희제, 서상일, 신상태, 이근우, 김용선과 협력하는 역할을 하였다. 이 무렵 대구와 부산(의령)과 연계된 활동은 주로 〈대한협회〉를 중심으로 이루어졌을 것으로 보이며 소남가 독립운동 세력에 대한 지원의 가능성을 이상규(2014: 214)는 다음과 같이 서술한다.

> 안희재 선생과 함께 백산상회 경영 영역을 부산에서 대구로 확장시키면서 당시 상무역을 맡았던 경북 고령 출신의 남형우 선생을 통해 대구지역의 이상화 시인의 백부 이일우, 서상일, 이인 선생의 숙부인 이시영 선생과 연계하여 영남지역의 독립운동의 맥을 형성하였다.[31)]

〈대한협회〉 대구지회의 청년조직의 성격을 가진 계몽운동 단체였으나 한일병합으로 인해 활동이 정지되었다가 1913년 1월에 달성친목회는 재건되었다. 재건 달성친목회는 대종교의 이념을 수용하면서 민족독립을 위한 비밀결사로 재조직되었다. 달성친목회는 대구권총사건이 발생하자 태궁상점을 기반으로 계몽운동노선을 견지하였다. 또한 1919년 3.1운동을 계기로 독립운동 자금 모집 운동과 독립청원서 운동에 참여하는 등의 실천 활동을 벌였다.[32)] 1910년대

---

31) 이상규, 『민족의 말은 정신, 글은 생명』(조선어학회 33인 열전), 역락, 2014, 214쪽.
32) 김일수, 「1910년대 달성친목회의 민족운동」, 『한국학논집(韓國學論集)』 제45집, 2011, 261~285쪽 참고. "그러나 재건된 달성친목회의 민족운동은 관련자의 밀고에 의해 일제의 탄압을 받고 좌절되었다. 이 과정에서 일제사법당국은 달성친목회를 국권

대한협회의 청년조직인 달성친목회가 경상도 일대 나아가 국외 독립운동 세력과 연계하여 민족운동을 전개한 비밀결사였던 점으로 미루어 보아 소남과 그의 조카 이상정, 이상화와 연계된 활동이 있었던 것으로 보이지만 현재로서는 사료가 남아 있지 않아 더 진전된 논의는 어려운 실정이다.[33)]

1908년 12월 대한협회 대구지회에서는 대구애국부인회와 연계하여 국채보상운동을 전개하였다. 1909년 1월 대한협회 대구지회에서는 통상총회 평의원, 식림장려에 나섰으며, 1909년 3월 25일 대한협회 대구지회 제2회 임원 선거에서 이일우 평의원에 선출되기도 하였다. 1909년 5월 4일 대한협회 대구지회 평상총회에서 이일우 실업부장에 선출되었고 1909년 7월 대한협회 대구지회 연구위원 이일우, 최재익, 서기하 등 참여하였다.

이 무렵인 1909년 이상화의 어머니이자 소남의 계수였던 김화수(金華秀)를 중심으로 '교육부인회(여자 교육회)'가 결성되었다. 김화수(이상정, 이상화의 어머니)를 비롯한 100여 명이 대구 거주 부녀자들로 결성되었으며 이를 기반으로 하여 이일우가 발기하여 설립한 대구사립달서여학교의 운영도 지원하였다. 당시 김화수는 200원의 기금을 마련하여 달서여학교에 기부하고 부인야학교를 설립하여 20여 명의 부녀자들을 교육하였다.

소남은 1921년 우현서루의 자리에 교남학원을 설립하고 1924년

---

회복단이라는 이름을 붙였고, 경찰은 조선을 덧붙여 조선국권회복단이라 하였다. 따라서 달성친목회는 한말 계몽운동 시기에 결성된 이래로 계몽운동의 노선에서 독립을 전망하고 실천한 비밀결사였다. 그리고 이 운동은 1920년대 이후 대구지역에서 문화운동과 자본증식운동을 내용으로 하는 실력양성운동 노선으로 이어졌다."

33) 1910년 달성친목회 사건(조선국권회복단 중앙총회), 이일우는 이 사건에 연루되어 일경에 조사를 받았다.

교남학교 설립을 후원함으로써 국권회복운동의 일환으로 계몽교육 운동을 적극적으로 전개하였다. 대한협회 대구지회를 통해 소남의 계몽 교육운동과 민족자본 구축을 위한 그의 나라사랑 사상이 반영되어 있다.

### 4) 나눔의 실천

당시 대부분의 대구 지주와 자산가들은 비난의 대상이 되었으나 소남은 소작농들에게는 호의를 베풀어 모범적인 대지주로서 노블레스 오블리주(noblesse oblige)를 실천한 인물로 평가된다. 이 나눔의 정신은 금남공이 물려준 '의장(義庄)'의 가훈과 가르침을 소남이 몸소 실천한 결과이다. 소남은 타고난 성품이 자상하고 청렴(淸廉)하였으며 남에게 은혜를 베풀고는 항상 은혜가 되기에 부족하다고 여겼다. 예사로운 비용은 매우 심하게 절약하였으나 어려운 사람을 구휼하고 난리를 구제함에 이르러서는 비록 곳간을 털더라도 애당초 인색하고 아끼는 태도가 없었다. 소남 이일우는 가정의례를 근검절약할 수 있도록 규약을 제정하여 비석글로 남겨 놓았다. 1939년 3월 대구 달서구에 있는 이장가 묘역에 비문이 남아 있다. 이 때문에 선산(善山), 칠곡(漆谷), 현풍(玄風), 경산(慶山) 등지의 수천 가구 가운데 여기에 힘입어 생활하는 자들은 그 덕을 갚고자 하여 바야흐로 돌에 새겨 칭송하기를 도모하였다. 마침내 사람을 보내 일하는 비용을 지급하게 하고는 애써 말렸다고 한다.

1917년 정사년(丁巳)에 모친상을 당했는데 장례의 모든 절차를 부친상 때처럼 하였다. 예서(禮書)를 읽는 겨를에34) 선대의 유묵(遺墨)

---

34) 부모의 상중(喪中)에 있음을 뜻함. 옛날 부모의 상중에는 다른 책을 보지 않고

을 수합하였는데, 비록 조각조각의 조그마한 종이라도 하나하나 애호(愛護)하여 비단으로 단장하였다. 『양세연묵첩(兩世聯墨帖)』이라 이름을 짓고는 그것을 맡아서 지키지 못한 잘못을 자책하여 말미(末尾)에 적었다. 상복(喪服)을 벗고는 중국을 유람하며 만리장성(萬里長城)을 보고 절구 한 수를 읊었는데, "만일 이 힘을 옮겨 하천 제방을 쌓았다면, 천년이 지난 지금까지 덕정(德政)이 어떠하겠는가?"라고 하였다. 명산(名山)과 대천(大川)을 두루 관람하고 한 달여를 지내고 돌아왔다.

 1920년 경신년(庚申年) 봄에 약목면(若木面) 동안리(東安里) 한 동네가 수굴(水窟)에 빠졌는데, 몸소 가서 위문하고 많은 액수를 내어 구휼해주었다. 동락학원(東洛學院)은 흉년을 두루 겪어서 유지하기가 매우 곤란하였는데 열 섬의 곡식을 기부하였다. 익재(益齋)선생의 신도비는 대대로 세울 겨를이 없었는데 혼자 힘으로 담당하여 존위(尊衛)하는 정성을 이루었다. 원근에서 유학(留學)하는 자들이 학자금이 궁핍하다고 간청하면 반드시 넉넉하게 염려해주어 그들이 학업을 마치게 하였다. 세상은 바야흐로 도도(滔滔)한데 공은 홀로 넓고 넓어서 남들이 지키지 못하는 지조를 지켰고 남들이 행하지 못하는 일을 행하였다. 비록 타고난 자질이 본디 아름답지만 선대의 사업을 돈독히 지켜서 실추시키지 않으려는 생각이 언제나 있었음을 알 수 있다.

 1922년 임술년(壬戌年) 정월 경상북도 칠곡군 약목면 복성리 약목면사무소 내에 "전주사이일우연의기념비(前主事李一雨捐義記念碑, 전주사 이일우의 의로움을 바친 것을 기념하는 비석)"이 세워졌다. 1922년 이일우가 칠곡공립보충학교 학생들에게 학비를 전액 지원해 준 것

---

오직 예서(禮書)에 있는 상제(喪祭)에 관한 것만을 읽었던 데서 온 말이다.

전주사이일우연의기념비(前主事李一雨捐義記念碑)

에 보답하여 세운 비석으로 자연석 대석에 각진 호패형으로 만들어 세워져 있다. 자연석 받침돌과 네모난 호패형 비신으로 이루어져 있으며, 높이는 119cm, 너비는 전면 42.4cm, 측면 14cm이다. 전면 중앙에 세로로 "전주사이일우연의기념비(前主事李一雨捐義記念碑)"라는 명문이 새겨져 있고 좌우측에는 4언절구의 시가 새겨져 있다. '우측'에는 "先公義庄 曠世昌基(선친께서 마련한 의장을 세상에 드물게 기반을 넓혔네), 繼志潤色 有實無私(선친의 뜻을 이어 더욱 빛냈으니, 진실을 지닌 채 사사로움이 없었네)", '좌측'에는 "惠究存沒 感浹髓肌(은혜가 산 자와 죽은 자까지 미쳤으니, 감동이 살갗과 뼛속까지 사무치도다), 不待輪奐 已成口碑(높다랗게 빛내기를 기다리지 않아도, 구전하는 비석이 이미 이루어졌네)"라는 시가 새겨져 있다. 우측 면에는 "壬戌 正朔 立"이 새겨져 있어 이 비석이 건립된 일자가 1922년 임술년(壬戌年) 정월 초하루임을 알 수 있다. 원래 이 비석은 칠곡군 약목면사무소[약목면 복성리 1004번지] 좌측편에 11기의 비석이 있었는데 약목면 약목로 98[복성리 847-12번지] 도로가에 있던 것을 도로 정비 시에 면사무소 내로 이동하였다가 다시 약목면사무소 신축 공사로 인해 남계리에 있는 약목 평생학습복지센터 앞으로 다시 이동하였다.

1930년 경오년(庚午年) 10월 며칠은 공의 회갑(回甲)이었다. 집안 식구들이 경사를 치르는 물품을 갖추고자 하였으나 공은 명하여 그만두게 하고 말하기를, "잔치를 열어 마시며 즐기는 것은 본래 나의 뜻이 아니다. 하물며 비통함이 배가(倍加)되는 날에 있어서랴."고 하고는 마련한 돈을 빈궁하고 의탁할 곳이 없는 사람들에게 모두 나누어 주었다. 하루는 자손들을 불러 말하기를, "거친 물결이 하늘까지 넘쳐나니 이미 한손으로는 만회할 수가 없다. 또한 시운(時運)을 받지 못하는 것은 옛 사람이 이른바 절물[絶物, 세상과 고립됨]이는 것이다. 우리와 같은 사람은 윤리와 기강이 어떤 일인지 알지 못하여 조금씩 금수(禽獸)의 영역에 날마다 동화되어 친척을 버리고 분묘(墳墓)를 버리는 것이 진실로 이상한 일이 아니다. 우리 집안의 선대의 분묘는 곳곳에 흩어져 있으니 사정상 보수(保守)하기 어려웠다. 장차 특별히 오환(五患)35)이 없는 지역을 선택하여 4세 이하의 선영을 한 구역 안으로 이장하여 수호하기에 편하게 하고 또한 후세의 폐단을 막게 하여라. 너희들이 그 일을 감독하여 나의 소원을 이루어다오."라고 하였다.

## 4. 마무리

나라가 풍전등화였던 조선조 말에서 대한제국 시기를 거쳐 일제 차하에서 궁핍하고 가난한 이 땅, 대구에서 이웃을 생각하고 나라를 걱정하며 이 땅의 산업화와 이 땅의 신민들의 교학과 홍민을 위해 헌신한 소남의 생애를 거칠게나마 조망해 보았다. 곳곳에 성글고 부족한 부분이 많겠지만 역사주의적 사관에 뿌리를 두고 당대의

---

35) 오환(五患): 묏자리를 잡을 때 피하여야 할 다섯 곳이다. 곧 후일에 도로가 날 자리, 성곽이 들어설 자리, 개울이 생길 자리, 세력 있는 사람이 탐낼 자리, 농경지가 될 자리이다. 일설에는 마을이 들어설 자리, 도자기를 구울 만한 자리도 이에 포함된다고 한다. 『增補四禮便覽』「喪禮 5 治葬」.

시각에서 한 사람의 인물사를 보다 객관적인 시각에서 조명하고자 하였다. 그리고 또한 앞으로 어떻게 그에 대한 새로운 평가와 연구가 이루어져야 할지를 고민하면서 대체로 네 가지로 소남의 생애와 사상을 요약해 보았다.

이러한 소남의 행적을 추적해 보건데 앞에서 언급한 친일파 운운하면서 이루어진 그에 대한 폄하는 더 이상 묵과할 수 없는 일로서 우리는 하루 빨리 그에 대한 오해와 비판에서 벗어나야 한다. 대구 지역의 유력 자본가로써 일제의 회유와 탄압과 유혹이 컸음에도 불구하고 오히려 그러한 일제의 탄압을 현명하게 벗어난 그의 처신이 더욱 돋보일 뿐이다. 앞으로 이 부분 독립운동 단체와 개인과의 연계와 후원과 협력에 대해서는 심도 깊은 사료 조사와 연구가 뒤따라 독립유공자로 추천해야 마땅하리라 판단된다. 때로는 수준 낮은 시비와 터무니없는 오해와 이데올로기 비판의 장막에 가려 제대로 된 학술적 평가에 걸림이 되는 비학술적인 글들이 횡횡하는 이 시대에 우리들의 과제는 소남의 공과에 대한 성실한 발굴과 정의와 양심에 따른 객관적 평가를 내리는 일일 것이다.

## 참고문헌

김구 지음, 도진순 탈초 교열, 『정본 백범일지』, 돌베개, 2016.
김일수, 『근대 한국의 자본가』, 계명대학교출판부, 2009.
정혜주, 『날개옷을 찾아서』, 하늘자연, 2015.
상백 이상백평전출판위원회 편, 『상백이상백평전』, 을유출판사, 1996.
백산안희제선생순국70주년추모위원회편, 『백산안희제의 생애와 민족운동』, 선인, 2013.
최기영, 『중국관내 한국독립운동가의 삶과 투쟁』, 일조각, 2015.
대구경북역사연구회, 『역사 속의 대구, 대구 사람들』, 중심, 2001.
이상규, 『민족의 말은 정신, 글은 생명, 조선어학회 33인 열전』, 역락, 2014.
이욱, 『멀고 먼 영광의 길』, 원화여자고등학교, 2004.
도재욱, 「급변하는 이 시대의 예절문화(Ⅲ)」, 『대구향교』 회보 제18호, 2016.7.1.

# 소남(小南) 이일우(李一雨)의 생애와 국권회복운동

권대웅(영남대학교)

## 1. 머리말

　대한제국 말기 대구지역은 정치·경제·문화의 집결지였다. 정치적으로는 경상북도의 관찰부였으며, 경제적으로 낙동강을 배경으로 한 경상도 내륙지방의 상업중심지였다. 그리고 경상도 각처에서 이주한 지주계층의 집결지였다. 이른바 '대부원지(大富源地)'인 대구로 모여든 부호들이었다. 이들은 대구부근의 달성을 비롯하여 청도·경산·고령·성주·칠곡·영천 등 각 군현에서 대토지를 소유한 지주였다.

　대구지역의 계몽운동은 대부호들이 주도하였다. 이들은 대한제국정부의 광무개혁에서 표방하였던 식산흥업(殖産興業)과 교육진흥(教育振興) 정책에 부응하여 1898년 독립협회 대구지회를 필두로 1906년 대구광문사와 대구광학회, 그리고 1908년 대한협회 대구지회로 이어지는 계몽운동에 참여하였으며, 1907년 국채보상운동을 전개하기도 하였다.

이일우는 대구지역 계몽운동의 전개 과정에서 국권회복운동의 일환인 교육진흥과 식산흥업의 큰 흐름을 이끌었다. 대구지역에서 계몽운동에 참여했던 많은 인사들이 대한제국의 관료로 변신하는 등 현실에 타협하였고, 경술국치 이후 민족운동의 큰 흐름에서 탈락하여 일제의 식민통치기구에 종속되는 상황에서 이일우의 활동과 처신은 매우 주목된다.

지금까지 대구지역의 계몽운동에 대한 관련 자료의 발굴과 연구는 매우 미진하였으며, 개별 인물에 대한 연구는 거의 이루어지지 않았다. 특히 개별 인물에 대한 연구가 없었던 이유는 대부분의 인물들이 가지는 타협과 종속이라는 한계 때문이었다.

이 글은 대한제국기 이일우의 국권회복운동에 국한하여 살펴보았다. 1910년 경술국치 이후의 경제 활동이나 그 일족의 활동에 대해서는 다음 기회에 살펴보려고 한다. 장차 '소남이일우선생기념사업회(小南李一雨先生記念事業會)'가 소장하고 있는 자료가 정리되면, 이일우 개인에 대한 연구와 대구지역의 계몽운동을 포함한 민족운동 전반에 대한 연구는 큰 진척이 있을 것으로 기대한다.

이 글은 대구지역 계몽운동에 대한 지금까지의 연구를 참조하였다. 그리고 이일우 부자의 문집 『성남세고(城南世稿)』와 『대한협회대구지회 회록(大韓協會大邱支會會錄)』(영남대학교 박물관 소장, 필사본)을 주로 활용하였다.

## 2. 출생과 성장

### 1) 출생과 가문

　소남(小南) 이일우(李一雨, 음1870. 10. 4~음1936. 8. 15)는 조선왕조 말기 대구부에서 금남(錦南) 이동진(李東珍)과 광주이씨(廣州李氏) 이인당 사이의 2남 2녀 중 장남으로 태어났다. 자는 덕윤(德潤)이며, 호는 소남(小南)이다.
　그의 집안은 경주이씨(慶州李氏) 익재공파(益齋公派) 중 소경공파(少卿公派)를 잇는 논복공파(論福公派)이다. 시조는 신라 알평공(謁平公)이며, 17세손 고려시대 문충공(文忠公) 익재(益齋) 이제현(李齊賢)과 28세손 논복(論福), 그리고 32세손 무실(茂實)의 6대손으로 이른바 '이장가(李莊家)'이다.
　그의 아버지 이동진(李東珍, 1836. 4. 6~1905. 3. 5)은 3대 독자로 태어나 아들로 일우(一雨)와 시우(時雨, 1877. 3. 4~1908. 8. 22)를 두었고, 사위는 달성인(達城人) 서찬균(徐燦均)과 서석연(徐錫淵)이었다. 일우는 5남 1녀를 두었는데, 장남 상악(相岳)을 비롯하여 상무(相武)·상간(相偘)·상길(相佶)·상성(相城)이었고, 사위는 파평인(坡平人) 윤홍열(尹

〈慶州李氏論福公派 錦南 李東珍의 家系圖〉

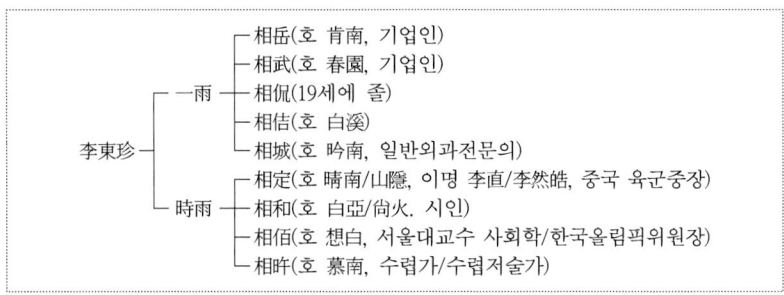

洪烈)이었다. 시우는 4남을 두었는데, 장남 상정(相定)을 비롯하여 상화(相和)·상백(相佰)·상오(相旿)이다.1)

이동진은 자가 사직(士直)이고, 호가 금남(錦南)이다. 그는 중후한 인품과 총명한 기개를 겸비한 인물이었다. 그가 3살 때 아버지 이증열(李曾悅)이 돌아가신 후 바느질을 하는 편모슬하에서 집에서 글을 익혔다. 집이 가난하여 늦도록 장가를 들지 못하다가 1859년 23살에 광주이씨(廣州李氏) 이학래(李學來)의 따님 이인당과 결혼하였다.2) 그 후 서당에 다니며 선생을 따라 경전(經典)과 사서(史書)를 읽었다.

금남은 1869년 200금을 빌려 경산(慶山)에서 점포를 열고 7년을 경영하다가 1875년 대구로 돌아오니 불어난 재산이 수천 금에 이르렀다. 각처의 전답이 모두 1,254두락으로 그 중 밭이 260두락이고 논이 994두락이었다.3)

금남은 1894년 봄에 집안의 재산을 계산하고는 다섯 가운데 둘은 두 아들에게 전하고, 하나는 두 사위와 인척들에게 나누어주고, 나머지 둘을 종족들에게 주었다. 종족들에게 나누어 준 400두락(斗落)의 논밭을 '이장(李庄)'이라 하니, 이른바 '간약(簡約)을 지키고 널리 베풀며, 축적하고 잘 분산한다.'는 것이었다.4) 그 규모와 분배에 대해 심재(深齋) 조긍섭(曺兢燮)은 이동진의 전(傳)에서 다음과 같이 기록하고 있다.

기복(期服)·공복(功服)을 입을 가까운 친척이 없었으므로 먼 일가붙이

---

1) 『慶州李氏益齋公派少卿公後論福公派譜』(2013).
2) 李一雨, 「遺事」, 『城南世稿』 卷之一, 「錦南遺稿」, 附錄.
3) 「李庄序」, 『城南世稿』 卷之一, 「錦南遺稿」, 序.
4) 李景龍, 「題李莊錄後」, 『城南世稿』 卷之一, 「錦南遺稿」, 附錄.

를 헤아려보니 모두 65가구였다. 이에 벼논 427두락(斗落)을 나누어 별장(別庄)을 설치하고 그곳의 수입을 저축하였다가 매년 봄 2월에 가구마다 한 섬씩 주었으며, 설날이나 추석이 되면 200전(錢)을 주었다. 초상을 당한 자에게는 10,000전(錢)을, 시기가 지나도 장가가지 못한 자에게는 20,000전(錢)을, 시집가지 못한 자에게는 30,000전(錢)을 주었으며, 흉년을 만나면 마을 안이나 부모의 무덤이 있는 곳에 사는 사람들에게 모두 진휼해주었다. 부인의 집안이 후에는 또 곤궁하였으니 해마다 식구들이 먹을 양식을 도왔으며, 죽음에 이르러서는 벼논 50두락을 골라서 부인의 아우인 이용근(李容根)에게 주었다.5)

금남은 모든 재산을 분배한 뒤 단지 "24두락은 내가 빈객(賓客)들과 함께 유람(遊覽)할 경비'로 남겼을 뿐이라고 했다. 금남의 재산 배분은 '그것이 천지간의 공물(公物)이기 때문"이라는 평소의 소신에서 비롯된 것이었다.6) 이러한 평소의 소신은 그의 재산 축적 과정이나 그 이후의 행적에서도 드러나고 있다.

1875년 경산에서 경영하던 점포를 정리하고 돌아 올 때, "원근의 사람들을 불러 모아 소를 잡고 술을 걸러서 그 문서를 모두 탕감해주었다."는 것에서 그의 성품이 드러난다. 뿐만 아니라 1901년과 1904년의 『황성신문(皇城新聞)』의 「광고(廣告)」를 통해서 알 수 있듯이 가난하고 억울한 사람들을 위해 그가 행한 행적은 세상 사람들의 칭송받았다.7)

---

5) 曺兢燮, 「傳」, 『城南世稿』 卷之一, 「錦南遺稿」, 附錄.

6) 「分土列錄記」, 『城南世稿』 卷之一, 「錦南遺稿」, 記.

7) 『황성신문』, 1901.3.11, 「廣告」. "大邱居李景龍 商販狼狽 負逋數萬兩矣 前領官崔處主 都事李善行 參奉徐志敏 前順天徐志淑 五衛將金聲達崔聖祚馬驥興 都正郭義賢前積城 金允蘭 幼學李東珍 進士徐興敏 幼學李重來 族人李俊秀 諸氏出義捐金 公逋了勘是爲 難忘之恩 玆以廣告 僉君子照諒焉 李景龍 告白."

금남의 재산에 대한 소신은 벼슬에 대해서도 같았다. 당시의 추세가 재물과 명리로 벼슬을 탐한 사람들이 많았으나 그는 그것을 돌아보지 않았다. 가까운 친척 한사람이 "관리(官吏)의 직함(職銜)을 권유(勸諭)"하였으나 "나는 보잘것없는 재능으로 일찍이 관문(關門)을 지키는 책임도 없었는데 함부로 헛된 명예를 훔친다면 진실로 마음으로 부끄러워해야 한다."고 하고 굳게 거절하고 평생을 '유학(幼學)'으로 살았다.8) 말년에 대구면 각 동민들이 관찰부에 정장(呈狀)을 올려 "이동진(李東珍)으로 하여금 포상의 은전을 우선 받게 한다면 영남에서는 의리를 숭상하는 선비들이 반드시 자취를 이어 일어날 것입니다."9)라 하였다. 1905년 3월 20일 세상을 떠나니 그의 나이 70세였다.

## 2) 성장과 신사조의 수용

1905년 3월 20일 부친이 서거한 뒤, 이일우는 대구 '이장가(李庄家)'의 가사를 물려받았다. 이일우는 어려서 부친의 가르침에 따라 한학 공부하다가 성장하여 스승을 모시고 공부하였다. 회암(晦菴) 주희(朱熹)의 "책을 읽음에 차라리 정밀하게 할지언정 성글게 하지 말라"는 가르침에 따라 학문에 힘썼다.10)
1894년 25살에 부친이 400마지기의 땅을 출연(出捐)하여 이장(李庄)을 설치할 때, 그 뜻에 따라 규정(規定)을 엄격하게 세우고 계획하

---

『황성신문』, 1904.5.10, 「廣告」. "義城居前參奉申圭植氏는 이文學孝敬으로 顯然一郡하고 大邱居李東軫氏는 義捐萬金을 救恤窮塞貧寒하야 慈德之心으로 著名○○하기로 廣告함 ○○金義順 告白."
8) 李一雨, 「遺事」, 『城南世稿』 卷之一, 「錦南遺稿」, 附錄.
9) 大邱面各洞, 「呈營狀」, 『城南世稿』 卷之一, 「錦南遺稿」, 附錄.
10) 朴承祚, 「行狀」, 『城南世稿』 卷之二, 「小南遺稿」, 附錄.

였다. 이때부터 부친의 뜻을 이해하고 상업 활동에 뛰어 들었을 것으로 보인다.

조선후기 이래로 대구는 낙동강을 배경으로 경상도 내륙지방의 상업중심지로 부각되었다. 특히 개항 이후 일본 상인의 진출에 따라 통상무역이 활발해지면서 상품화폐경제가 발달하게 되었다. 이리하여 대구지역의 상인들은 축적된 자본을 토지에 투자하여 대지주로 성장하였다. 이일우는 이와 같은 대외무역의 확대 속에서 낙동강을 통한 미곡무역 등의 상업 활동으로 많은 부를 축적할 수 있었고, 선산(善山)·칠곡(漆谷)·현풍(玄風)·경산(慶山) 등지에 전장을 소유한 대지주로 성장해 갔다.11)

당시 대구지역은 내륙과 개항장 부산을 연결하는 내륙 상권의 교두보였다. 특히 청일전쟁 이후 내륙으로 진출한 일본상인들의 상권 침탈과 토지 침탈에 따라 상권을 둘러싼 경쟁이 시작되었다. 1895년 4월 일본인 상인들이 대거 대구 남문 부근 이주하였다. 대구지역의 지주 및 상인층은 일본 상인들의 상권 침탈에 직면하게 되었다.

이러한 상황 속에서 조직된 상인 단체가 1895년 설립된 동래부의 부산항상무회(釜山港商務會)와 1898년 대구부의 수창상회(壽昌商會)였다. 부산항상무회는 동래부상무회의소(東萊府商務會議所)를 말하는데, 개항장 부산항을 중심으로 일제의 경제적 침탈이 급속히 진행되던 상황에서 동래부 부산항에서 활동하던 객주들에 의해 조직된 상인단체이다.12) 개항 이후 영남지방에서 대일무역의 거점이었던 부산항을 중심으로 상권을 확장하고 있던 대구 상인들도 처음에는 동래부상무회의소에 참여하여 활동하였다.

---

11) 曺兢燮, 「傳」, 『城南世稿』 卷之一, 「錦南遺稿」, 附錄.
12) 金勝, 「한말·일제하 동래지역 민족운동과 사회운동」, 『지역과 역사』 6, 부경역사연구소, 2000.

1898년 8월 이일우는 수창상회(壽昌商會, 일명 수창사(壽昌社)를 설립하여 대구지역 상인들의 거점으로 삼고, 대일무역의 거점인 부산의 동래(東萊)와 하단(下湍)에 그 지점을 두었다. 수창상회는 '상업흥왕(商業興旺)과 상권보호(商權保護)'를 목적으로 설립한 상인조합으로 개항 이후 부산항을 거점으로 물화(物化)를 저장하고 물가를 관리하기 위한 지점으로 각각 설치하였던 것이다.[13]

한편 이일우은 1898년 9월 독립협회(獨立協會) 대구지회(大邱支會) 설립 청원에 참여하였다.[14] 이것은 독립협회가 민중 층의 지식을 개발하고 민권을 성장시켜야 한다는 민중계몽운동에 대한 관심과 광무개혁을 추진하던 대한제국정부의 식산흥업(殖産興業)과 교육진흥(敎育振興) 정책에 부응하는 것이었다. 이리하여 1898년 12월 대구공립소학교 학생들이 중심이 되어 토론회로 조직된 개진협회(開進協會),[15] 사립 흥화학교(興化學校) 대구지교(大邱支校) 설립,[16] 1898년 설립된 대구달성학교(大邱達城學校) 설립 등을 지원함으로써 식산흥업과 교육진흥에 적극적으로 참여하였다.

1904년 우현서루(友弦書樓)를 설립하였다. 1904년 이일우는 서울을 여행하며 러일전쟁 이후의 국내·외 정세의 변화와 확산하고 있는 서구 문물을 접하고 귀향하였다.[17] 그는 부친 긍남의 뜻을 받들어 서숙(書塾) 형태의 도서관(圖書館)인 우현서루를 건립하였다.[18] 이것은 독립협회 참여 이후 소남이 지향했던 민지개발(民智開發)을

---

[13] 「壽昌商會社規則」(1898.8).
[14] 『황성신문』, 1898.9.22, 「又許支會」.
[15] 『독립신문』, 1898.12.26, 「개진협회」.
[16] 『황성신문』, 1898.12.14, 「대구학교」.
[17] 朴承祚, 「行狀」, 『城南世稿』 卷之二, 「小南遺稿」, 附錄.
[18] 朴承祚, 「行狀」, 『城南世稿』 卷之二, 「小南遺稿」, 附錄.

위한 교육진흥(教育振興)의 일환으로 대구지역의 계몽운동의 선구가 되었다. 곧이어 이일우는 1904년 우현서루를, 1905년에는 우현서루 내에 시무학당(時務學堂)을 설립하였고, 1906년 8월에는 대구광학회 (大邱廣學會)를 조직하고 우현서루를 사무소로 활용하였다.

대한자강회 해산 이후 1907년 7월 대한협회가 창립되자 이일우는 1908년 3월 대한협회 대구지회 설립에 참여하였다. 1908년 3월 14일 대구지회 창립이 허가된 이후, 3월 22일 임시총회에서 준비위원으로 선정되었으며, 3월 25일에는 특별총회에서 평의원(評議員)으로 선출되었다. 3월 30일 열린 임시총회를 마친 뒤 열린 연설회에서 「본회(本會) 7강령(七綱領)의 의지(意志)」란 연제(演題)로 강연을 하였다. 이 강연은 독립협회 대구지회 활동 이후 계몽운동에 대한 강력한 의지를 피력한 연설이었다. 이 연설에서 그는 교육과 실업을 강조하였다.

이일우의 실업과 교육에 대한 의지는 대한협회 대구지회를 이끌어가는 과정에서 교육부(教育部)와 실업부(實業部) 설치로 나타났으며, 자신이 실업부장을 맡았다. 그 이후 실업부장(實業部長)·수금위원(收金委員)·총무(總務) 등의 직책을 맡아 대한협회 대구지회를 이끌어나가는 데 주도적인 역할을 담당하였고, 특히 학교 설립과 지원 활동에 적극적으로 대처하였다.19)

한편 이일우는 1907년 1월 29일 대동광문회(大東光文會)가 제기한 국채보상운동(國債報償運動)에 참여하였다. 계몽운동에 있어서 산업진흥운동(産業振興運動)의 일환으로 전개되었던 국채보상운동은 서상돈(徐相燉)·김광제(金光濟) 등이 대동광문회에서 제기하였다. 이일우는 대구광학회를 통해 활동하고 있었기 때문에 서상돈·김광제 등

---

19) 『大韓協會大邱支會會錄』(영남대학교 박물관 소장, 필사본).

의 대동광문회와는 달리 대구지역 계몽운동의 또 다른 축을 형성하고 있었다. 그러므로 소남의 국채보상운동 참여는 일정한 한계를 보여 주고 있지만, 의연금 출연과 그가 이끌어 가고 있던 수창상회를 통해 지원하였으며, 대한협회 대구지회 활동 과정에서 다소 관련을 가지고 있었다.

1910년 경술국치 이후 1911년 우현서루가 일제에 의해 강제 철폐된 뒤, 1913년 3월경 달성친목회(達城親睦會)의 산하 조직인 강의원간친회(講義園懇親會)의 결성과 운영에 연결되어 있었던 것으로 보인다.[20] 그리고 1915년 정월 조직된 조선국권회복단(朝鮮國權恢復團)의 결성 및 1919년 3.1운동과 관련된 조선국권회복단사건(朝鮮國權恢復團事件)에 연루되어 일제의 신문을 받기도 했다. 더욱이 1921년 교남학원(嶠南學院)의 설립과 1924년 교남학교(嶠南學校) 설립을 직·간접적으로 지원하였다. 이것은 계몽운동기 국권회복운동의 일환으로 전개했던 신교육구국운동을 계승한 민족운동이었다.

이일우는 1906년 대구농공은행(大邱農工銀行)의 설립에 참여하였는데, 장남 이상악(李相岳)을 주주로 내세워 주식 70주를 소유하였다. 경술국치 이후 장남 이상악과 차남 이상무(李相武)를 내세워 상업 활동을 전개하였다. 물론 자신이 직접 상업 활동에 참여하기도 했지만, 대부분 그의 장남 이상악과 이상무를 통해 이루어졌다.

한편, 그는 1907년 사망한 동생 이시우의 부인 김화수(金和秀)가 참여하였던 여자교육회와 달서학교를 적극 후원하였으며,[21] 그리

---

20) 강의원은 강의원간친회(講義園懇親會)를 말한다. 국권회복단 관련 재판기록에는 강유원(講遊園)이라고 쓰고 있지만, 다른 자료에 강의원(講義園)이라고 쓰기도 하고, 필자도 합리적인 것 같아 강의원이라고 쓰고 있다. 이일우가 우현서루 폐쇄 이후 강의원의 설립과 운영에 참여했다고 하나 구체적인 자료는 찾을 수 없다.
21) 『황성신문』, 1908.4.14, 「金女史의 熱心」.

고 조카들인 상정(相定)·상화(相和)·상백(相佰)·상오(相旿) 등의 교육에 전력을 다했다.22) 이미 학령기에 접어든 장조카 상정과 상화는 일찍 우현서루와 시무학당에서 수학하였다.

## 3. 계몽운동기의 신교육구국운동

### 1) 우현서루와 시무학당

우현서루(友弦書樓)는 1904년 소남가 민지개발(民智開發)을 위한 교육진흥(敎育振興)의 일환으로 설립하였다. 곧이어 1905년 소남은 우현서루에 시무학당(時務學堂)을 설립하였으며, 1906년 8월에는 대구광학회(大邱廣學會)를 조직하였다.23)

시무학당과 대구광학회는 청말 변법자강운동을 전개하였던 강유웨이(康有爲)가 설립한 시무학당(時務學堂)과 남학회(南學會)에 비견할 수 있는 것이었다. 시무학당의 학당장을 맡은 이일우는 "대한국민(大韓國民)의 지식(智識)을 개발증진(開發增進)"에 그 목표를 두고 있었는데, 우현서루와 같은 방식으로 운영된 사립학교였다. 대구광학회는 사무소를 두고 우현서루에 두고 "개발민지(開發民智)와 확장민업(擴張民業)"을 목표로 활동하였다.24)

---

22) 첫째 이상정(1897~1947)은 중국에서 중국군 장군으로 복무하였으며, 대한민국임시정부에 참여하여 항일독립운동전선에서 활동하였다. 둘째 이상화(1901~1943)는 일제강점기에 활동한 저항시인이고, 셋째 이상백(1904~1966)은 역사학자인 동시 사회학자이며, 체육인으로 저명하다. 넷째 이상오(1905~1969)는 수렵가이며 저술가이다.

23) 우현서루의 설립연도를 1905년으로 비정하는 경우도 있으나, 「小南遺稿」의 行狀에 의하면, 1904년이 분명하다.

우현서루는 도서관이었고, 시무학당은 학교였다. 이일우의 문집 『소남유고』에서 그 아들 이상악(李相岳, 1886, 9. 20~1886. 11. 27)은 우현서루에 대해 다음과 같이 기억하고 있다. 우현서루가 설립된 1904년은 그의 나이가 20세였으니 그 상황을 지켜보았을 것이다.

갑진년에 서울을 가니 세상은 크게 변했고, 풍조가 진탕하야, 서구의 동점지세를 통찰하였다. 스스로 생각하니 선비가 이 세상에 나서 옛 것만 잡고 있을 수 없다고 생각했다. 돌아와서 부친께 아뢰고 넓은 집을 하나 세워서 육영(育英)의 계(計)로 삼아, 편액하기를 우현(友弦)이라 하였다. 대개 옛 은나라 사람들이 군사를 모아서 나라를 구하는 뜻에서 취한 것이다. 또 동서양 신구서적 수천종을 구득하여 좌우도의 총명하고 뛰어난 인재를 널리 맞이하였다. 그 과정(課程)을 정함에 있어 구학(舊學)을 바탕으로 삼고 신지식으로 빛나게 해서 의리에 함빡 젖게 하고, 법도를 따르게 하였다. 원근 유지의 선비들이 소문을 듣고 일어나는 자가 날로 모여들어 학교(우현서루)가 수용할 수 없을 정도가 되었으니 일대에 빛나고 빛난 모습이었다.[25]

따라서 우현서루와 시무학당은 구분해서 설명할 수 없는 도서관을 갖춘 학교였다. 그 외에도 성주유생 공산(公山) 송진필(宋浚弼)은 소남의 묘갈명(墓碣銘)에서 "우현서루를 건축하여 선비를 양성하고, 서적 만권을 구입"하였다고 하였으니,[26] 서숙(書塾) 형태의 도서관(圖書館)이었다. 비안(比安) 유생 해악(海岳) 김광진(金光鎭)은 수많은 선비들이 사방에서 찾아와 "과학토론(課學討論)"을 했다는 기록[27]이

---

24) 『皇城新聞』, 1905.3.4, 「李氏請願」.
25) 李相岳, 「遺事」, 『城南世稿』 卷之二, 「小南遺稿」, 附錄.
26) 宋浚弼, 「墓碣銘」, 『城南世稿』 卷之一, 「小南遺稿」, 附錄.

나, 고령 유생 성와(省窩) 이인재(李寅梓)는 「答金光鎭」에서 "굉담위론(宏譚偉論)"28)했다는 기록은 우현서루의 성격을 짐작케 한다.

우현서루와 시무학당의 관계를 보다 분명하게 보여주는 것이 『황성신문(皇城新聞)』의 시무학당 관련 기사이다.

◉ 有志開明 大邱居 李一雨氏가 民智開發에 留意하야 資金을 自辦하고 達城內에 時務學堂을 設立하야 學問淵博한 人으로 學堂長을 延聘하고 內外國 新舊書籍의 智識發達에 有益한 書冊과 各種 新聞 雜志 等을 廣求購入하야 該學堂에 貯實하고 上中下三等社會中에 聰俊有志흔 人員을 募集하야 書籍과 新聞 雜志를 逐日閱覽討論홀 計劃으로 學部에 請願하야 認許를 要한다니 如此有志흔 人은 政府에셔도 獎勵홀만 하다더라.29)

우현서루에 설립된 시무학당에 대해 다음 『황성신문(皇城新聞)』의 기사는 보다 구체적으로 설명하고 있다.

◉ 大邱郡私立時務學堂長 李一雨氏가 學部에 請願하얏ᄂᆞ되 本學堂은 一般 大韓國民의 智識을 開發增進ᄒᆞ기 爲ᄒᆞ야 內外國新舊書籍中 時務智見上有益者를 購買貯蓄ᄒᆞ야 以便攷究講習이되 學堂은 名以時務홀 事. 一 書籍名目은 大韓及東西各邦의 古今歷史 地誌 筭術學 格致 化學 經濟 物理 農商工法律學 醫學 兵學及新聞 雜誌 等 諸書오 其他 雜術 小技蠹心 病俗之書ᄂᆞᆫ 切勿貯藏홀 事. 一 書籍購買費와 學堂建築費ᄂᆞᆫ 本人이 自擔經紀이되 其他 一切 費用은 學員과 商議措辦홀 事. 一 學堂長은 學問淵博ᄒᆞ고 時務貫通혼 人員으로 延聘ᄒᆞ되 本邦人을 用홀 事. 一 入堂閱書ᄂᆞᆫ 勿論 遠近上

---

27) 學契代表李壽麒金光鎭, 「祭文」, 『城南世稿』 卷之一, 「小南遺稿」, 附錄.
28) 李寅梓, 「答金光鎭」, 『省窩文集』 卷二, 書.
29) 『皇城新聞』, 1905.2.1, 「有志開明」.

中下 等 會社與老少ᄒ고 幷從志願ᄒ야 課日閱覽ᄒ며 或 討論도 홀 事. 一本學堂細則은 自學會中으로 權宜酌定이라 하얏더라.30)

또 다른 기록으로 1908년 『해조신문(海潮新聞)』에서도 우현서루의 실체에 대하여 구체적으로 설명하고 있다.

 ◉ 대구 서문 밖 후동 사는 이일우씨는 일향에 명망 있는 신사인데 학문을 넓히 미치게 하고 일반 동포의 지식을 개발코자 하여 자비로 도서관을 건축하고 국내에 각종 서적과 청국에 신학문책을 많이 구입하여 일반 인민으로 하여금 요금 없이 서적을 열람케한다 하니 이씨의 문명사업은 흠탄할 바더라.31)

 ◉ 대구 서문 외 있는 유지 신사 이일우씨는 일반 동포를 개도할 목적으로 자본금을 자당하여 해지에 '우현서루'라 하는 집을 신축하고 내외국에 각종 신학문 서적과 도화를 수만여 종이나 구입하여 적치하고 신구학문에 고명한 신사를 강사로 청빙하고 경상 일도 내에 중등학생 이상에 자격되는 총준 자제를 모집하여 그 서루에 거접케 하고 매일 고명한 학술로 강연 토론하며 각종 서적을 수의 열람케 하여 문명의 지식을 유도하며 완고의 풍기를 개발시키게 한다는데, 그 서생들의 숙식 경비까지 자당한다 하니 국내에 제일 완고한 영남 풍습을 종차로 개량 진보케 할 희망이 이씨의 열심히 말미암아 기초가 되리라고 찬송이 헌전한다니 모두 이씨같이 공익에 열심하면 문명사회가 불일 성립될 줄로 아노라.32)

---

30) 『皇城新聞』, 1905.3.4, 「李氏請願」.
31) 『海潮新聞』, 1908.3.7, 「李氏文明事業」.
32) 『海潮新聞』, 1908.4.22, 「友弦美事」.

즉 도서관으로서 우현서루와 학교로서의 시무학당을 연결하여 설명하고 있다.

대구부 팔운정 101-11번지(현재, 중구 수창동 101-1번지)에 설립된 우현서루는 동변(東邊)에 서고(書庫)가 있는 단층 목조건물로 지어졌다. 2009년 우현서루의 실제 모습에 대해 최재목 외 3인이 수행한 연구는 다음과 같이 고증하고 있다.

설립 당시 〈友弦書樓〉는 서고와 본관이 일자형의 긴 평면으로 총 700평 대지에 중심부가 비워진 건축물 구조를 가지고 있다. 또한 사면이 도로와 면하고 있어 그 접근성을 용이하게 하였다. 두 건물 사이에 보이는 방과 마루에서는 〈友弦書樓〉를 찾아온 지식인들에게 숙식을 제공흔 것으로 보이며 비워둔 중앙의 공간은 아마도 지금의 운동장과 같이 사용하면서 그 활용도를 도모하였던 것으로 추측된다. 동시에 이러한 중앙의 빈 공간은 일자형의 긴 평면 교사와 본관의 우측에 위치한 서고를 찾아온 많은 대중을 수용하여 강당으로서 기능을 담당하였을 것으로 짐작된다.[33]

이 연구는 매우 추측성이 강한 것이지만, 건축 당시 우현서루에는 "동변(東邊)에 서고(書庫)가 유(有)ᄒ야 동서서적(東西書籍) 수백종(數百種)"을 모아두고 있다는 대한자강회 고문 오가키다케오(大垣丈夫)의 방문에 관한 기록과 공통점이 있다.

● 其時에 大邱廣學會 會員 金善久氏가 該會講師로 謙請ᄒ 事에 應諾이

---

33) 최재목 외, 「일제강점기 신지식의 요람 대구 「友弦書樓」에 대하여」, 『동북아문화연구』 제19집, 2009.

有ᄒ야 二十五日治行祭程할새 本會顧問大垣丈夫氏와 金善久氏로 作伴하여 大邱停車場에 到着ᄒ매 當地有志紳士數十人이 金善久氏의 預先通知ᄒ믈 因하야 停車場에 出迎ᄒ야 廣學會事務室로 前導하니 卽所謂友弦書樓요 該書樓는 當地有志 李一雨씨가 建築經營ᄒ빗이니 東邊에 書庫가 有ᄒ야 東西書籍 數百種을 儲寘ᄒ고 圖書室資格으로 志士의 縱覽을 許ᄒ야 新舊學問을 隨意硏究케 ᄒ 處이라.34)

우현서루에는 수많은 선비들이 찾아왔고, 이들은 서적을 열람하거나 강학을 통해 한학 및 신학문을 공부했던 것으로 기록하고 있다. 이러한 기록들은 당시 우현서루를 출입했던 인사들의 기록이거나 후일 연구자들이 관련 기록을 통해 밝힌 것이라 할 수 있다. 대표적 기록이 『대륜80년사(大倫八十年史)』로 장지연·박은식·이동휘·조성환·김지섭 등이 우현서루를 거쳐 간 것으로 기록하고 있다.

한말지사로서 이 서루를 거친 분은 150여 명이 넘었다. 장지연(張志淵), 박은식(朴殷植), 이동휘(李東輝), 조성환(曺成煥) 등 제 선생과 김지섭(金祉燮) 열사들이 이곳을 거쳐 나간 것만 보더라도 그 업적을 짐작할 수 있고, 근대 우리 민족정기의 본원지였음을 알 수 있다.35)

당시 시무학당에서 공부했던 비안(比安) 유생 해악(海岳) 김광진(金光鎭)은 수많은 선비들이 사방에서 찾아왔다고 기록하고 있는데,36) 당시 신사조와 신학문에 대해 관심을 가직 있었던 고령 유생 성와(省窩) 이인재(李寅梓)도 「답김광진(答金光鎭)」에서 우현서루에서

---

34) 『大韓自强會月報』 4, 1906.10.25, 「本會 會報」.
35) 대륜80년사편찬위원회, 『대륜80년사』, 2001.
36) 學契代表李壽麒金光鎭, 「祭文」, 『城南世稿』 卷之一, 「小南遺稿」, 附錄.

비치하고 있던 장서 수천 권에 대하여 경탄하고, 김광진에게 그 서적을 열람할 수 있도록 주선해 달라고 요청하고 있다.37) 뿐만 아니라 1907년 사망한 동생 이시우의 아들 상정(相定)·상화(相和)·상백(相佰)·상오(相旿) 등도 우현서루와 시무학당에서 수학하였다. 이 집안으로 볼 때, 가숙(家塾)이기도 했다.

## 2) 대구광학회와 대한협회 대구지회

대구광학회(大邱廣學會)는 1906년 8월 대구의 윤필오(尹弼五) 등 5·6인이 광학회를 발기하고,38) 「대구광학회취지(大丘廣學會趣旨)」를 발표하였다. 발기인은 최대림(崔大林)·이일우(李一雨)·윤영섭(尹瑛燮)·김선구(金善久)·윤필오(尹弼五)·이종면(李宗勉)·이쾌영(李快榮)·김봉업(金鳳業) 등이며,"개발민지(開發民智)와 확장민업(擴張民業)"을 목표로 하였다.39)

대구광학회는 1906년 4월 서울에서 설립된 대한자강회(大韓自强會)의 연락기관인 광학사(廣學社)의 지회(支會)로서의 성격을 띠고 설립되었다.40) 우선 대구광학회는 1906년 8월 발기와 더불어 대한자강회 고문 오가카다케오(大垣丈夫)를 초청하여 강연회을 개최하는 등의 활동을 벌였다.41) 이것은 서울의 광학사가 1905년 체임된 경북관찰사 이근호(李根澔)가 경북 출신의 유생 김호규(金護圭)·김진수(金進銖) 등의 재경유생들과 연결되었고, 나아가 대한자강회와 표리

---

37) 『省窩文集』 卷3, 書 「答金光鎭」.
38) 『皇城新聞』, 1906.8.20, 「告廣學社及一般社會同胞」.
39) 『大韓毎日申報』, 1906.8.20, 「大邱廣學趣旨」.
40) 『皇城新聞』, 1906.5.1, 「告廣學社及一般社會同胞」.
41) 『皇城新聞』, 1906.8.20, 「學會請師」.

를 이루는 연락기관으로 설립되었기 때문이다.

이와 달리 이미 1905년 1월 부임한 경북관찰사 신태휴와 연결된 서상돈·김광제 등이 대구광문사(大邱廣文社)를 설립하였다. 대구광문사는 흥학설교(興學設校)를 목적으로 교과서 및 잡지의 인쇄를 통해 신태휴의 학교설립운동에 밀착되어 활동하였다.42) 1906년 3월 관찰사 신태휴에 의해 관덕정(觀德亭)에 사범학교(師範學校)를 설립하게 되었는데, 전군수 김윤란(金允蘭, 김병순)·전시찰 서상돈(徐相燉) 등 65인이 의연금을 출연하였다. 이일우는 500원을 출연하였다.43) 곧이어 고종의 흥학조칙(興學詔勅)에 따른 관찰사의 흥학훈령(興學訓令)이 발표되면서 관찰사와 연결된 대구광문사의 독주체제가 형성되었다.

이와 같이 대구광학회와 대구광문사는 전·현직 관찰사와 연결되어 있었다. 전관찰사 이근호는 체임되기 직전 유생 김진수·김호규 등의 권유로 경북 41군에 사립 보통학교 설립을 계획하였고, 체임된 뒤에도 학교 설립을 위한 노력의 일환으로 1906년 4월 서울에서 광학사를 조직하였다. 그러나 신태휴가 부임하여 학교를 발흥시키자 신태휴의 공적은 인정되었으나 이근호의 노력에 대해서는 인정받을 수 없게 되었다. 이에 이근호는 『국민신보(國民新報)』에 여러 차례 "신태휴가 학교를 설립한다고 칭하고 각부 인민들에게 늑검(勒斂)하여 착복했다."고 투서를 하였고, 이에 대해 대구광문사 관련 유생들은 상경하여 질문하는 등 반발하기도 했다.44)

대구광학회와 대구광문사의 반목과 대립은 계몽운동의 전개 과정에서 드러났다. 양 단체의 구성원을 보면, 그 회원의 성향은 약간

---

42) 『皇城新聞』, 1906.1.14, 「廣文創設」; 『大韓每日申報』, 1906.3.2, 「達察新蹟」.
43) 『大韓每日申報』, 1906.3.11, 「達察美蹟」.
44) 『大韓每日申報』, 1906.6.20, 「嶺學風潤」.

의 차이를 가지고 있었다. 전관찰사 이근호와 연결된 대구광학회 회원들은 대구·경북지역의 향리 출신 및 유생이었고, 반면 현관찰사 신태휴와 연결된 대구광문사 회원들은 관찰부와 밀착된 상인 출신이었다.

이러한 연유로 대구광학회는 대한자강회 대구지회의 기능과 역할을 수행하게 되었다. 대한자강회 해산 이후 1907년 7월 대한협회(大韓協會)가 창립된 뒤, 대구광학회를 이끌어가던 인사들은 대한협회(大韓協會) 대구지회(大邱支會)를 결성하였다. 소남는 대한협회 대구지회의 설립부터 해산까지 주도적으로 이끌어갔다.

1908년 3월 14일 대한협회 대구지회 창립이 허가된 이후, 이일우는 3월 22일 임시총회에서 준비위원(準備委員)으로 선정되었으며, 3월 25일 특별총회에서 평의원(評議員)으로 선출되었다. 3월 30일 열린 임시총회를 마친 뒤 열린 연설회에서 이일우는 「본회(本會) 7강령(七綱領)의 의지(意志)」란 연제(演題)로 강연을 하였으며, 그 이후 실업부장(實業部長)·수금위원(收金委員)·총무(總務) 등 역임하며 주도적인 역할을 담당하며 대구지회를 이끌어 갔다.[45]

3월 30일 열린 임시총회를 마친 뒤 열린 연설회에서 이일우는「본회(本會) 7강령(七綱領)의 의지(意志)」란 강연을 통해서 대한협회의 최급무(最急務) 최절요(最切要)한 목적을 다음과 같이 역설하였다.

첫째, 교육 보급으로 의무교육제(義務敎育制)를 시행할 것, 2. 산업 개발은 선진 제국이 현행하는 제도를 배우도록 힘쓸 것, 3. 생명 재산의 보호로는 대저 국권(國權)과 민권(民權)의 구분이 있으니 만일 행정관이 마땅한 권한을 넘어 개인의 권리를 침범할 경우 개인이 법률을 제시하

---

45) 『大韓協會大邱支會會錄』(이하 주가 없는 것은 이 회의록에서 참고하였음).

여 더불어 다툴 것, 4. 행정제도의 개선이니 인민의 의지를 집합하여 완전무결한 정체(政體)를 조성할 것, 소위 교육의 보급이 필요함, 5. 관민폐습의 교정이니 국가와 민생의 실무와 실익을 강구할 것, 6. 근면저축 실행이니 우편저금(郵便貯金)에 힘쓸 것, 7. 권리(權利)·의무(義務)·책임(責任)·복종(服從)의 사상 고취할 것.46)

이일우의 강연은 일찍이 그의 스승이 "이 아이는 실지(實地)의 공부를 따르니 훗날에는 반드시 지식과 행동이 아울러 발전할 것"이라 고 말했던 것처럼, 현실에 적응할 수 있는 매우 실천적인 내용을 제시하고 있어 주목된다.47)

이 강연은 독립협회 대구지회 활동 이후 계몽운동에 대한 강력한 의지를 피력한 연설이었다. 그는 교육의 보급과 산업의 개발을 강조하여, 궁극적으로 의무교육제(義務敎育制)를 실현하고 외국의 선진문물을 수용할 것을 주장하였다. 나아가 국권과 민권의 확립, 인민을 중심으로 한 행정제도의 개선 등을 강조하여 반봉건적인 민권사상을 피력하였다.

특히 이 연설에서 이일우는 교육(敎育)과 실업(實業)을 강조하였다. 실제로 대한협회 활동을 통해 위의 강령을 실천하는데 전력하였다. 이일우의 실업과 교육에 대한 의지는 9월 15일 대한협회 대구지회 안에 교육부(敎育部)와 실업부(實業部) 설치로 나타났으며, 이날 총회에서 실업부장(實業部長)에 선출되었다.

이일우는 실업부장의 역할보다 주력했던 활동이 학교 설립이나 학교 운영에 대한 지원 활동이었다. 당시 대한협회 대구지회가 설

---

46) 『大韓協會大邱支會會錄』.
47) 李相岳, 「遺事」, 『城南世稿』 卷之二, 「小南遺稿」, 附錄.

립했던 학교는 국문야학교(國文夜學敎)·노동야학교(勞動夜學校) 등이었고, 운영을 지원했던 학교는 법률야학회(法律夜學會)·협성학교(協成學校) 등이었다.

국문야학교 설립은 이일우가 직접 제출한 안건에 따라 이종면(李宗勉)·백일용(白日容)·서기하(徐基夏)·김재열(金在烈) 등 5인이 연구위원을 맡아 설립을 추진하였다. 노동야학교는 현경운(玄擎運)이 교장을 맡았고, 이일우는 최시영(崔時榮)·이쾌영(李快榮)·이종면(李宗勉)·김재열(金在烈)·김봉업(金鳳業)·서기하(徐基夏)·이은우(李恩雨)·허협(許協) 등과 함께 교사를 맡았으며, 또 이일우는 정재학(鄭在學)·서상하(徐相夏)·정재동(鄭載東)·이종면(李宗勉)·서기하(徐基夏) 등과 함께 설립위원을 맡았다. 뿐만 아니라 이일우는 노동야학교의 학생 모집을 비롯하여 교수(敎授) 배정과 수업시간표(授業時間表) 조정, 그리고 학도의 지식발달에 필요한 연설을 담당하는 등 열성적으로 참여하였다.

한편 이일우는 1908년 설립되는 달성친목회(達城親睦會)를 비롯하여 일본대한학생회(日本大韓學生會)·대구군애국부인회(大邱郡愛國婦人會)·교육부인회(敎育婦人會, 女子敎育會) 등과 협조체제를 유지하였다.48) 특히 주목되는 것은 그의 아우 이시우의 혼자된 부인이 회원 100여 명에 달하는 여자교육회를 발기하여 의연금 200원을 모아 달서여학교(達西女學校)에 기부하였으므로, 달서여학교 부설의 여자야학교를 설립하는 등 적극 후원하였다.49)

특히 주목되는 것은 1908년 8월 회장 박해령(朴海齡)이 칠곡군수(漆谷郡守), 평의원 김영수(金永銖)가 장기군수(長鬐郡守), 찬의장 정재

---

48) 『大韓協會大邱支會會錄』(영남대학교 박물관 소장, 필사본).
49) 『皇城新聞』, 1910. 4. 14,「金女史의 熱心」.

학(鄭在學)이 개령군수(開寧郡守)에 임명되었다. 그럼에도 불구하고 이일우는 1910년 3월 총무(總務)를 맡아 대한협회가 해산될 때까지 열성적으로 이끌어 나갔다. 이것은 평생을 유학으로 살며 벼슬을 탐하지 않았던 부친 이동진의 행적과 정신을 계승한 것이라 하겠다.

그밖에 이일우는 1910년 '안동 협동학교(協東學校) 교원 및 생도의 폭도피해사건'에 즈음하여 대한협회 대구지부의 평의원으로서 성토문(聲討文)을 발표하고, 연설회(演說會)를 개최하여 여론을 환기하는 등 적극적으로 개입하였다.[50]

한편 이일우는 1907년 1월 29일 대동광문회가 제기한 국채보상운동에 참여하였다. 계몽운동에 있어서 산업진흥운동의 일환으로 전개되었던 국채보상운동은 서상돈·김광제 등이 대동광문회에서 제기하면서 전국적인 모금운동으로 전개되었다. 이일우는 대구광학회를 설립하고 활동했기 때문에 서상돈 등의 대동광문회와는 대구지역 계몽운동의 또 다른 축을 형성하고 있었다. 그러므로 이일우의 국채보상운동 참여는 일정한 한계를 보여 주고 있다. 그렇지만 대한협회를 실질적으로 이끌며 국채보상을 위한 의연금 납부를 비롯하여, 국채보상운동의 열기가 점차 식어가자 국채보상금을 활용하여 보통학교 설립 등 학교 창립에 대하여 논의하는 등 다양한 활동을 벌였다.

## 4. 맺음말

이 글은 대한제국기 대구지역에서 계몽운동에 참여하여 활동했

---

50) 國史編纂委員會, 『韓國獨立運動史資料』 18(義兵編XI), 480쪽.

던 대구 부호 소남 이일우의 행적을 정리한 것이다. 이일우는 독립협회 대구지회 설립 이후 대구지역의 계몽운동에 참여하여, 1906년 대구광학회와 1908년 대한협회 대구지회를 통해 계몽운동을 주도하였다. 특히 1904년 우현서루의 설립과 1905년 시무학당의 건립, 그 밖의 학교 설립과 지원을 통해 국권회복을 위한 신교육구국운동을 전개하였다.

조선후기 상품화폐경제의 발전 과정에서 부를 축적하여 대부호로 성장한 이동진의 아들이다. 그는 부친을 이어 1894년 갑오개혁과 청일전쟁 이후 낙동강을 통한 미곡무역과 상업 활동으로 많은 부를 축적할 수 있었고, 선산·칠곡·현풍·경산 등지에 전장을 소유한 대지주로 성장하였다.

1898년 9월 독립협회 대구지회 설립 청원에 참여하여 대한제국 정부의 식산흥업과 교육진흥 정책에 부응하는 등 민중계몽에 관심을 기울였다. 1904년 부친 이동진의 뜻에 따라 우현서루를 건립하고, 1905년에는 우현서루에 시무학당을 설립하였다. 이것은 국권회복을 위한 신교육구국운동의 일환으로 대구지역 계몽운동의 선구가 되었다.

1906년 8월에는 대구광학회 조직에 참여하였다. 대구광학회는 우현서루에 사무소를 두고, 민지개발을 위한 교육의 확대 실시를 목표로 활동하였다. 당시 대구지역에서 계몽운동을 전개하였던 대구광문사와 경쟁 관계를 가지고 있었다. 이일우를 비롯한 대구광학회 회원들과 김광제·서상돈을 비롯한 대구광문사 회원들은 계몽운동의 있어서 두 개의 축을 형성하였다.

대한자강회 해산 이후 1907년 7월 대한협회가 창립된 뒤, 이일우는 대구광학회를 이끌어가던 인사들과 함께 대한협회 대구지회를 결성하였다. 그는 설립부터 해산까지 대한협회 대구지회를 이끌어

가면서 교육진흥과 산업발전, 그리고 민지개발을 통해 국권회복을 목표로 활동하였다. 그리고 대한협회 대구지회를 이끌어가는 과정에서 교육부와 실업부를 설치하고 자신이 실업부장을 맡았다. 그 이후 실업부장(實業部長)·수금위원(收金委員)·총무(總務) 등의 직책을 맡아 대구지회를 이끌어 나갔다. 특히 학교 설립과 지원 활동에 적극적으로 대처하였다.

이와 같이 이일우는 우현서루와 대구광학회, 그리고 대한협회 대구지회의 설립과 운영을 통해 대구지역의 계몽운동을 이끌어 나갔으며, 시무학당·대구보통학교·달서여학교 등의 설립에 참여하는 한편, 사범학교·협성학교 등의 설립과 운영을 지원하는 등의 활동을 전개하였다. 따라서 계몽운동의 전개 과정에서 국권회복을 위한 신교육구국운동에 있어서 주도적인 역할을 수행하였다.

# 참고문헌

『慶州李氏益齋公派少卿公後論福公派譜』(2013).
『城南世稿』.
『大韓協會大邱支會會錄』(영남대학교 박물관 소장, 필사본).
『大韓自强會月報』(4, 1906).
國史編纂委員會,『韓國獨立運動史資料』 18(義兵編XI), 1988.
『皇城新聞』.
『大韓每日申報』.

권대웅,『1910년대 국내독립운동』(한국독립운동의 역사 15), 독립기념관, 2008.
조항래,「이상화의 생애와 항일의식」, 소헌남도영박사화갑기념『사학논총』, 1984.
김도형,「한말 대구지방 상인층의 동향과 국채보상운동」,『계명사학』8, 1997.
이동언,「김광제의 생애와 국권회복운동」,『한국독립운동사연구』제12집, 1998.
金 勝,「한말·일제하 동래지역 민족운동과 사회운동」,『지역과 역사』6, 부경역사연구소, 2000.
최재목 외,「일제강점기 신지식의 요람 대구「友弦書樓」에 대하여」,『동북아문화연구』제19집, 2009.
김일수,「대한제국 말기 대구지역 계몽운동과 대한협회 대구지회」,『민족문화논총』제25집, 2012.
박지현,「한말 일제 강점기 유교지식인의 지적 곤경과 근대지식의 모색:

　　　　海岳 金光鎭의 『海岳文集』 편찬과 간행을 중심으로」, 『민족문화』 제44집, 한꾸고전번역원, 2014.
최기영, 「이상정의 중국 망명과 한중연대활동」, 『중국관내 한국독립운동가의 삶과 투쟁』, 일조각. 2015.
권대웅, 「한말 경북지방의 사립학교와 그 성격」, 『국사관논총』 58, 1994.
권대웅, 「한말 달성친목회 연구」, 오세창교수화갑기념 『한국근현대사논총』, 1995.
권대웅, 「한말 교남교육회연구」, 중산정덕기박사화갑기념 『한국사학논총』, 1996.
권대웅, 「한말 한주학파의 계몽운동」, 『대동문화연구』 제38집, 2001.
권대웅, 「고령군단연상채회의 설립과 의연금 모집」, 『한국근현대사연구』 제77집, 2016.

## [부록 1] 한말 대구지역의 학교 상황

| 학교명 | 설립 | 설립년도 | 설립인 | 비고 | 출전 |
|---|---|---|---|---|---|
| 達城學校 | 사립 | 1899.07 | 장규원<br>윤필오 | • 중학 8년/일어학교 | 황성 1908.09.02<br>1908.10.28 |
| 時務學堂 | 사립 | 1905.01 | 이일우 | • 우현서루에 설립한 학교<br>• 大韓國民의 智識을 開發增進 | 황성 1905.02.01<br>1905.03.14 |
| 桂南學校 | 사립 | 1906.07 | 서기덕 | • 가옥 및 경비<br>• 漢文 및 新學問 | 황성 1907.09.05 |
| 達明義塾 | 사립 | 1906 | 윤영섭 | • 교장 李玄澍<br>  부교장겸강사 金光濟<br>  교감 張相轍 尹瑛雙<br>  교사 尹泰普 | 대한 1906.10.24 |
| 養成學校 | 사립 | 1906 | 군수<br>김한정 | • 蓮桂齋/중학교 | 황성 1906.06.20<br>1906.06.21 |
| 師範學校 | 사립 | 1906 | 유지신사<br>(이일우) | • 觀德亭/관찰사 주도 | 황성 1906.11.06 |
| 日新學校 | 사립 | 1907. 봄 | 정해석 | • 대구군 화원면<br>• 학부 승인학교 | 황성 1909.09.05 |
| 養成女學校 | 사립 | 1907 | 관찰사<br>이충구 | • 大邱女子學校로 개칭(소학교)<br>• 찬성장 徐相夏<br>• 교사 趙秉禧 | 황성 1907.09.20<br>1908.12.19 |
| 壽昌學校 | 사립 | 1907.09 | 서홍균 | • 소학교<br>• 교사 전참판 서상하 | 황성 1907.09.22 |
| 協成學校 | 공립 | 1907.09 | 서상하 | • 관찰사 이충구/낙육제<br>• 관찰사 박중양/대한협회 위임<br>  갱장/보통학교 | 황성 1907.09.29<br>1908.12.26 |
| 國文夜學校 | 사립 | 1908.05 | 대한협회<br>대구지회 | • 연구위원:<br>  이일우·이종면·백일용·서기하<br>  ·김재열 등 5인 | 『大韓協會大邱<br>支會會錄』 |
| 勞動夜學校 | 사립 | 1908.06 | 대한협회<br>대구지회<br>교장<br>현경운 | • 교사:<br>  이일우·최시영·이괘영·이종면<br>  ·김재열 등<br>• 설립위원:이일우·정재학·서상<br>  하 등 | 『大韓協會大邱<br>支會會錄』 |
| 農林學校 | 공립 | 1909 | | • 고등학교 | 황성 1909.05.09 |
| 大邱普通<br>學校 | 공립 | 1906.12 | 대한협회<br>대구지회<br>(이일우) | • 학무위원 徐鳳綺 徐泰煥 徐興均<br>  鄭海鵬 徐基夏 金宗錫 李一雨 | 황성 1908.11.26 |
| 實業學校 | 공립 | 1910.03 | 학부 | | 황성 1910.03.15 |

| 학교명 | 설립 | 설립년도 | 설립인 | 비고 | 출전 | |
|---|---|---|---|---|---|---|
| 達西女學校 | 사립 | 1908.12 | 서상돈·이일우 발기 설립 | • 여자교육회 金和秀 의연금 후원(이일우의 계수)<br>• 달서여학교 내 婦人夜學校 설립(김화수)(이일우의 계수) | 황성 1910.04.14 | |
| 大邱師範講習所 | 사립 | 1906.10 | 대구유지 | • 단기강습, 하기휴가 이용<br>• 일본유학생 학식자 초청 | 황성 1910.06.16 | |

## [부록 2] 한말 대구지역의 계몽운동 단체 상황

| 단체명 | 결성일 | 중심인물 | 비고 | 출전 |
|---|---|---|---|---|
| 獨立協會 大邱支會 | 1898.09 | 大邱郡民人 | • 平壤의 例에 따라 特許 | 황성 1898.09.22 |
| 開進協會 | 1898.12.04 | 公立小學校 學生 회장 徐相洛 | • 學問討論會<br>• 대구유지 보조금 | 독립 1898.12.26 |
| 友弦書樓 | 1904 | 李一雨 | • 私塾 형태의 圖書館<br>• 1905.01 時務學堂 설립 | 「小南遺稿」, 行狀 |
| 大邱廣文社 | 1905. 봄 | 金光濟(회장)·徐相燉 등 | • 興學設校<br>• 교과서 및 잡지의 인쇄 | 皇城 1906.01.14<br>大韓 1906.03.02 |
| 人民代議所 | 1906.05 | 徐相燉 金光濟 | • 民智開發 設敎興學<br>• 民智開發 民權扶植 | 皇城 1906.05.14<br>1906.06.01 |
| 大東廣文會 | 1907.02.11 | 朴海齡(회장) 金光濟(사장) | • 廣文사 부속기관 文會<br>• 日本東亞同文會,淸國廣學會 와 연락<br>• 務圖親睦 擴張敎育 | 皇城 1907.02.20<br>1907.02.22<br>大韓 1907.02.23 |
| 大邱廣學會 | 1906.08 | 尹弼五·金善久 | • 서울 廣學社의 지회<br>• 발기인 崔大林·李一雨·尹瑛燮·金善久·尹弼五·李宗勉·李快榮·金鳳業<br>• 목표 開發民智 擴張民業 | 皇城 1906.05.01<br>1906.08.20<br>大韓 1906.08.20 |
| 大邱市議所 | 1907 | 尹瑛燮 尹弼五 梁在淇 | • 民議所 형태로 市廳 설립<br>• 교육부 설치: 무료 교육 | 大韓 1907.04.28<br>1907.06.26 |
| 大韓協會 大邱支會 | 1908.03 | 朴海齡(회장) 鄭在德(총무) | • 01.25 발기회<br>• 03.22 준비위원 鄭在德·崔大林·李一雨·梁在淇·朴基敦·李宗勉 등 6인<br>• 회장 朴海齡 선출 | 皇城 1908.02.11<br>『大韓協會 大邱支會會錄』 |

| 단체명 | 결성일 | 중심인물 | 비고 | 출전 |
|---|---|---|---|---|
| 達城親睦會 | 1908.09.05 | 李根雨·金容璇 | • 발기인 李根雨 金容璇<br>• 敎育 및 實業獎勵 표방<br>• 嶠南敎育會·嶠南學生親睦會 연계 활동 | 국편, 『한민족독립운동사자료집』7, 국권회복단1, 1988 |
| 女子敎育會 | 1910.04 | 金和秀 | • 의연금 200여원 達西女學校 기부<br>• 부인夜學校 설립, 20여 인<br>• 서울 女子敎育會, 女子敎育支會(대구) 창설 | 皇城 1910.04.14<br>1910.04.26 |
| 大邱郡愛國婦人敎育會 | 1908년 말 | 회장 徐周媛<br>총무 廉上恩 | • 株式染織會社 설립<br>• 風俗改良에 關흔 件 및 婚姻禮節에 關흔 件(회장 徐春化) | 皇城 1910.06.24<br>1910.06.26 |
| 達城親睦會<br>附設 講義園 | 1913.03.15 | 洪宙一·徐丙龍 | • 達城親睦會 내에 설치 | 국편, 『한민족독립운동사자료집』7, 국권회복단1, 1988 |

# 우현서루는 대구정신의 산실이다

최미화(매일신문 심의실장 겸 특임논설위원)

## 1. 우현서루(友弦書樓)란?

우현서루(友弦書樓)는 소남 이일우 선생이 1904년에 개설한 대구정신의 산실이다. 비록 1911년 일제의 의해 강제폐쇄되고, 이후 강의원으로 강등되기까지 짧지만 강렬한 정신운동을 이끌어간 명소이다.

이 우현서루에는 중국으로부터 구입한 많은 서책이 비치되어 있었을 뿐만 아니라 강학 기능까지 있어서 숱한 우국지사를 배출한 대구정신의 산실이다. 이곳을 통해 현재 대구 대륜학교의 전신인 교남학교의 기초가 놓여졌고, 근대화 초기 대구 계몽운동의 텃밭이 된 달서소학교, 노동야학교 등도 설립되었다.

소남 이일우는 일제 강점기에 전국 국채보상운동의 불꽃이 활활 타오르게한 대구광문회(서상돈, 김광제 주도)에 가려 사회적 조명이 덜 되고 있는 또다른 대구 국채보상운동의 축인 대구광학회(이일우,

이종면 주도)를 이끈 핵심 인물이다.

조선후기에서 일제강점기로 진행되는 근대화 여명기에 대구 최 중심인 북성로(현 대구은행 북성로지점 자리)에 우현서루를 세운 소남공 이일우의 행장은 누대로 지역사회와 인재양성을 위해 지도층의 특혜와 책임을 다한 경주 교동 최씨 댁과 함께 길이 현창해야 할 대구정신임을 아무리 강조해도 지나치지 않다.

소남공은 아버지인 금남공과 더불어 힘든 시기 소작농들을 더 착취하거나 일제에 야합하는 일을 서슴지 않은 여느 자산가들과 달리 도지를 인하하는 등의 후의를 베푼 대지주로서 대구사회에서 특권층의 모범을 보인 대표적인 노블레스 오블리제를 실천한 장본인이다.

소남공은 국권이 상실되어 가던 와중에 있는 당시, 일신의 영달만을 기하지 않고 나라를 살리고 지역정신을 모으기 위해 언론기관을 설립하고, 민족자산을 모았으며, 근대산업기술을 발전시키는데 혼신의 힘을 다했다. 그를 위한 방편으로 광산개발, 섬유업체, 주정회사, 금융기관도 설립했다.

소남공의 관심은 직계 자녀들뿐 아니라 일찍 아버지(소남공 실제, 이시우)를 여읜 네 조카들에게도 똑같이 베풀어졌다. 소남공의 물심양면 지원에 힘입어서 동생의 아들 4형제는 우리나라의 독립운동사와 저항사 그리고 예술사와 체육사에 큰 족적을 남겼다. 조카 4형제는 독립운동가이자 전각예술가인 상정, 요절하기까지 결코 일제에 무릎 꿇지 않았던 저항시인 상화, 초대 IOC 위원이자 우리나라 사회학계의 태두인 상백, 수렵가이자 대한체육회 사격연맹회장을 역임했던 상오 등이다.

## 2. 소남의 생애

간단하게 훑어봐도, 소남공 이일우는 혼돈의 근대화 여명기에 뚜렷한 정체성과 역사성을 가지고 한치 흐트러짐도 없이 베풀고 지원하고 세우고 개척하면서 사리사욕보다 타인을 이롭게 하는 대구정신의 보여주었지만 행적에 비해 그 이름은 비교적 최근까지 잘 알려지지 않았다. 이유는 몇 가지 된다.

첫째는 소남공 이일우의 행장이 제대로 드러난 적이 없었다.

이제 종녀(이재주)와 종손(이원호) 등을 중심으로 소남공 이일우기념사업회가 막 조직될 정도로 소남공의 일생과 가치관 그리고 유적에 대한 정리는 되지 않았다. 자연히 소남공에 대한 대구사회의 관심은 이제 막 일어나기 시작하는 단계에 불과하다.

최근 소남 종손(고 이재철)의 고택에서 도난당했다가 가까스로 되찾은 각종 유품과 유적을 하루빨리 분석하고, 그에 담긴 콘텐츠를 파악하고, 고택일대를 대구시민들이 즐겨 찾으며 대구정신을 엿볼 수 있는 대구시민의 향유지로 만드는 작업에 대구시와 관계기관은 적극 나서야 할 것이다.

특히 유가족을 포함한 소남공 후손들의 열의가 뜨거운 것은 지역사회로 봐서는 대구정신을 현창한 소남 이일우의 전모를 파악할 수 있는 좋은 기회이다. 이번 기회를 잘 살리면 대구사회와 문화예술계를 이끌어간 대구의 상징적 인물을 잘 살려내어 대구정신을 더 풍성하게 하는 계기가 될 수 있지만, 자칫 이를 한 집안의 일로 축소시키거나 대구시와 관련 구청 등 의 무관심으로 한 집안일로 치부된다면 대구사회를 결집시킬 수 있는 또다른 기회를 놓쳐버리는 우(憂)를 범할 수 있다. 소인배적인 판단을 버리고, 넓고 크게 대구사회를 풍성하게 만드는 일로 격상시킬수 있도록 대구시와 관련 구청 등 지원기관의 적극적인 관심제고가 필요하다.

둘째는 대구사회가 소남 이일우에 대한 관심을 가진 적이 거의 없었다는 점이다. 이것은 소남의 조카들이자 경주 이장가가 배출한 독립운동가 상정장군, 일제저항의 아이콘인 상화시인, 한국스포츠의 구조를 다진 상백IOC 위원 등 명사들이 풍부해서 드러내지 않으려고 하면 그 누구라도 조명될 기회를 갖기 어려운 역설적 현실에 가로막힌 측면이 없지 않다. 이미 경주이장가에는 온국민이 관심을 갖는 중요인물이 여럿 배출되어 있는데, 그 뿌리가 되는 소남공에 대한 행장이나 연구논문이 거의 없는 현실적 한계에 가로막힌 경향이 없지 않다. 그러나 최근 잃어버릴 뻔한 유적과 유물을 되찾은 경주이장가에서는 관련 사료의 공개와 함께 지역문화발전을 위해서 관련 기념관(대구시 달서구 상화기념관)을 건립하는데 이어서 소남공의 고택 일대(대구시 중구 서성로 소재)를 개방할 뜻을 갖고 있다.

## 3. 우현서루는 대구정신의 산실

잊혀지고 있는 우현서루는 우리시대에 꼭 되살려내야 할 대구정신의 산실이다.

대구정신은 여러 가지로 정의될 수 있으나 대표적인 대구정신은 '탈리향공(脫利向公)'이다. 대표적인 대구정신의 하나라고 손꼽히는 대구국채보상운동은 내가 가진 것을 내놓아 나랏빚을 갚고 잃어버린 국권을 되찾자는 대표적인 대구정신의 하나이다. 나라를 잃어버린 상황은 똑같은데 대구에서 국채보상운동이 불붙은 것은 바로 사리사욕보다 대의명분을 중요시하는 정신이 대구시민들에게 더 강하게 작용했기 때문이다.

이러한 대구정신은 우연히 결집되는 것이 아니다. 평상시 지역사회의 리더들의 힘과 판단이 어떻게 작용하며, 어떤 상황에서 그 힘이 작동하는지를 보여주지 않으면 결정적인 순간에 위력을 나타내는 움직임이 포착되기란 불가능하다.

국채보상운동을 이끈 대구의 양대 갈래 중의 하나가 서상돈 김광제를 중심으로 한 대구광문회와 이일우 이종면 등을 주축으로 한 대구광학회이다. 대구광문회가 주축이 된 대구국채보상운동이 추후 언론기관 등이 모금창구 역할을 하는 전국적인 규모로 발전된데 비해 대구광학회의 국채보상운동상은 잘 알려지지 않고 있다. 연구과제이다.

세간에 알려진 것과는 달리 빈한했으나 도지로 부를 일구는데 성공한 뒤 바로 부(富)의 사회환원 작업에 돌입한 부친 금남공 이동진의 정신을 이은 소남 이일우 역시 지역인재양성과 나라얼 바로세우기에 주력했다.

이일우의 대구광학회에 대해서는 아직 더 연구되고, 더 밝혀져야 한다. 그러나 이상규 경북대교수가 밝혀낸데 따르면 대구광학회를 발기한 이일우는 우현서루에 사무소를 둔 대구시의소를 개설하고, 독립의식 고취와 계몽교육, 그리고 인재개발을 위한 학교설립, 박물관, 도서관, 사무학당 설립을 주도한 것으로 파악되고 있다. 그러나 더 구체적으로 어떤 경로를 거쳐서 부를 축적하고, 그 부를 다시 사회에 환원한 것인지에 대한 정밀추적이 필요하며,

우현서루의 정체성 역시 더 밝혀지고 더 드러나야 한다. 생성과 소멸 그리고 그 성과와 숙제를 다하는 것은 후대들의 몫이다.

탈리향공의 현장이었건만, 대구광학회의 국채보상운동은 아직 미완으로 남아있다. 대구광학회의 족적이 밝혀질수록 대구국채보상운동의 면모도 더 풍부해지고, 더 다양해질 것이다.

우현서루가 지닌 대구정신의 또 다른 측면은 교육입국의 정신이다. 이일우는 우현서루에 사무소를 둔 대구시의소를 개설하고, 대구광학회의 발기인으로 나서면서 나라가 위기에 처하고 망국지경이 된 것은 민지가 개발되지 못했기 때문이라며, 교육으로 국민정신을 양성하는 일의 중요성을 역설했다. 이런 정신이 우현서루를 만들게 된 힘의 원천이다.

1904년 서울유람에서 세상이 변하고 있음을 목도하고, 전통만 그냥 붙들고 있어서는 격변하는 세월을 돌파할 수 없음을 직감한 이일우는 인재를 길러야 한다고 다짐하고 넓은 집 하나를 세워서 현판을 우현(友弦)이라했다. 소남이 대구판 인재양서소를 우현서루라고 붙인 뜻은 짐작할 만하다. 우현은 옛날 상인 현고(弦高)가 군사들에게 음식을 베풀어 위로하고 나라를 구제한 사실을 담고 있다. 즉 만고지사 현고를 벗으로 삼는다는 뜻을 품은 우현서루를 대구에 구현해서 수많은 인재들이 이곳을 중심으로 피어나서, 나라를 구하는 초석의 하나가 되게 하기 위함에 다름 아니었다.

소남은 우현서루에 주로 중국 전문서적을 위주로 한 동서양의 신구서적 수천 종을 구입하여 전시하여 젊은 인재들이 마음껏 뽑아볼 수 있도록 하였다. 당시 언론은 대구 서문 밖에 있는 이일우가 동포를 개도할 목적으로 자본금을 충당하여 대구시 팔운정 101-11번지에 우현서루를 짓고, 국내외 각종 신학문 서적과 도화를 수만여 종 구입하여 비치하고, 명사초청 강연을 통해 경상일대 총명한 자제들을 모집하여 그 서루에서 생활하면서 마음껏 공부하도록 하였다. 우리나라 역사상 한 집안이나 문중에서 과객들을 묵고 가게 한 적은 있으니 이렇게 인재를 대량 유숙시키면서 공부까지 하도록 한 사례는 찾아보기 드물다. 개인 자본을 들여서 인재를 양성하겠다는 큰 뜻을 실천한 사례로 이일우가 운영한 우현서루가 우뚝하다.

소남이 우현서루를 운영하는 심중의 뜻은 정체성과 공동체 함양을 위한 교육활동이었다고 봐도 과언이 아니다. 일제 혹은 일제에 빌붙은 사람들에 의해 덫을 놓은 것인지도 모를 사소한 다툼을 빌미로 1911년 일제 강압에 의해 우현서루는 강제 폐쇄당하고 강의원(講義院)으로 운영되었다.

당시 우현서루에는 중국으로부터 수천 종의 서적을 수입하여 비치하였다. 그 후 상해로부터 추가로 중국 도서를 수입하였다. 그 후 『사부총서(四部叢書)』를 비롯한 동양 문학, 역사, 철학, 문집 등 3,937권의 소장도서를 경북대학교 중앙도서관 고도서실 〈友弦書樓(古友)〉에 기증하여 보존되어 있다. 말하자면, 소남이 설립한 우현서루는 신문화 신사상을 접하고 익힐 수 있는 신학문과 신교육의 요람이었다. 소남 이일우는 대구의 계몽교육 운동을 이끌고 실재로 학교를 설립하거나 교사로서 활동함으로서 흥학 민풍 선양을 통한 독립 구국운동에 앞장 선 것이다.

오늘날 명문사학으로 우뚝 선 대륜학교로 발전한 교남학원도 우현서루에서 출발했다. 교남학원은 소남 이일우의 지원으로 1921년 9월15일 애국지사 홍주일, 김영서, 정운기 등이 우현서루를 가교사로 한 사설학습강습소로 출발했다. 1924년 5월21일 교명이 대구 교남학교로 변경됐고, 대구 반월당(대구시 남산동 657번지, 옛 천진기업 자리, 현재 재개발로 흔적도 없이 사라짐)으로 이전했다.

1940년 서병조가 인수하고, 1942년 4월9일 대륜중학교인가가 났다. 대봉(大峯)교육재단 인가를 받고, 서병조가 제4대 재단이사장으로 취임했으며, 1942년에는 대구시 수성동 624번지로 교사를 신축해서 이전했다. 대륜고등학교는 1950년 4월29일 병설인가(1학년 4학급 200명)가 났으며, 1950년 6.25 동란으로 교사와 교지를 미군에 대여하고 가교사(대구시 대봉동 305번지)로 이전했다가 종전 후 본교사로 복귀했다가 1988년 12월16일 현재의 만촌동 현교사를 신축하여 이전했다.

교남학교에서는 상화선생이 교편을 잡았으며, 권투부를 육성하며 나라를 되찾으려면 주먹이락도 굵어야 한다고 독려하기도 했으며, 한솔 이효상도 교남학교에서 같이 교편을 잡았던 사이이다.

# 소남 이일우가의 근대기업활동과 경제관

한상인(경일대학교)

## 1. 서론

본고는 한말과 일제강점기에 이르는 대구지역의 명사인 소남 이일우(이하, 소남)가의 자본축적과정과 기업활동 그리고 소남의 경제관에 대하여 분석한 것이다. 그러나 지금까지 연구의 대부분은 소남의 조카로서 일제강점기의 민족저항시인인 '이상화'에 대한 연구와 소개에 주로 초점이 맞추어져 왔다고 할 수 있다. 그러나 이상화의 그러한 활동무대의 물적 토대라고 할 수 있는 경제적인 측면의 궤적과 경로에 대한 본격적인 연구는 아직은 없다고 할 수 있다.

소남이 한말과 일제강점기에 대구지역에 차지하는 비중은 동시대의 여타의 지역 인물에 못지않게 어깨를 나란히 하지만, 지금까지는 주로 대구지역의 전체적인 경제상과 한말의 민족투쟁사의 획기적인 사건인 국채보상운동(이하 '운동')에 초점이 맞추어져 있었다. 소남도 그 '운동'에 물론 관여도 하고, 참가도 하였지만 중심적인 인물들 속에서 약간 비켜있는 위치에 있다 보니, 격동의 시대적인 흐름 속에서 민족교육자로서, 독립운동가로서, 기업가로서 한 축을 점하는 중요한 인물임에도 불구하고, 크게 주목을 받지를 못한 감이 없지 않다.

대구지역이라는 공간 속에서 다가오는 '한민족사의 치욕'을 고스란히 안으면서 한편으로는 그 시대적인 민족적 과제에 역량을 키우는데 혼신의 힘을 기우려 노력하였고, 또 한편으로는 침략에 분연히 대항하였던 소남의 흔적들을 추적해 볼 필요가 있다고 생각된다.

그동안 경제적인 측면에 대한 연구[1]는 단편적인 측면에서 언급만 있고 그에 대한 본격적인 평가는 이루어지지 않았다. 다만 지금까지의 그 역사적 평가는 제한된 사료에서 기인된 바 없지는 않지만, 대구지역의 범주를 넘어 서울로의 진출까지의 전 과정에 대한 개별 사료의 부족은 많은 아쉬움을 지울 수가 없다.

본 연구는 그동안의 연구 성과를 포함하여 주어진 사료[2]들을 재구성하면서, 소남가가 한말과 일제강점기를 거치면서 급변하는 정치·사회·경제적인 환경에 대한 대응 그리고 근대 산업자본으로의 전화와 그 운용의 궤적과, 그에 담긴 경제관 등을 가능한 한 소남가에 대한 전체상에 대한 밑그림을 그려보고자 한다.

---

1) 소남이 언급된 주요 연구로는 김일수, 『근대 한국의 자본가: 대구의 은행 회사를 중심으로』, 계명대학교출판부, 2009를 들 수가 있다. 그 외에 한말 내지 일제강점기의 사회단체활동(대한자강회, 대구광학회 등)에 대하여 단편적으로 언급되고 있다.

2) 소남의 고택에 보관 중이던 자료의 상태에 대한 신문보도로는 다음의 기사들로는 다음의 ≪대구일보≫ 2016년 8월 24일자; ≪경북일보≫ 2016년 8월 25일자; ≪영남일보≫ 2016년 8월 26일자 참조. 다만 여기서는 최근에 일부 발굴된 자료들을 소개하였으나, 이에 대한 본격적인 연구는 차후의 연구과제로 남겨둔다.

## 2. 소남의 생애

소남(1870~1936)은 아직 개항전인 1870년 음력 10월 4일, 대구에서 아버지 금남 이동진(李東珍, 1836~1905)[3]과 어머니 광주 이씨 이인당(1840~1917)과의 사이에 장남으로 태어났으며, 본관은 경주이며 고려 말의 학자인 익재 이제현의 18세손으로, 자는 덕윤(德潤), 호는 소남(小南)이며, 슬하에 5남 1녀를 두었으며, 아우로는 이시우(1877~1908)로 이미 잘 알려진 저항시인 이상화의 부친이다.[4] 한말과 일제강점기에 대구의 근대교육과 계몽운동의 중심적인 역할을 하였고, 국채보상운동, 국권회복운동 등에도 참여하였으며, 이장가[5]의 장남으로서 선대의 재력을 바탕으로 조선후기에 축적된 전기적 상업자본[6]을 민족적 근대 산업자본으로 전화·성장해 간 대표적인 한 사례에 속한다고 할 수 있다.

---

3) 『황성신문』 1901년 3월 9일자, 동년 동월 11일자, 1904년 5월 10일자에서 이동진에 대한 보도내용에서 찾아볼 수가 있는데, "大邱居李東軫(필자 주: 珍의 오자인 듯……)氏는 義捐萬金에 救恤窮交貧族ᄒᆞ이 慈德之心으로"와 같이 자비와 덕의 정신으로 빈민을 구휼한 독지가의 모습이 보도되고 있다. 그동안 축척한 자산을 기반으로 개항기 이후 파탄에 직면한 일반 농민들과 가난한 이들을 돌보는 사회적 책임을 다하며, 부의 사회적 환원을 몸소 실천한 경세가로서 평가될 만 하다고 할 것이다. 그리고 자수성가한 대구지역의 대부호로서 한 집안을 일군 자산가로 성장한 후, 을사늑약이 체결되고 일본의 조선침략이 본격화되기 바로 직전인 1905년 3월 20일에 세상을 떠났다.
4) 『경주이씨 논복공파보』 제2편, 233쪽 참조.
5) 집안을 이장가(李庄家)라고 지칭하면서, 장(庄)은 원래 풀섶으로 만든 농막을 지칭하는데, 이러한 누추한 농막처럼 이가를 낮춘 말로 겸양의 뜻이 담겨 있으며 가풍으로 전승되었다고 한다.
6) 여기서 '전기적 상업자본'으로 규정하는 이유는, 아직 자본주의적 재생산기구의 바탕이 되어 있지 않은 가운데, 상인자본이나 고리대(高利貸)자본 등과 같이 아직은 양도이윤획득 수준으로 자본주의적 순환의 생산과정으로 전화되지 못한 자본의 성격이라고 할 수 있기 때문이다. 大塚久雄, 『大塚久雄著作集』 제4권, 51~66쪽 참조.

소남은 강화도조약으로 개항의 외압이 밀려오던 1876년인 7세 때 한학에 적을 두었다. 부친의 영향 하에 유학(幼學)으로서 조상을 섬기고 자손끼리 서로 아끼며, 이웃과는 서로 나누며 사랑하는 가풍을 일으켰다. 겸양충신의 처세관에 대한 훈육과 근검절약의 유훈을 실천하였다.[7]

소남은 부친 이동진이 설립한 우현서루[8]를 운영하였다. 여기서 그는 당대의 지식인, 독립지사들과 교유하면서 애국 계몽운동에 투신하여 대구지역의 여러 학교들의 설립[9]에 관여하였다. 대한자강회 대구지부[10]에도 참여하였으며, 대한광학회도 설립하여 인재양성에 힘을 쏟았다.

그리고 선대부터 축적된 토지자본을 기반으로 한일합방 이후 '회사령' 체제하에서 민족자본으로서의 성격을 지닌 여러 사업에 진출하여 대구지역 경제에도 많은 기여를 하였다. 특히 금융부문에도 진출하여 '대구은행' 설립에도 참가하였으며, 1919년 3.1운동을 전후하여 인촌 김성수가 주도한 '경성방직주식회사'[11]의 설립에도 경

---

7) 『경주이씨 논복공파보』 제1편, 82~83쪽에 후손들에게 전하는 소남의 당부가 기술되어 있다.
8) 소남에 대한 연구들로 교육분야로 우현서루에 대한 연구로는 박용찬, 「근대계몽기 대구의 문학장 형성과 우현서루」, 『국어교육연구』 제56집, 국어교육학회, 2014, 397~420쪽; 최재목 외 3인, 「일제강점기 신지식의 요람 대구 友弦書樓에 대하여」, 『동북아문화연구』 제19집(2009.6), 동북아시아문화학회, 211~225쪽 등이 있다.
9) 권대웅, 「한말 교남교육회 연구」, 『중산정덕기박사화갑기념한국사논총』, 1996 참조. 이외에도 서상돈과 함께 달서여학교 건립에도 참여하였다.
10) 김일수, 「대한제국 말기 대구지역 계몽운동과 대한협회 대구지회」, 『民族文化論叢』 제25집, 嶺南大學校民族文化研究所, 2002 참조.
11) 1919년 10월 호남의 대지주 출신 김성수(1891~1955)가 주도하여 자본금 100만원, 불입자본금 25만원으로 창립한 면방직공장을 말한다. 『경성방직50년 1919~1969』, 1969; 주익종, 「경성방직(주)의 초기 경영」, 『경제사학』 제31호, 2001, 35~63쪽 참조.

주의 최준(1884~1970)12)과 함께 참여하였다.

1930년대에 들어와 대외적인 활동은 주로 두 아들(상악, 상무)에 맡긴 후에 1931년에 '경상합동은행'의 주식을 처분하고는 대체로 경제일선에서 은퇴한 것으로 생각된다. 일제가 준전시기로 중일전쟁으로 내달리기 직전인 1936년 8월 15일(음)에 서거하였다.13)

## 3. 소남가의 근대기업 활동

### 1) 전기적 상업자본의 형성배경과 축적과정

소남의 경제활동의 토대는 그의 부친 이동진이 축적한 전기적 상업자본에서 비롯된다고 할 수 있다. 이동진은 조선 후기와 한말에 걸쳐 대구의 장시와 낙동강을 중심으로 한 상업활동에서 상업자본을 축적한 것으로 생각된다. 이동진의 유년기에 대해서는 자세히 알려진 바가 별로 없지만, 이동진은 중후한 인품에 총명한 기개를 겸비한 인물로 알려져 있다.14) 이동진은 그의 부친(이중열, 1787~

---

12) 경북 경주지방의 대지주로 속칭 '경주 최부자집'의 후손이다. 조선국권회복단과 대한광복회에 관계하면서 거액의 자금을 제공하여 독립운동단체의 활동을 지원하기도 하였으며 대구은행 등 여러 기업에 투자를 하기도 하였다. 특히 백산 안희제(1885~1943)와 함께 경영하던 백산상회가 파산할 정도로 거액을 독립운동단체에 제공하였다. 정부는 1990년 건국훈장 애족장을 추서한 바 있다. 권대웅, 「경주부호 최준의 생애와 독립운동」, 『한국독립운동사연구』 제45집, 2013, 277~307쪽 참조.
13) 대구부 서성로 자택에서 1936년 9월 30일 향년 67세로 별세했으며, 10월 4일에 달성공원에서 영결식이 거행된다고 ≪매일신보≫ 1936년 10월 3일자에 그의 부고가 게재되어 있다.
14) 이동진에 관한 자료는 그의 아들 이일우와 부자 문집인 『성남세고』(1949)에 실려 있고, 박영규의 「대구재계선각자들, 이일우편 ①」, 『대구상의』 240호(1981년 11월), 46~47쪽도 참조할 만하다.

1838)을 2세 때 일찍 여의고 가정형편이 어려운 가운데 어머니 최씨부인을 잘 봉양하였으며 가난에서 벗어나기 위해 그의 장인으로부터 받은 엽전 두 냥 반을 종자돈으로 근검절약하여 40세 전후에 자수성가한 인물로 평가되고 있다.15) 이동진은 대구읍성의 서문 밖 서문시장과 대구근교의 고령, 자인, 청도 등지의 장시에서 시전16)을 놓아 자본을 축적하여 다시 토지에 투자를 하여 지주로 성장하였다고 한다. 이동진은 시전에서 축적한 전기적 상업자본으로 당시 대구 근교 사문진17)을 거점으로 하여 부산주변의 남해에서 낙동강18)을 통해 경북 북부지방을 연결하는 어염~미두(魚鹽~米豆) 교환방식19)의 상업활동과 경산과 청도지역의 광업에 손을 대어 채금사업으로 2백원의 자산20)을 모았다고 한다. 이 자산으로 영농 등의 사업에 진출하여

---

15) 이동진이 처음 사업에 투입한 종자돈은 결혼 후 장인으로부터 살림에 보태라고 받은 엽전 두 냥 반이었다고 한다. 그리고 소남이 결혼한 16세가 되던 해(대략 1885년?)에 대구에서 "이동진이 부자가 됐다'는 소문이 퍼졌다고 한다. 박영규, 「대구재계선각자들, 이일우편 ①」, 『대구상의』 240호(1981년 11월), 46~47쪽 참조.
16) 시전(市錢)이란 5일장에서 장날 빌려준 돈을 5일 뒤인 다음 장날에 이자를 쳐서 받는 시장상인들을 상대로 빌려주는 돈. 이자율이 상당히 높았다고 함.
17) 현재 화원유원지 근처, 대구광역시 달성군 화원읍 성산1리와 경상북도 고령군 다산면 호촌2리를 잇는 나루터.
18) 아직 경부선이 개통되기 이전인 1893년에 부산의 낙동강하구의 하단포에는 상회사(객주조합)가 설치된 일이 있었다. 당시 대구를 비롯한 청도, 밀양 등 3읍의 객주들은 낙동강 연안의 과다한 잡세와 부담금을 피하기 위하여 일정한 부담금을 내고 선상들이 기항하는 고장의 객주조합에 소속되기를 원했는데 이때 하단포와 엄궁의 객주조합에 가입하여 대구 청도 밀양의 객주상인들은 자신들의 상권을 보호하고 영업권을 유지하였다. 부산직할시사편찬위원회, 『부산시사』 제1권, 824쪽 참조.
19) 당시 영남지역은 낙동강을 중심으로 경북 북부지방(안동)에서 남해의 낙동강하구에 이르는 뱃길을 이용하여 부산지역에서 생산되는 해산물을 비롯한 소금, 부산항을 통해 수입된 외국상품 등과 경남북 내륙지방에서 생산되던 쌀·콩을 비롯한 농산물들을 서로 교환하는 방식의 유통체제를 말한다. 고래로부터 경부선이 개통(1905년)되기 이전까지는 영남지방의 중요한 물류체계이었다.
20) 『경주이씨 논복공파보』 제1편, 76쪽 참조.

대구, 경산, 청도 등지에 약 1천 2백 두락의 토지를 소유하는 지주로 성장하여 갔다.21) 유통단계에서 축적한 전기적 상업자본을 토지에 투자하여 점차 대지주로 성장하여 갔다고 할 수 있다.22)

이동진이 활동하였던 개항이후 대구의 당시 경제사정은 조선전체의 여러 도시들이 처한 사정과 별로 다를 바가 없었다. 1876년 개항이후 물밀 듯이 들어온 일본제국주의의 '외압'은 조선을 식민지화하기 위한 전초작업들이 진행되었고, 개항장으로부터 내지로의 점진적인 침략의 발걸음은 더욱 빨라졌다. 식민지와 식민지본국과의 일반적인 관계와 같이, 일본제국주의는 조선을 한편으로 미곡 및 원료공급기지로서, 다른 한편으로 상품판매 시장으로서 수탈과 시장의 기능을 부여하였다.23) 이러한 침략의 파도는 급기야 영남내륙의 중심도시인 대구에도 밀려들어왔다. 대구에 최초로 들어온 일본인은 1893년 9월 대구성의 남문에 일본인들이 정착하기 시작하였으며 민족적인 대립관계도 잉태하기 시작하였다.24) 이른바 조선인 상인과 일본인 상인 간의 '상업전(商業戰)'이 전개된 것이다. 일본

---

21) 최근 소남가에서 발견된 고문서 속에서 추수기 1책(1918년 음력 9월)이 발견되었다. 발견된 추수기에서 소남가의 토지들이 대구주변지역에 두루 걸쳐 소유하고 있음을 알 수 있다. 청도군(각북면, 풍각면, 각남면, 이서면, 화양면), 경산군(경산면, 고산면, 압량면, 남천면), 달성군(수성면, 성북면), 칠곡군(칠곡면) 등의 소작지에 대한 추수기가 발견되었다. 그 외에 당시의 신문기사로 추측컨대, 고령군에도 토지를 소유하고 있는 것으로 파악된다(≪중외일보≫ 1928년 10월 11일자 참조).
22) 한말에는 아직 근대적인 금융기관이 없었던 당시로서는 여유자금을 가진 사람들의 확실한 투자는 토지매입과 고리대금업이었다. 최호진, 『근대한국경제사연구』, 박영사, 1964, 185~187쪽 참조.
23) 이른바, 한일무역의 기축인「미면교환체제」로 하는 식민지체제가 형성되었다. 村上勝彦,「植民地」,『日本産業革命の研究』下(大石嘉一郎 編), 東京大學出版會, 296쪽 참조.
24) 대구에 처음 정착한 일본인은 오까야마현(岡山縣)에서 온 히자쓰끼(膝付), 무로(室) 등 두 명으로, 이들은 대구성 남문근처에서 의약품과 잡화를 판매했다고 한다. 대구부편찬, 『대구민단사』, 1915, 1쪽 참조.

인들의 진출은 점점 늘어나 1920년대 말에는 대구 조선인 인구의 1/4이 조금 넘어서나 경제권은 거의 장악하고 있었고, 경제력의 차이를 간접적으로 보여주는 가옥의 질과 면적에서도 확연히 그 격차를 보여주고 있다.25)

일제의 침략은 1905년 11월에 '을사늑약'을 체결하고 본격적으로 식민지화에 필요한 제반 정책과 제도적 개편을 단행하였는데, 이미 1905년 7월부터 전면적 시행에 들어간 '화폐정리사업'에 대구의 유지 내지 자산가들이 관련되었다. 그 과정을 살펴보면, 1907년 1월 전 일본신탁은행장으로 대구에 처음 재정감찰관으로 부임한 가와카미(川上常郞)가 일본통화(신화)를 보급하기 위해 5전짜리 백동화 30만원을 무이자로 2년 동안 대여해 주는 방법을 동원하였다.26) 당시 이와세(岩瀨靜)27)을 비롯하여 서상돈, 정재학, 정해붕 등이 자본금 10만원으로 익명조합을 만들고 백동화 20만원을 무이자로 대출

---

25) 1930년의 『조선국세조사보고』에 따르면, 대구지역(총인구: 93,319명)의 일본인 인구는 19,426명, 조선인 인구는 73,060명으로 조선인의 1/4 조금 넘게 차지하고 있으나, 경제력에서는 월등하다는 것을 다음의 조선인과 일본인들과 집채의 면적을 기준으로 비교해 보면 잘 알 수가 있고, 그 결과는 다음과 같다.

단위: 평(坪)

| 구 분 | 조선인 | | | 일본인 | | | 비 고 |
|---|---|---|---|---|---|---|---|
| | 갑(A) | 을 | 병 | 갑(B) | 을 | 병 | (B)/(A) |
| 1926(C) | 840 | 16,986 | 26,314 | 4,833 | 62,229 | 37,584 | 5.8 |
| 1933(D) | 855 | 17,308 | 26,934 | 6,616 | 77,872 | 41,760 | 7.7 |
| (D)-(C) | △15 | △322 | △620 | △1,783 | △15,643 | △4,176 | |

출처: 《동아일보》 1933년 8월3일자.
주: 갑은 벽돌과 콘크리트 집, 을은 목조기와집, 병은 양철집 또는 초가집을 말한다.

26) 河井朝雄, 『大邱物語』, 1931, 247~249쪽.
27) 치바현(千葉縣)출신으로 1903년 9월 경부철도공사를 위해 조선에 건너와서, 1904년 8월 맡은 구간의 공사를 종료한 후 대구에 영주한 인물로, 경부철도 하청공사를 통해 부를 쌓았고, 북문 밖에 도원동 저습지를 매입하여 유곽지 조성을 계획하기도 하였다. 방대한 토지를 매입하여 정착 초기 일인들은 대구를 '岩瀨王國'이라 부를 정도였다. 일본인 거류민단 의장이자 초대 일본인상업회의소 회두이었다. 당시 대구거주 일본인들 사이에는 대담한 탁견을 가지고 대구의 발전을 위해 노력한 공로자로 평가하고 있다. 三輪如鐵, 『大邱一斑』, 1912, 226쪽 참조.

받아 많은 이득을 취하였다.28) 단, 조건으로 용처는 관계없이 조선인들에게 대부하거나 물건을 구매하거나 하여 엽전대신에 백동화로 유통시키면 된다는 것이다. 이렇게 교묘히 포섭하여 점차 엽전에서 일본통화(백동화)로 환전하는 방법으로 대구지역도 일본통화권으로 점차 편입되어 일제의 경제권역으로 재편·종속되어 갔다.

이즈음 소남의 가계에 큰 불행이 닥쳤다. 대구를 시발로 한창 국채보상운동29)이 무르익어 온 민족이 대동단결하여 나라사랑이 극치를 이루던 때에 소남의 계씨인 시우(1877~1908)30)가 32세의 젊은 나이로 세상을 떠났다. 이에 소남은 집안의 장남으로서 가호를 잇고, 제수와 조카를 돌보아야 하며, 가업을 이어가야 하는 집안의 중심에 서게 되었다. 가계의 중심이 된 소남은 그 후 본격적인 사회·경제적인 활동으로 나아가게 되었다.

## 2) 농업자본의 축적과 전화

한편으로는 조선 후기와 한말에 이르러 광작이나 상업적 농업의

---

28) 이와 같은 특혜라면 어느 누구라도 할 수 있고, 덕분에 묘포용지, 검찰청택지, 재판소관사용지 등의 부동산 등을 구입하여 많은 이득을 보았다고 기술하고 있다. 河井朝雄, 위의 책, 247~249쪽 참조.
29) 1907년 2월 중순 대구의 광문사(廣文社) 사장 김광제(金光濟)와 부사장 서상돈(徐相敦)은 3개월 동안 단연(斷煙)을 통하여 국채 1천 3백만원을 2천만 전 국민들의 모금으로 갚아 나가자는 '경제적' 국권회복운동으로 1908년 사이에 일어났다. 순수한 애국충정으로 각지에서 자발적으로 일어났으나 전국적인 통일된 지휘체계 하에서 진행된 것이 아니었고 일제의 방해·탄압 책동으로 끝내 좌절로 끝나긴 하였지만 국권회복을 위한 투쟁으로 역사적 의의가 큰 것이다. 대구광역시, 『국채보상운동100주년기념자료집』 제1권~제5권, 2007 참조.
30) 남은 가족으로 부인인 김화수와 4형제를 두었는데 첫째 상정은 독립군의 장군이 되었고, 상화는 애국시인이 되었으며, 상백은 사회학자이자 최초의 올림픽위원이 되었고, 상오는 수렵가이었다.

발달 등 일련의 농업발전과정 속에서 토지부문의 이윤 축적이 가능하기도 하였다. 이와 함께 상업의 발달로 유통단계에서 축적한 초기의 전기적 상업자본들은 근대적인 산업과 금융기관이 발달하지 않은 당시의 경제사정으로는 토지에 대한 투자나 고리대가 확실한 이윤을 가져 올 수 있었다. 조선 후기 및 한말 일제강점기에 이르는 기간 동안 대개의 지주31)들은 봉건적 지주·소작제에 기반을 둔 고율의 소작료를 통해 농업이윤의 축적을 도모하였다. 따라서 소남도 선대에서 이렇게 축적된 토지를 물려받아 소유한 전형적인 '지주형 부농'이라 생각된다.

일반적으로 이러한 농업발전과정 속에서 토지를 집적하였는데, 1910년대 대구지역의 지주 수는 약 158명이었다고 하는데, 그 중에서 전답 50두락 이상의 소유한 대지주가 소남을 비롯하여 10여 명에 달하였다.32)

그리고 이들 지주들의 이윤축적의 기반인 토지의 규모를 확대하기 위해서 토지자본을 손쉽게 유치할 수 있는 또 하나의 방법으로 은행경영에 참여하는 길이었다. 소남도 한말의 농공은행과 한일합

---

31) 17~18세기 이래 농업생산력과 상품화폐경제가 발달하면서 농민층이 분화하면서 한편에는 광범위한 영세민과 몰락농이 양산되고, 다른 한편으로는 자본과 토지를 집적한 계층이 형성되어 부농층을 이루었는데 그 범주를 크게 두 가지로 나눌 수 있다. 하나는 '지주형 부농'으로 집중 집적한 토지를 소작인에게 빌려주고 지대를 수취하여 부를 축적해 간 부류이고, 또 하나는 '경영형 부농'으로 새로운 경제변동을 배경으로 출현하여, 이 변동을 적극적으로 이용하고 촉진하면서 성장한 이 시기 농촌경제의 새로운 존재로 등장하였다. 물론 경영형 부농의 존재에 대한 반론도 일부 존재한다. 한편, 소남의 선대는 대체로 지주형 부농으로 분류할 수 있다고 생각된다.

32) 매일신문, 1913년 5월 31일자. 전답 50두락 이상을 소유한 지주로는 김덕경, 박병윤, 이영면, 서병조, 이장우, 최만달, 서철규, 정재학, 이일우, 정해붕 등 10여 명이었다. 100만 원 이상 자산을 가진 재산가는 서상하, 서상룡, 서상규, 서상돈, 정재학 등 이고, 많게는 현미 3천석에서 8천석의 연간수입에 달하였다고 한다. 三輪如鐵, 『大邱一斑』 증보재판, 1912, 215쪽 참조.

방이후 일반은행들의 설립붐(boom)과 함께 대구에 설립된 '대구은행'의 은행경영에 관여하였다. 농업부문에서 축적된 자본들이 금융자본으로 점차 전화해 간 한 사례라 할 수 있을 것이다. 소남과 동시대에 대구의 주요 지주들은 거의 당시의 금융기관에 투자를 확대하고 경영에도 적극적으로 관여한 예들이 많다.[33]

소남도 일제하 지주·소작제의 틀 속에서 대부분의 지주들과 같이 1920년대에 실시된 일제의 산미증식정책에 호응하면서 농업자본들을 축적하였다. 특히 1910년대 말부터 시작된 일본 본국의 식량부족[34]으로 인해 식민지조선에서는 1920년대에 들어와 '산미증식계획'이 실시되고 식량증산에 따른 일본 본국으로의 쌀이출 증대로 지주·소작관계는 더욱 견고해지면서 고율의 소작료 등으로 기인하는 지주·소작인 간의 갈등이 높아져 소작쟁의 등의 농민적 대항이 높아지고 있었다. 이와 같이 지주에 대한 사회적 비판이 높아지고 있는 가운데 일제는 지주의 소작인에 대한 부당한 소작 관행에 제동을 걸기도 하였고[35], 일부 지주들은 사회의 비판적인 인식에서 벗어나기 위해 형식적이고 소극적인 소작대책을 마련하기도 하면서 당국의 방침에 따르는 모양새를 취하기도 하였다.[36]

1920년대 중반에 들어와 지주·소작인 간의 갈등이 점점 첨예화

---

33) 주 32)에 나열된 지주들 중 일부는 '대구은행' 설립에 관여하였고, 경북 칠곡의 장직상, 장길상 형제는 '경일은행'(1920) 설립에 참여하였고, 성주의 배상락, 달성의 진희규 등도 각 금융기관에 참여하였다.
34) 일본의 경우 미가의 급등으로 '쌀소동'이 일어날 정도이었다. 동경 후까가와(深川) 시장의 현미(중) 표준가격이 1917년 8월에 21円 14錢(100)이던 것이, 이듬해 8월에는 39円 18錢(185)까지 급등하였다. 조선총독부곡물검사소, 『미곡자료』, 1933 참조.
35) 주의할 점은, 그렇다고 지주·소작제를 철폐하여 '농민적 소유'로 개혁하자는 것은 아니다.
36) ≪시대일보≫, 1924년 9월 22일자.

하여 '농촌사회에 있어서 항상적 현상'37)이었다. 대구지역에서도 소작쟁의가 날로 거세지자, 지주들이 이러한 움직임을 포착하고 대응책을 강구하였다. 그런 가운데 '대구의 악덕지주'38)라는 제목으로 언론에 지주명단이 공개되기도 하였고, 소작료 착취 형태도 소작권이동을 무기로 소작농을 협박하여 소작료율을 최고 6할까지 물리고 지세까지 전가시킨 것이었다. 당시 심각한 지주소작관계에 대한 지주들의 태도는 봉건적 지주소작제에 안주하는 그야말로 전근대적 사고에 머물러 있었다. 대구지역의 대부분의 대지주들은 소작농의 궁핍한 생활에 조금도 개선의 손을 뻗지 않았다.

이러한 지주들의 인식 속에서도 소남뿐만 아니라, 장남인 상악은 경북 청도군의 대지주이었는데, 이서면, 각남면, 각북면, 풍각면 등지에 재작년(1928년)에 발생한 재해로 인해 낙곡 한 톨도 거두지 못하고 먹을 것이 없어서 아사지경에 빠졌다는 소식을 듣고 피해소작인 3·4백 명에게 정조 5두씩을 분급하였고, 특히 재해가 심한 각북면에는 정조 30석을 면(사무소)으로 의뢰하여 면내 이재민들을 구제하게 하였으며, 또 초근목피도 먹을 것이 없어서 굶주린 배를 움켜지고 헤매던 이서면 소작인에게 정조 10두씩을 무이자로 대여해 주었다. 이러한 선행으로 이씨의 소작인이 되어보기를 원하는 자가 허다하다는바, 소작인들이 목비를 세워 그 후덕한 선행을 칭송하였다고 한다.39) 선대에 이어 후대에서도 대구·경북지역의 유지로서 사회적 책임을 다하는 모습도 보여주고 있다.

---

37) 朝鮮總督府, 『朝鮮ノ小作慣行』(下卷), 參考編, 79쪽.
38) 대구내의 대지주로 유명한 정재학, 서우순, 장길상, 장직상, 이병학, 최재교, 마석용, 이상태 등이 거론되고 있다. ≪시대일보≫, 1924년 12월 9일자 참조.
39) ≪중외일보≫, 1930년 5월 30일자 참조.

### 3) 금융자본으로의 전화

소남이 최초의 금융자본에 대한 투자는 앞에서 언급한 바와 같이, 소남의 장남 상악을 통하여 대구농공은행의 설립[40]에 참여하면서 이루어진 것으로 생각된다. 1906년 3월에 「농공은행조례」가 제정되고, 4월에는 「농공은행설립에 관한 건」을 제정하여 농공은행 설립 절차도 정하여졌고,[41] 대구의 경우, 1906년 6월 1일부터 주식청약을 받아 주식모집에 나섰으나 순조롭지 못해 당초의 자본금 20만원을 10만원으로 축소하여 6월 16일부터 영업에 들어갔다.[42] 이러한 농공은행의 설립과 운영에 각 지역의 유력자, 지역 명망가들이 대거 참여하였는데 대개의 경우 그 지역의 대표적 지주나 자산가들이었다. 소남도 상악을 통해 다른 지주들과 마찬가지로 70주의 주식투자를 하였다.[43] 1908년 8월에는 전국적인 합병추진으로 '대구농공은행'은 '진주농공은행'과 합병하여 '경상농공은행'으로 신설되었다가 1918년 10월 조선식산은행(이하 '식은')이 설립되면서 농공

---

[40] 농공은행은 1906년 6월 서울의 한성농공은행을 필두로 8월까지 전국 11개소에 달하였다. 설립목적은 첫째, 부동산 담보대출을 맡기어 화폐공황하의 지방금융 경색을 완화하기 위해서이며, 둘째는 한국 농공업자, 특히 농업자들에게 금융을 제공하여 장기적으로 한국농업을 일본자본주의의 요구에 맞게 재편하기 위해서이었다.

[41] 「칙령 제13호 농공은행조례」(1906.3.21)는 송병기 외 3인, 『한말근대법령자료집』 IV, 1971, 527~531쪽 참조. 「탁지부령 제4호 농공은행설립에 관한 건」(1906.4.20), 같은 책, 550~552쪽 참조. ≪황성신문≫ 1906년 3월 28일, 29일, 30일, 31일자 참조.

[42] ≪황성신문≫ 1906년 11월 9일자에 대구농공은행 설립에 따른 대구경제의 영향을 보도하고 있다. "…… 금리에는 영향이 무하고 지금까지 금융기관은 제일은행이 독점하다가 농공은행에서 자금의 대출을 개시한 이래로 전당업자에는 다소 영향된 모양……"이라고 당시 대구경제사정을 전하고 있다.

[43] ≪황성신문≫ 1906년 6월 22일자 참조. 당시 50주 이상 주식인수자로는, 서상돈·서병오(각 1090주), 이석진(700주), 김병순·정규옥·이진옥(각 500주), 이중래·최만달·이장우·염봉근(각 100주), 이병학·조용태(각 50주) 등 이다.

은행들은 해산하였다.

한편으로 1906년 3월 21일에 칙령 제12호로 「은행조례」44)와 4월 20일에 탁지부령 제5호로 「은행조례시행세칙」45)을 공포하였고, 이어 일제 강점기에 들어와 1912년 10월 24일에 총독부제령 제5호로 「은행령」및 그 「시행규칙」이 공포46)되었고, 그 해 12월 1일부터 시행되어 일본인과 조선인사이의 은행 합작설립의 장애를 제거하여 그동안 민족별로 이원화47)되어 있던 「은행령」을 통일하게 된 것이다. 「은행령」의 제정으로 일반은행48)의 지배를 위한 제도적 틀을 완성하게 된 것이다. 1910년대에는 약 40여 개 은행이 설립신청을 한 가운데 20여개 은행이 설립을 보게 되었다.49)

대구지역에서도 근대적 기업으로 전국각지에 일반은행의 설립이 유행하던 것과 같이 일반은행의 설립붐50)이 일어나면서 일본인들

---

44) 송병기 외 3인, 『한말근대법령자료집』 Ⅳ, 국회도서관, 1971, 526~527쪽; ≪황성신문≫ 1906년 3월 27일, 28일자 참조.

45) 송병기 외 3인, 위의 책, 552~559쪽; ≪황성신문≫ 1906년 5월 1일, 2일, 3일, 4일자 참조.

46) 『조선총독부관보』, 1912년 10월 24일자 제70호; ≪매일신보≫ 1912년 10월 25일, 26일, 27일자 참조.

47) 또 하나는 일본인의 한국내 은행경영을 규율하기 위해 1907년 3월과 5월에 각각 공포한 「한국에서의 은행업에 관한 건」과 「한국에서의 은행업에 관한 규칙」이다. 이것에 관해서는 송병기 편, 『통감부법령자료집』상, 국회도서관, 1972, 324~326, 381~395쪽 참조.

48) 일반은행이란 용어는 근대은행이 전형적으로 발전된 영국에서는 예금은행(deposit bank), 미국의 경우 상업은행(commercial bank)이란 용어를 사용하고 있으나, 일제 식민지기나 일본에서는 보통은행이라고 부르고 있다. 여기서는 영국과 미국의 개념과 동일한 개념으로 원칙적으로 단기자금을 받아드리고 이를 기초로 단기직인 상입자금을 공급하는 은행을 말한다. 이식류, 『한국의 일반은행』(1910~1945), 법문사, 1988, 34~39쪽 참조.

49) 堀和生, 「朝鮮における普通銀行の成立と展開」, 『社會經濟史學』 49(1), 1983, 32~33쪽 참조.

50) 이러한 일반은행의 설립붐의 원인을 개정 「은행령」에 의해 기존의 대금회사들이

이 주축이 되어 설립한 '선남상업은행'[51]과 그 후 상당한 시일이 지난 뒤인 1920년 7월에 일본인 미야이(宮井正一) 등이 주도하여 설립된 '경상공립은행'이 있고, 이에 대항하여 조선인 중심으로 설립된 일반은행으로는 '대구은행'(후에, 경상합동은행)과 '경일은행'[52]이었다.[53] 이러한 경제 환경의 변화는 소남도 1910년대에 들어서면서부터 선대로부터 축적된 농업자본에서 금융자본으로 전화되어가는 계기가 된다. 특히 대구은행에 그 설립에서부터 경영에 이르기까지 깊이 관여하게 된다.

대구은행은 1913년 5월에 정재학, 최준 등과 함께 소남이 참가한 가운데 설립되었다. 소남으로서는 처음으로 금융기관에 투자한 것으로 앞서 통감부시기에 농공은행에는 장남인 상악을 통하여 투자를 한 바 있으나, 이제 선대로부터 이어온 농업부문과 '원격지 상업'에서 축적한 자본을 금융자산에 투자를 시도하였다. 대구은행의 설립과정을 보면, 설립 1년 전인 1912년 7월에 소남을 비롯하여 대구와 대구주변의 유지들인 정재학, 이종면, 장길상, 이병학, 최준, 배상락 등이 주축이 되어 조선총독부에 은행 설립계획서를 제출하면서 은행설립에 착수하였다. 1913년 1월 27일에 총독부로부터 정재

---

상업은행 업무의 겸업이 불가능해지자 대금회사의 예금에 의한 자금동원은 물론 일반회사의 어음할인에 의한 자금조달도 어렵게 되어 자금난은 더욱 심화되어 대금회사와 그 고객의 자금난과 함께 고금리를 초래함으로써 대금회사의 은행으로의 전화는 물론 은행의 설립을 촉진시켰다. 배영목, 「식민지 조선의 통화 금융에 관한 연구」, 서울대 박사논문, 1990, 175쪽 참조.

51) 일본인이 세운 대구 최초의 민간은행이었다. 1912년 9월에 자본금 30만원으로 오구라(小倉武之助 ), 이또(伊藤甚三郎) 등 일본인 자본가와 이병학, 장직상, 정재학 등의 조선인 자본가의 합작으로 설립되었다. ≪매일신보≫ 1912년 8월 8일자; 『조선은행회사요록』, 1921, 10쪽 참조.
52) 1920년 5월에 설립되었는데, 소남이 이 은행에 관여한 기록은 보이지 않는다.
53) 이 시기에 설립된 각 지방의 일반은행들은 대개 각각의 민족별로 이분화되어 있었다. 堀和生, 앞의 논문, 34쪽 참조.

학 외 13인의 발기인명의로 은행설립허가를 받았다.54)

1913년 5월 29일에 창립총회를 개최하고 정재학을 은행장으로 선출하고, 동년 7월 7일부터 대구본점을 통해 은행업무를 개시하여55) 대구·경북지역에 조선인이 주도로 한 최초 일반은행이 성립되었다. 이후 영업의 범위를 넓혀가면서 경북북부지역의 중심인 안동에 1916년 3월에 지점설치 등기56)를 하고 동년 4월 22일에 지점을 설치하였고, 대구근교인 왜관에는 1917년 3월 26일에 지점설치 허가57)를 받아 7월 27일58)에 지점을 설치하였고, 경주에는 1919년 6월 7일에, 포항에는 1920년 11월 10일에 각각 지점을 설치하여 영업망을 계속 넓혀갔던 것이다. 영업망의 확장과 함께 자본금도 증자를 하였는데 설립 당시 50만원에서 1백50만원을 더 증자하여 1919년 9월에 자본증가를 허가받아59) 2백만원으로 늘어나면서 그 규모가 확장되어 갔다.

소남은 대구은행의 금융자산에 투자를 하여 일제의 식민지 경제 재편과정 속으로 흡수되어 갔다. 소남은 처음부터 취체역(이사)으로 참여하여 주식도 소유하면서 은행 내 경영인의 한 축을 담당하기도 하였다. 소남은 은행설립 이래 취체역에 참여하여 1917년 3월 31일에 취체역을 사임60)함으로써 대구은행의 경영일선에서 잠시 물러나게 된다. 대구은행의 경영에 다시 참여한 것은 1924년 7월 22일에 이사로 다시 진출하면서 경영에 관여하였다. 1927년 7월 23일에 소

---

54) 『조선총독부관보』, 1913년 1월 30일자.
55) 『조선총독부관보』, 1913년 7월 10일자.
56) 『조선총독부관보』, 1916년 5월 3일자.
57) 『조선총독부관보』, 1917년 3월 29일자.
58) 『조선총독부관보』, 1917년 8월 9일자, 8월 11일자.
59) 『조선총독부관보』, 1919년 9월 8일자.
60) 『조선총독부관보』, 1917년 4월 14일자.

남, 이종면이 취체역에서 물러나고 서병원, 김재한, 서병조, 정해붕 등이 새로이 이사로 진출하면서 사실상 대구은행이 경영일선에서는 물러나게 된다.

대구은행은 1920년대 후반에 들어 경영상에 여러 가지 어려움을 겪던 중 타은행과의 합병설이 나돌기 시작하였고, 이윽고 1927년 중반부터 대구은행과 경남은행 간에 합병이 진전되기에 이르렀다. 1928년 7월 31일부터 대구은행과 경남은행이 합병하여 새로 문을 연 경상합동은행61)에 소남은 새로 증자된 주식에 330주를 신규 투자하여 주주의 대열에 참여하게 된다. 그러나 1930년대에 들어와 경상합동은행에서 완전히 손을 떼고 금융계에서 거의 물러난 것으로 생각된다.

〈표 1〉 소남의 대구은행 주식보유 변화 및 경영활동

(단위: 주식 수, 명, %)

| 연 도 | 1921 | 1923 | 1925 | 1927 | 1928 | 1929 |
|---|---|---|---|---|---|---|
| 소유주식 수(A) | 900 | 900 | 1,200 | 1,200 | 330 | 930 |
| 주주 수 | 268 | 243 | 207 | 202 | 309 | 309 |
| 발행주식수(B) | 40,000 | 40,000 | 40,000 | 40,000 | 45,000 | 45,00 |
| 대주주 수 | 13 | 14 | 12 | 12 | 12 | 13 |
| 대주주보유 주식수(C) | 20,714 | 22,581 | 24,926 | 25,246 | 19,888 | 21,425 |
| (A)/(B) | 2.3 | 2.3 | 3.0 | 3.0 | 0.7 | 2.0 |
| (A)/(C) | 4.3 | 4.0 | 4.8 | 4.8 | 1.7 | 4.3 |
| 은행 내 지위 | | | 취제역(이사) | 취제역(이사) | | |

출처: 中村資良編, 『조선은행회사요록』, 동아경제시보사, 1921, 1923, 1925, 1927, 1929년판.
주: 1928년 7월 31일부터는 경남은행과 합병하여 '경상합동은행'이 됨.

---

61) 경상합동은행은 그 후 전시기에 들어선 1941년 7월에 총독부의 「재정금융기본방책요강」 발표와 함께 금융기관 정리방침에 따라 서울의 '한성은행'에 동년 9월 30일에 흡수·합병되었다.

〈표 1〉에서 알 수 있는 바와 같이, 소남이 관여한 대구은행에서의 보유주식의 변화를 보면, 1928년 경상합동은행과의 합병 때 신주로 투자한 경우를 제외하고는 대체로 총 발행주식수에서는 2~3% 전후로 투자를 하고 있고, 대주주들 중에서의 비중은 약 4.5% 전후로 대주주들 중에서도 높은 비중은 아니지만 나름대로 일정한 부분을 유지하면서 경영에 참여하고 있음을 알 수가 있다.

1910년대와 20년대에 걸쳐 대구지역에 설립된 조선인 일반은행[62]의 중역 및 대주주들은 대부분 지주나 상인층에서 근대적 금융자본가로 전화한 계층들 이었다. 그 가운데서 특히 대구은행의 경우, 중역진과 대주주가 동일한 인물로는 소남을 비롯하여 정재학·최준·이병학·이영면·윤상태·정해붕·이종면·사카모토(坂本俊資) 등 모두 9명이다. 이들은 그 당시 대구지역을 대표하는 자산가들이라고 할 수 있다.

### 4) 근대산업자본으로의 전화

소남은 한말 화폐정리사업으로 지칭되는 일제의 경제적 침략 속에서 농공은행에 아들이 대신 투자하며 식민지경제권으로 편입되어 갔다. 일제강점기에 들어서 대구지역에서 설립이 추진된 조선인계열의 '대구은행'에 투자하여 1920년대 말까지 중역과 대주주로서 활동을 하였음도 살펴보았다.

소남은 이러한 금융부문에서의 활동에만 그치지 않고 1910년 일제강점기 이후 '회사령'[63]의 발포로 조선인의 경제활동에 일종의

---

[62] 또 다른 은행으로 1920년 4월28일에 경북 칠곡의 자산가인 장길상·장직상 형제가 주도하여 '경일은행'이 설립되었다. 中村資良 編, 『조선은행회사요록』, 동아경제시보사, 1921, 21쪽 참조.

장벽이 있었음에도 불구하고 선대의 농업자본을 금융자본과 산업자본으로 전화하여 식민지라는 종속적 경제적 규제 속에서도 나름 활동의 폭을 많이 넓혀갔다.

앞에서 살펴본 바와 같이, 1910년대에 들어와 대구지역의 일반은 행들의 설립과 함께 대구지역의 자산가들이 대거 금융부문에 참여한 바 있는데, 이들 자산가들은 제조업 등의 부문에도 참여하였다. 일제강점기인 1910년대부터 소남가가 참여한 대구지역에 설립된 회사들은 다음의 〈표 2〉와 같다. 1910년대 후반인 1918년에 설립된 회사에 관여하고 있고 전체 설립회사 숫자도 급증하고 있다. 1918년 대구부가 대구지역의 경제발전을 위해 공진회[64]를 개최하였는데 이 공진회에 대구·경북지역 자산가들이 대거 평의원으로 활동하면서 회사설립에 대한 분위기가 다소 고조된 면도 있지만,「회사령」시행 후 많은 시간이 흘러 식민지경제의 틀이 정착되어 가면서 경제적 성취 욕구도 점차 커져 식민지내의 경제적 구조 속으로 순치되어 간 측면도 있지 않나 생각된다. 앞에서 살펴 본 바와 같이, 소남은 대구은행과 경상합동은행에 관여하였고, 장남인 상악이 대구

---

[63] 조선총독부가 1910년 12월 29일자 제령 제13호로 제정·발효되어 다음 해인 1911년 1월 1일부터 시행되었다. 조선에서 회사를 설립할 경우에 조선총독부의 허가를 받도록 규정한 조령(條令)으로써, 1920년 3월 31일까지 존속하였다. 조선인의 경제를 통제하고 일제 강점하의 경제체제로 재편하기 위해 취한 조치로서 상공업분야에서의 '회사령'은 농업분야의 '토지조사사업(土地調査事業)'과 함께 경제탄압 및 수탈을 위한 조치라고 할 수 있다.

[64] 대구지역에서 개최된 공진회는 일찍이 1913년에 제1회 경상북도물산공진회(1913년 11월 5일~19일)가 15일간 개최하였는데, 평의원으로 坂本俊資, 町田久吾, 小倉武之助, 河井朝雄 등 일본인들과 조선인들로는 李一雨, 李章雨, 李柄學, 徐相夏, 鄭在學 등으로 대부분 경북지역의 유지, 부호들이 선임되었다. 1918년에는 제2회 경북물산공진회(1918년 10월 31일~10월 19일)가 20일간 개최되었다. 이 시기에는 세계적으로 유행한 감기로 인하여 관람자 수가 예상수치에 도달하지 못하였다고 한다. 경상북도,『제1회경상북도물산공진회사무보고』, 1914 및『제2회경상북도물산공진회사무보고』, 1919 참조; ≪每日申報≫, 1918년 11월 15일자 참조.

농공은행에 주식투자를 한 바 있었다. 소남은 다음의 〈표 2〉에서와 같이 산업의 기초분야라 할 수 있는 1차 산업부문인 임업에서 진출하고 있음을 알 수가 있다. 그의 차남인

〈표 2〉 소남가가 참여한 기업

| 해당 인물 | 회사명<br>(설립년도) | 목적 | 역할 |
|---|---|---|---|
| 이일우 | 계림농림(주)<br>(1918) | 임업 | 상담역 |
| 이상무 | 고려요업<br>(1920) | 요업품제조판매 | 취체역, 대주주 |
| 이상악 | 대구곡물신탁(주)<br>(1921) | 곡물매매에 관한 정산 일반신탁업무, 창고업, 운송업 | 대주주 |
| 이상무 | 대구산업금융(주)<br>(1921) | 곡물매매에 관한 대리업무, 보험업무의 대리업무, 창고업, 운송업, 금전대부 | 감사역 |
| 이상악,<br>이상무 | 조양무진(주)<br>(1924) | 무진영업 | 이상악(취체역, 대주주),<br>이상무(감사역, 대주주) |
| 이상악 | 중외일보사<br>(1928) | 신문잡지도서 인쇄 및 판매 기타 부대사업 | 취체역 |
| 이상악 | 조선국자제조(주)<br>(1930) | 누룩제조판매 | 취체역 |
| 이상무 | 소화식산(주)<br>(1932) | 금융대부업, 부동산 동산 및 유가증권매매 | 취체역 |
| 이상악,<br>이상무 | 광업권획득<br>(1933) | 금은광(소재지: 경북 성주군 지사면·성암면, 고령군 운수면) | 광업권자 |
| 이상악 | 경북상공(주)<br>(1937) | 토지건물매매 | 취체역 |
| 이상악 | 대구약주양조(주)<br>(1937) | 약주 및 소주 제조판매 | 감사역 |
| 이상악,<br>이상무 | 경북무진(주)<br>(1938) | 무진업, 화재보험의 대리업 | 이상악(취체역, 대주주)<br>이상무(감사역) |

출전: 中村資良, 『朝鮮銀行會社組合要錄』, 동양경제시보사 편, 각 격년도(1921~1939) 및 ≪매일신보≫, 『조선총독부관보』.

상무가 요업품을 제조하는 '고려요업'에 종사하고, 장남인 상악은 곡물매매 등을 취급하는 '대구곡물신탁(주)'에 종사한 것을 필두

로 소남가가 참여한 기업들의 분야는 다양하였다. 보험업, 창고업, 운송업, 무진업, 신문사, 양조업, 부동산매매업, 광업에 이르기까지 실로 다양한 기업에 참여하고 있음을 알 수 있다.

1930년대에 들어와 소남의 생애도 이제 끝을 달려 1936년에 세상을 떠나게 되었는데, 그 이후에도 소남의 장남인 상악은 적극적으로 사업에 진출하여 1937년에 부동산회사인 '경북상공주식회사'에 취체역(이사)으로 경영에 참가하고 있고, 양조회사인 '대구약주양조주식회사'에도 감사로 활동하였다. 1938년에는 무진업인 '경북무진주식회사'에 역시 대주주로 취체역과 감사역의 자격으로 형제가 각각 경영에 참여하고 있었다.[65]

이때는 일제가 1920년대 말부터 엄습한 세계 대공황 이후 그 여파로 일본경제도 불황에 빠지게 되었는데 이러한 경기침체의 탈출구를 1931년에 일어난 만주사변에서 찾았고, 일본은 1935년에 이르면 대체로 다른 선진국에 비해 빠른 시일에 불황에서 탈피하였다. 이후 1937년에는 중일전쟁을 일으켜 전시체제로 돌입하는 시점으로 전쟁특수와 다소 관련이 있을 것으로 추측이 되나, 선대와 달리 투자분야도 1차 산업의 관련 업종에서 벗어나 광업, 부동산, 제조업 등의 분야로 투자의 폭을 넓혀가고 있었다.

그러나 대구지역의 경제권은 일본인들이 한말 대구읍성을 헐면서 자리잡기 시작한 이래 약 20여 년이 지난 1930년대의 시점에는 거의 그들에게 주도권이 넘어 가게 되었다. 따라서 대구는 이제 '조선적 대구'가 아닌 '일본적 대구'라는 이미지로 넘어가고 있는데 대한 우려가 깊어져 갔다.[66] 비단 이 문제는 대구만의 문제는 아니지

---

65) 中村資良, 『조선은행회사요록』, 1939, 47~48쪽.
66) ≪동아일보≫ 1926년 1월 1일자.

만 식민지 경영의 경제적 침략은 더욱 강고해져 갔다.

이에 대한 대구지역의 상공인들의 대항 내지 반격도 만만치 않았다. 대구의 산업을 발전시키기 위한 조선인들의 자구책이 모색되기 시작하였고, 그 첫걸음으로 1927년 11월 9일에 발족한 '대구상공협회'의 결성이었다.67) 소남은 협회에 직접 관여는 하지 않았지만, 장남인 상악이 참여하였고, 이 협회에서 수차례에 걸쳐 고문으로 추대를 하였지만 끝내 거절하였다. 거절한 이유는 아들이 대신 참여하는 것으로 마무리를 지은 것으로 생각된다.68)

한편 소남은 대구지역에 국한된 사업영역에서 벗어나 경성에 세워진 경성방직주식회사(이하, '경방')에 경주의 최준과 함께 창립 발기인69)으로 참여하였다. '우리 옷은 우리 손으로 짜서 입자'70)라는 기치를 내걸고 출범한 국민들의 의생활을 개선하고자 인촌 김성수가 주축이 되어 설립하였던 '경방'은 순수 민족자본에 의한 최초의 주식회사라는 역사적 의의를 갖고 있다. 주요 발기인으로 김기중, 김경중, 김성수의 3부자와 초대사장인 박영효, 초대전무가 되었던 경기도 파주 출신의 실업가 박용희, 경성직뉴회사 전무를 지낸 군산출신의 변광호, 실업가로 서울출신의 장두현·장춘재, 오산출신의 이성준 등과 경주출신의 대지주로서 실업가 은행가이었던 최준과 소남 등이었다. 이와 같이 창립발기에 참가한 사람들은 대개 각 지방의 대지주로서 일찍부터 근대기업경영에 많은 관심을 가지고 있었던 인물들이었다.

---

67) 이 협회에 대한 내용은 김준헌, 「대구상공협회의 실체: 회보를 통해서 본」, 『성곡논총』 14, 1983 참조.
68) 참여하지 않은 이유에 대해서는 일본당국과의 공직문제, 일본경제인과의 경제문제 등이 복합적으로 작용한 것으로 추측되고 있다. 김준헌, 위의 논문, 262쪽 참조.
69) 《매일신보》 1919년 2월 20일자.
70) 경성방직주식회사, 『경성방직50년 1919~1969』, 1969, 51쪽.

창립총회에서 선출된 중역진을 보면, 사장에 박영효, 전무에 박용희, 취체역 지배인에 이강현, 그 외의 취체역 4명, 감사역에 이일우를 비롯하여 5명으로 구성되었다. 그리고 '경방'은 설립시기가 3·1운동이 일어나기 직전부터 설립의 움직임이 보이다가, 3·1운동이 정치적인 실패로 끝났지만, 회사령이 폐지되기 직전에 또 다른 경제적 독립운동의 일환으로 민족기업으로서 1919년 10월 5일 설립되었다고 할 수 있다.[71] 한편 주식모집에도 많은 난관이 있었으나, 김성수의 전국적인 갖은 노력의 덕택으로 온 국민의 성원으로 성공하였다. '1인 1주'갖기 운동으로 '경방'의 설립은 바로 국산품애용운동이며 외래물건을 배척하는 계몽운동인 동시에 민족자본의 단결을 보여 주는 민족의 경제적 투쟁이었던 것이다. '경방'의 모집된 주식은 2만주로 이 중 발기인의 인수주가 3,790주이고, 일반공모주식수가 16,210주로 되어 있었다. 소남은 창립발기와 감사역으로 경영에 참가하였는데 정확한 근무연수는 알 수 없으나 1920년 중반에 중역에서 물러난 것으로 보인다.[72]

## 4. 소남의 경제관

소남의 근본적인 가치관은 선비정신에서 출발한 민족주의 정신을 바탕으로 국익우선의 정신이라고 할 수 있다.

이러한 가치관을 토대로 소남의 경제관은 그의 생활신조 속에서 찾아볼 수 있는데, 소남의 생활신조는 즉, '선공후사(先公後私)'와 '근

---

71) 1919년 05월01일에 설립허가를 받았다. 『조선총독부관보』 1919년 5월 5일자.
72) 임원들의 근무연수를 막대그래프로 표시되어 있어 정확하게 파악하기 힘드나, 다만 1년이 채 못된 것으로 추측된다. 경성방직주식회사, 앞의 책, 364쪽 참조.

검절약'이었다. 어려서부터 한학과 유교를 배웠고 유교적인 가풍으로 보수적인 가문에서 자랐기 때문에 소남의 성격이나 교양의 기반은 삼강오륜에 기초를 둔 충효와 인의예지신의 사상에 가까울 것이다. 유교사상은 크게 인정과 의리를 숭상하는 동시에 수기의 정신이라고 할 수 있다. 수기는 참고 견디는 인내의 정신과 자기희생의 정신을 말하는데 근면과 절약의 정신을 의미한다.

우선 '선공후사'의 정신으로 소남은 엄격하게 공사를 구분하였다. 항상 '공'을 우선으로 삼고, 공익을 사익보다 항상 우선으로 삼았고, 그는 공익을 위해서는 돈을 아끼지 않았다. 사익을 위해서는 돈을 철저히 아끼고 절약하였다. 대인관계에 있어서는 한번 신뢰를 쌓은 사람은 평생 신의를 지켰다.

소남은 '선공후사'의 사상을 단순히 이념이나 신조로서 지키는 것이 아니라 이것을 실천에 옮기는 것이 중요하다고 생각하였다. 당시 대구를 중심으로 분연히 일어났던 국채보상운동에서 소남은 서상돈, 류상보, 서기하, 이종면, 최영환, 채두석 등과 함께 대구군의 대표로 이 운동의 마무리까지 열성을 보였다.[73] 그의 주장은 "비록 국채보상운동이 목적을 이루지 못했지만 백성들의 피와 눈물로 모은 돈을 공익을 위해 써야 한다고" 주장하며, 자금의 처리문제에 적극적으로 참여하여 처리방향을 결정하는데 대표의 일원으로서 역할과 책임을 다하였다. 어떤 일이든 끝까지 책임을 다하며, 공사를 분명히 하며, 민족적 자존을 지키며, 일처리에 단호한 면모를 엿볼 수가 있다는 것이다.

그리고 외유내강의 개성은 선비인간형의 전형이라고 할 수 있다.

---

[73] 당시 국채보상운동이 좌절되자 전국 어느 지역보다 사태를 심각하게 받아드린 곳은 대구이었다. 이 운동을 발기한 책임을 져야 한다는 생각이 팽배하였다.

겉으로는 부드러워 누구에게나 잘 대해 주고 예의 바르지만 속으로는 강하고 심지 깊은 유형을 말한다. 위기에 처해서는 지조와 절개를 지키는 투철한 기개와 강인함을 갖고 있지만 사생활에는 한없이 부드럽고 온화한 인간형을 말한다. 이것이 선비정신에 투철한 인간형이라고 할 수 있다. 이상적인 인간형은 감성의 발현인 인정과 인간으로서 지켜야 할 도리인 의리를 잘 조화시키는 인간형이다.

소남이 이러한 '선공후사'와 외유내강의 신조를 갖게 된 것에는 아버지 금남 이동진의 영향이 컸다. 아버지 이동진의 '이장가'는 소남의 '선공후사' 사상의 기반이 되었던 것이다. 소남은 아버지의 이러한 유훈을 받들고 몸소 실천하였다. 그는 선대로부터 천석꾼의 재산을 물려받았지만 절약과 검소한 생활을 신조로 육십평생을 깨끗한 선비정신으로 살았다. "태산도 뭉게버리면 평지가 되고 평지도 모으면 태산이 되느니 가산은 태산으로 놓아두고 각자가 자기 힘으로 살아가야 하느니라"라는 생활신조를 가훈으로 후손들에게 전하고 있다.[74]

소남의 생애에 많은 영향을 끼친 부친 이동진은 '이장서'에서 생활신조를 만들어 후손들이 꼭 실천하도록 당부[75]하였는데, 소남은 '이장서'의 생활신조를 다음과 같이 구체적인 내용으로 그 실천사항들을 후세들에게 전하고 있는데 그 중에 일반에 관계되는 것은

---

74) 박영규, 「대구재계선각자들, 이일우편 ①」, 『대구상의』 240호(1981년 11월), 46쪽.
75) 그 내용에는 "종족과 친척이 모두 한 할아버지의 자손이며, 비록 이성의 친척이라도 만약 굶주리고 배부름이 균등치 못하면 어찌 「足寒傷心」하는 일이 없으리요"라고 하면서 일가친척뿐만 아니라 모든 사람이 평등하게 잘 살기를 원하고 있고, "무릇 우리 종족은 혹 이것으로 인하여 조금도 태만하는 일이 없도록 더욱 근검하고 첨보하여 길이길이 항산을 지니면 항심이 있을 것이며, 근칙하고 예의를 좋아하는 사람이 장차 끊이지 않을 것이니, 모름지기 각자 힘쓸 진저"라고 하면서 후손들이 '이장가'의 재산으로 인해 게으름을 피우거나 나태하지 말 것을 경계하고 있다. 『경주이씨 논복공파보』 76~77쪽 참조.

다음 네 가지를 들 수가 있다.[76]

첫째, 방심하고 타락한 마음을 먹지 말며 근검과 근신을 표본삼아 선인의 덕업을 오욕되게 하지 말 것.
둘째, 자손으로 하여금 기예를 가르쳐 각자 힘써 먹고 살도록 할 것.
셋째, 온당하게 재력을 저축하여 재단법인을 설립하여 자작농 같은 것을 설정하여 사회사업 등을 장려할 것.
넷째, 현재 세상 사람들이 거개가 노고 중에 빠져 있는 즉, 나 홀로 오락을 하면 신인이 함께 분노함을 면하기 어려우니 까닭 없이 잔치를 베풀어 즐기는 일이 없도록 할 것.

이와 같은 당부에서 후손들에게 근검과 절약을 항상 체득하고, 낭비가 없는 생활을 강조하면서, 사회에 대한 의무도 잊지 않도록 당부하고 있다.

소남은 가훈의 가르침과 당시 국내외 정세의 변화 속에서 물론 국가의 부강이 중요하다고 생각하였지만, 기울어져가는 국운을 조금이라도 바로 잡기 위해서는 교육이 필요하고 생각하여 선대가 이룩해 놓은 우현서루를 이어받아 유능한 인재들을 양성하여 국력을 신장하는 것이 우선이라고 생각하였다. 구국의 교육으로 외적에 대적하고자 하였다. 교육이 한말의 서구 열강들의 외압 속에서 국권을 지키는 길이라고 강조하였다. 그 뒤에 일제 강점기에 들어가서는 우리민족이 국권을 회복할 수 있는 길은 독립운동이라고 생각하여 3.1운동에도 뛰어 들었던 것이다. 소남의 선공후사의 사상은 그

---

76) 총 10개항이 있으나, 그 중에 가문내에 관련된 내용은 제외하고, 일반적인 내용으로 4개항만 언급하기로 한다. 『경주이씨 논복공파보』 82~83쪽 참조.

의 경영이념과 그가 구한말에 추구하였던 교육이념의 토대가 되는 것이다. 소남은 유교사상에 바탕으로 한 그의 경제관에서 "우리 대한제국이 망한 것은 나라에 힘이, 재력이, 돈이 없었기 때문이다. 나라의 부강은 곧 돈이 아니냐? 남의 빚을 산더미처럼 지고서 어찌 나라를 보존할 수 있겠는가. 그러니 모두들 돈을 벌어서 나라의 힘이 돼야 하느니……"[77]라고 설파하고 있어 경제에 대한 그의 생각을 알 수가 있다. 이와 같은 소남의 경제관은 유교주의적인 경제관에서 비롯되고 있음을 알 수가 있다.

소남은 형제간의 우의도 돈독하였다. 아우 이시우가 4형제를 남겨놓고 일찍 세상을 떴으나, 남은 계수씨와 조카들을 극진히 보살펴 남부럽지 않은 인재로 키웠으며, 우리역사에 남을 인재들이었다. 한편으로 구국의 독립정신은 상정, 상화 상백, 상오 등의 조카들에게로 이어지고, 경제적 사업은 장남 상악, 차남 상무에게로 계승되었다고 할 수 있다.

소남과 그의 자제들은 직접 기업의 설립을 주도하지는 않았지만 일정부분의 투자와 경영에 참여하여 일정한 주어진 역할을 하였다. 그 시대적 과제에 대해 지역의 유지로서의 의무를 다하려고 노력하였다.

소남의 경제관은 '선공후사'의 사상이며 그것은 국가와 민족을 위해 국익을 우선하는 사상인 것이다. 소남은 민족의 경제적 자립과 실력의 배양만이 우리의 국력을 부강하게 하여 바깥으로부터의 외압을 굳굳하게 견딜 수 있다고 믿었다. 국권의 회복을 위해 인재를 양성하고 경제를 튼튼히 할 수 있기 위해서 시무학당[78]의 설립,

---

77) 박영규, 앞의 논문, 44쪽.
78) ≪皇城新聞≫ 有志開明, 1905년 2월 1일자.

교남학원의 설립,79) 대구달서여학교의 후원 및 재건80) 등을 통해 '민지개발'을 강조하였다.

그리고 지역의 유력한 지도자로서 면모를 가지고 어려운 일이 생기면 항상 후원자로서의 솔선수범하였다고 할 수 있을 것이다. 소남은 한말과 일제강점기를 거치면서 근대기업가이면서 애국애족의 표상이 된 대구의 명망가라 해도 손색이 없을 것이다.

## 5. 결론

소남은 선대의 유지를 받들어 일가의 장남으로서 더구나 일찍 세상을 떠난 아우 이시우의 가족까지 돌봐야 하는 이른바 '이장가'의 큰 어른으로서 집안전체를 이끌어 나가는 중심에 서 있었다. 조선후기에 선대의 '원격지 상업'에서 축적된 전기적 상업자본과 농업과 일부 광업에서 축적된 선대의 농업자본을 한말과 식민지초기에 금융산업의 활기와 함께 금융자본으로 전화하여 대구의 금융기관에 투자하고 경영에 관여하였다. 식민지화와 함께 구래의 토착수공업을 파멸로 몰아넣은 근대적 산업들의 출현은 식민지체제 속에서 일정한 체제적 한계에 부딪히면서도 다양한 근대적 기업으로 이식되어 갔다. 이러한 시대적 변화에 조응하면서 다양한 제조업에 진출하여 근대적 기업가로서 산업자본으로 전화되었다고 할 수 있다. 특히 소남의 자제들은 금융업, 주조업, 운송업, 광업, 부동산업 등 여러 업종에 진출하였고, 이러한 업종으로의 진출의 배경에는 당시

---

79) 권대웅, 「한말 교남교육회 연구」, 『중산정덕기박사화갑기념한국사논총』, 1996 참조.
80) ≪황성신문≫ 1910년 4월 14일자 및 ≪매일신문≫ 1912년 5월 15일자 참조.

로서는 일본유학과 함께 신식교육을 받은 엘리트계층이고 일본에서의 발전상을 살펴보고, 식민지조선에 처해진 경제적 현실에 대한 깊은 사명감을 가졌을 것으로 생각된다.

이렇게 조부에서 손자로 이어지는 근대적 경제인으로 성장하여 갔다. 그러나 소남과 그의 선대가 강조하였던 나라의 독립과 국권의 회복에 대한 유훈들은 소남의 아우인 이시우의 후대들인 상정, 상화, 상백, 상오 등에게로 이어졌던 것이다. 대구지역 내에서 소남의 가계는 근대적 경제인인 동시에 독립운동가의 가계로서 시대적 과제인 '민족모순'에 전면적으로 대항하고 항거한 집안의 전형적인 하나의 예가 될 것이다. 대구지역 내에서 '체제내의 한계'를 가지지만 국권의 회복과 실력양성에 앞장 선 '노블레스 오블리주(Noblesse oblige)'를 실천한 가문으로 손색이 없는 집안이라고 할 수가 있을 것이다.

마지막으로 물론 이 글은 이장가가 소장하고 있는 자료들의 일부만을 가지고 소개하고 있지만, 장차 더 많은 자료의 회수와 발굴이 이루어져 보완이 되어서, 소남 이일우가의 보다 명확한 역사적 의의와 위치지음을 빠른 시일 안에 이루어지기를 기대해 본다.

# 참고문헌

권대웅, 「한말 교남교육회 연구」, 『중산정덕기박사화갑기념한국사논총』, 1996.

김일수, 「한말·일제시기 대구지역 자본가층의 민족운동」, 『대구경북학연구논총』 제1집, 2006.

김일수, 「대한제국 말기 대구지역 계몽운동과 대한협회 대구지회」, 『民族文化論叢』 제25집, 嶺南大學校民族文化硏究所, 2002.

김일수, 「일제하 대구지역 자본가층의 존재형태에 관한 연구」, 『국사관논총』 제94집, 國史編纂委員會, 2000.

김준헌, 「1905年頃 大邱地方의 經濟狀況: '經濟'誌 記事를 中心으로 하여」, 『社會科學硏究』 13권 1호, 嶺南大學校社會科學硏究所, 1993.

김준헌, 「대구상공협회의 실체: 회보를 통해서 본」, 『성곡논총』 14, 1983.

박영규, 「대구재계선각자들: 이일우편 ①」, 『대구상의』 240호(1981년 11월).

裵永穆, 「植民地 朝鮮의 通貨 金融에 관한 硏究」, 서울대학교 박사논문, 1990.

張起敦, 「植民地 朝鮮에서 近代的 金融機關의 生成과 變化에 關한 硏究 (1876년~1945년)」, 경성대학교 박사논문, 1997.

정재정, 『일제침략과 한국철도(1982~1945)』, 서울대학교출판부, 1997.

堀和生, 「朝鮮における普通銀行の成立と展開」, 『社會經濟史學』 49(1), 1983.

경성방직주식회사, 『경성방직50년 1919~1969』, 1969.

김일수, 『근대 한국의 자본가』, 계명대학교출판부, 2009.

大邱商工會議所 編, 『大邱經濟總攬』, 1985.

송병기 외 3인, 『한말근대법령자료집』 IV, 국회도서관, 1971.

大邱府, 『大邱民團史』, 1915.

大邱府, 『大邱府史』, 1943.

大邱新聞社, 『鮮南要覽』, 1911.

逵捨藏, 『慶北大鑑』, 1936.

河井朝雄, 『大邱物語』, 1931.

中村資良, 『朝鮮銀行會社要錄』, 東洋經濟時報社, 1921.

三輪如鐵, 『大邱一斑』改正增補. 1912.


국역 성남세고

경주이씨 논복공파보

황성신문

대한매일신보

매일신보

시대일보

중외일보

동아일보

조선총독부관보

# 근대계몽기 대구의 문학 장(場) 형성과 우현서루※

박용찬(경북대학교)

## 1. 서론

우현서루((友弦書樓), 대구광학회(大邱廣學會), 광문사(廣文社) 등은 근대지식 유통 및 보급, 국가의 정체성 확보와 관련된 제 활동을 수행한 1910년 전후 대구의 기관 내지 단체들이다. 이들의 활동은 애국계몽운동과 연결되면서 대구의 지적, 문화적 풍토를 주도하게 된다. 문학 장(場)의 형성에 정치, 사회, 경제, 교육, 출판 등 제 요소가 개입된다고 볼 때, 근대계몽기 대구의 문학 장에는 '문화자본'[1]과 관련된 교육과 출판이 미친 영향력이 적지 않았다고 할 수 있다.

광문사의 김광제(金光濟)와 서상돈(徐相敦)의 국채보상운동에 관한 활동은 역사학계에서 일찍이 주목받은 바 있으나 교육과 서적

---

※ 이 글은 『국어교육연구』 56집(2014)에 실린 논문을 깁고 다듬은 것이다.
1) 현택수 외, 『문화와 권력: 부르디외 사회학의 이해』, 나남출판, 1998, 26~29쪽 참고.

유통의 근간이었던 우현서루와 광문사에 관한 연구는 아직 초기 단계에 머물고 있다. 특히 이상화 가(家)에서 운영했던 우현서루에 대해서는 「일제강점기 신지식의 요람 대구 '우현서루'에 대하여」2)를 제외하면 거의 전무하다고 할 수 있다. 위의 연구는 풍문으로만 전해지던 우현서루의 전체적 윤곽을 드러내 보여주었다는 점에서 그 의의가 있으나 논의의 바탕이 되는 근거들을 2차 자료 내지 '정황적 증거'에 많이 의존함으로써 우현서루의 실체나 의미를 드러내는 데는 다소 미흡하였다고 할 수 있다. 우현서루의 건물이 남아있지 않고, 자료가 인멸되어가고 있는 이 시점에, 우현서루의 실체를 구체적으로 밝혀내기 위해서는 당대의 1차 자료 내지 증언, 실물의 제시가 무엇보다 중요하다고 할 수 있다. 우현서루와 함께 근대계몽기 영남지역의 신식 출판을 주도했던 광문사의 경우도 김광제나 서상돈의 국채보상활동 중심으로 접근됨으로써3) 정작 대구지역 문학 장 내에서 출판사 광문사가 행한 역할과 제 활동에 대해서는 제대로 구명되지 못한 상태이다.

교육과 출판이란 제도가 근대를 형성하는 중요한 요인이라 할 때 우현서루와 광문사는 1910년 전후 대구지역의 문학 장에서 중요한 역할을 수행한 존재였다. 우현서루는 교육기관의 역할 이외에도 신지식 보급의 서고(書庫)로서, 광문사는 근대와 관련된 각종 계몽서적을 출판함으로써 영남지역의 근대지식 유통과 보급에 큰 기여를 하였다. 다시 말하면 이들은 1910년 전후 대구지역의 지적, 문화적 전통을 계승하는 동시에 새로운 문학 장(場)의 탄생에 영향을 미친 기관이라 할 수 있다. 우현서루와 광문사의 실상을 살펴보는 것은

---

2) 최재목 외, 「일제강점기 신지식의 요람 대구 '우현서루'에 대하여」, 『동북아문화연구』 19, 2009.
3) 석남김광제선생유고집, 『민족해방을 꿈꾸던 선각자』, 일신당, 1997.

근대계몽기 대구 지역 문학 장의 성격을 규명하는 데 해결해야 할 선결 과제라 할 수 있다. 1910년 전후 대구지역의 문학 장은 교육과 출판 중심으로 형성되었으며, 이러한 문학 장은 이후 1920년대 초기 동인지 문단을 주도했던 이상화, 이상백, 현진건, 백기만 등이 탄생할 수 있는 기반을 제공하였다고 할 수 있다. 1910년 전후 대구란 장소가 만들어내는 독특한 지적, 문화적 전통은 이 시기 지식인들뿐만 아니라 유소년기를 보내던 작가들의 삶 내지 문학의 방향성에 큰 영향을 미쳤다고 할 수 있다.

이 글은 이러한 맥락에서 지금까지 제대로 조명되지 못하였던 이상화 가(家)에서 운영하였던 우현서루의 실체와 그 의미를 밝히는 한편, 그것이 1910년 전후 대구의 문학 장에 미친 영향을 살펴보는 데 그 목적을 두고 있다. 이러한 목적을 달성하기 위해 이 글은 우현서루의 설립동기와 과정, 그곳에 소장되었던 도서의 실체, 광문사 출판도서와의 연계 등을 중심으로 논의를 전개해 나가고자 한다. 그 결과 1910년 전후 대구란 장소를 중심으로 벌어졌던 근대지(近代知)의 유통과 보급이 교육과 출판을 통해 형성되고 있었음을 밝혀내고자 한다. 논의의 과정 중에 몇몇 새로운 자료들이 동원될 것이다. 이러한 작업은 1910년 전후 형성된 대구의 지적, 문화적 장(場)이 가진 특성 내지 성격을 밝히는 데 일정 부분 기여할 수 있을 것으로 기대된다.

## 2. 우현서루(友弦書樓)의 설립 동기와 과정

우현서루는 이상화의 백부인 소남(小南) 이일우(李一雨)가 세운 근대 교육기관이다. 이일우는 당시 대구지역의 대지주이자 명망가였다. 지주였던 이일우는 1910년을 전후하여 상공업 분야에 뛰어들어 대구은행, 농상공은행 등의 주식을 소유한 대구지역의 자산가로 성장하였다. 그의 장남 이상악(李相岳) 또한 부친 이일우의 자산을 이어받아 일제강점기 대구지역 주조(酒造)와 섬유, 금융업계를 선도해 나간 인물이었다. 이일우는 우현서루를 세우고 우현서루 내에 대구광학회(大邱廣學會)를 창립하는 한편, 국채보상운동에도 참여한 대구지역의 애국계몽론자라 할 수 있다. 대구 대한협회지회 총무4)를 지내기도 한 이일우는 정재학(鄭在學), 이병학(李炳學, 고월 이장희의 부친) 등과 더불어 대구지역 농상공업계를 주도하였다. 정재학이나 이병학 등이 중추원 참의를 거친데 비해, 이일우는 일제의 중추원 참의 제의를 거절하였다. 이를 보면 그가 지사적 성품을 가진 뜻 있는 인물임을 알 수 있다. 먼저 이일우의 「행장(行狀)」을 통해 우현서루의 설립 경위부터 살펴보기로 하자.

갑진년에 서울을 가니 세상은 크게 변했고, 풍조가 진탕하야, 서구의 동점지세를 통찰하였다. 스스로 생각하니 선비가 이 세상에 나서 옛 것만 잡고 있을 수 없다고 생각했다. 돌아와서 부친께 아뢰고 넓은 집을 하나 세워서 육영(育英)의 계(計)로 삼아, 편액하기를 우현(友弦)이라 하였다. 대개 옛 상인(商人) 현고(弦高)가 군사들에게 음식을 베풀어 위로하고 나라를 구하려는 뜻에서 취한 것이다. 또 동서양 신구서적 수천종을 구득하여 좌우로 넓게 펼쳐놓았다. 총명하고 뛰어난 인재를 살펴 (그 교육의) 과정(課程)을 정함에 있어 구학(舊學)을 바탕으로 삼고 신지식으로 빛나게 해서 의리에 함뿍 젖게 하고, 법도를 따르게 하였다. 원근(遠近)의 뜻 있는 선비들이 소문을 듣고 일어나는 자가 날로 모여들어

---

4) 『황성신문』, 1910.4.9.

학교(우현서루)가 수용할 수 없을 정도가 되었으니 일대에 빛나고 빛난 모습이었다.5)

이일우의 「행장」은 우현서루의 설립 동기와 그 과정을 명확히 보여주고 있다. 「행장」에 의하면 이일우는 갑진년(1904)에 서울에 가서 시대의 변함을 보고 각성한 바가 있어 그의 부친인 금남(錦南) 이동진(李東珍)의 후원 하에 육영 사업의 하나로 우현서루를 세웠다고 한다. 동서양 신구서적 수천종을 구득하여 뛰어난 인재를 맞이하여 교육하였다 하니, 우현서루는 초창기 근대교육기관의 모습을 띠고 있었던 것으로 생각된다. 1905년 2월 1일자, 동년 3월 14일자 「황성신문」은 우현서루의 설립 과정을 잘 보여주고 있다.

大邱居 李一雨氏가 民智開發에 留意하야 資金을 自辦하고 達城內에 時務學堂을 設立하야 學問淵博한 人으로 學堂長을 延聘하고 內外國 新舊書籍의 智識發達에 有益한 書冊과 各種 新聞 雜志 等을 廣求購入하야 該學堂에 貯實하고 上中下三等社會中에 聰俊有志흔 人員을 募集하야 書籍과 新聞 雜志를 逐日閱覽討論홀 計劃으로 學部에 請願하야 認許를 要한다니 如此有志흔 人은 政府에서도 獎勵홀만 하다더라6)

大邱郡私立時務學堂長 李一雨氏가 學部에 請願하얏는디 本學堂은 一般 大韓國民의 智識을 開發增進호기 爲호야 內外國新舊書籍中 時務智見上有益者를 購買貯蓄호야 以便攷究講習이되 學堂은 名以時務홀 事
一 書籍名目은 大韓及東西各邦의 古今歷史 地誌 筭術學 格致 化學 經濟

---

5) 「行狀」,『城南世稿』, 卷之二, 二十一~二十二面 해당 부문 번역.
6) 「有志開明」,『황성신문』, 1905.2.1.

物理 農商工法律學 醫學 兵學及新聞 雜誌 等 諸書오 其他 雜術 小技
　　蠹心 病俗之書논 切勿貯藏홀 事
一 書籍購買費와 學堂建築費논 本人이 自擔經紀이되 其他 一切 費用은
　　學員과 商議措辦홀 事
一 學堂長은 學問淵博ᄒ고 時務貫通훈 人員으로 延聘ᄒ되 本邦人을 用
　　홀 事
一 入堂閱書논 勿論 遠近上中下 等 會社與老少ᄒ고 幷從志願ᄒ야 課日
　　閱覽ᄒ며 或 討論도 홀 事
一 本學堂細則은 自學會中으로 權宜酌定이라 하얏더라7)

위의 글에 의하면 소남 이일우는 1905년 초 대구사립 시무학당(時務學堂)을 인허(認許)해 줄 것을 학부(學部)에 요청하고 있다. 이일우는 시무학당의 장(長)으로 학부에 청원하고 있는 바, 1905년초 청원당시 이미 사립 시무학당을 설립하였음을 확인할 수 있다. 1904년 서울 유람을 통해 새로운 문물의 수용과 지식 보급의 필요성을 깨달은 이일우는 국내외 신구서적 중 시무(時務)를 잘 알게 해주는 유익한 책을 구매하고 강습(講習)할 계획을 세웠다. 이 기사에 의하면 그는 서적구매비와 학당건축비를 전적으로 부담하면서 경륜 있는 학당장(學堂長)을 초빙하고 구체적인 학당세칙을 만들고자 하였다. 이 학당이 구체적으로 실현된 것이 우현서루라 할 수 있다. 우현서루는 '대한 및 동서 각 나라의 格致 化學 經濟 物理 農商工法律學 醫學 兵學及新聞 雜誌는 물론이고 其他 雜術 小技 蠹心 病俗之書' 등 신구서적 수천 종을 구비하고자 하였다. 이러한 제 서적을 구비한 우현서루를 통해 이일우는 시무(時務)에 적합한 교육을 실시하고자

---

7) 「李氏請願」, 『황성신문』, 1905.3.4.

하였던 것이다. 결국 우현서루는 1904년 이일우에 의해 설립되어 1911년 일제에 의해 폐쇄될 때까지 대구지역의 근대지식 보급 내지 계몽교육의 역할을 담담한 중추적 사립교육기관이자 서고(書庫)라 할 수 있다. 이 당시 발간된 「대한자강회월보」나 「해조신문」의 짧은 기사를 좀더 눈여겨 볼 필요가 있다. 아래는 『대한자강회월보』 4호에 실린 「본회 회보」이다.

其時에 大邱廣學會 會員 金善久氏가 該會講師로 謙請한 事에 應諾이 有ᄒ야 二十五日治行祭程할새 本會顧問大垣丈夫氏와 金善久氏로 作伴하여 大邱停車場에 到着ᄒ매 當地有志紳士數十人이 金善久氏의 預先通知홈을 因하야 停車場에 出迎ᄒ야 廣學會事務室로 前導하니 即所謂友弦書樓요 該書樓는 當地有志 李一雨씨가 建築經營흔비이니 東邊에 書庫가 有ᄒ야 東西書籍 數百種을 儲實ᄒ고 圖書室資格으로 志士의 縱覽을 許ᄒ야 新舊學問을 隨意研究케 흔 處이라.8)

이상의 단신(短信)을 통해 우현서루에 관한 네 가지 사실을 알 수 있다. 첫째 우현서루가 대구의 유지인 이일우 씨가 설립, 운영하였다는 것이고, 둘째 우현서루에 큰 서고(書庫)가 있어 동서 서적 수백 종을 구비하고 있었으며, 셋째 지사의 열람을 허락하는 동시에 신구 학문을 수시로 연구하게 한 장소이고, 넷째 우현서루가 대구광학회(大邱廣學會) 사무소를 겸하고 있었다는 것이다.9) 우현서루에

---

8) 「본회 회보」, 『대한자강회월보』 4, 1906.10.25.
9) 대구광학회의 발기인은 崔大林 李一雨 尹瑛燮 金善久 尹弼五 李宗勉 李快榮 金鳳業 등이다. 대구광학회의 취지는 다음과 같다.
"吾國之岌岌然垂亡은 由乎民智之未開耳라 如斯闇昧ᄒ야 自棄自愚而已면 當此競爭劇烈時代ᄒ야 將爲人凌踏ᄒ며 爲人奴隸ᄒ야 其結果는 必如紅人黑種之毀毀消滅矣리니 嗚呼라 寧不懼惕者乎아

대한 당대의 기록으로 또 하나 주목되는 것은 1908년 러시아 블라디보스톡에서 발간된 「해조신문(海潮新聞)」의 아래 기사이다.

　　대구 서문 밖 후동 사는 이일우씨는 일향에 명망 있는 신사인데 학문을 넓히 미치게 하고 일반 동포의 지식을 개발코자 하여 자비로 도서관을 건축하고 국내에 각종 서적과 청국에 신학문책을 많이 구입하여 일반 인민으로 하여금 요금 없이 서적을 열람케한다 하니 이씨의 문명사업은 흠탄할 바더라.10)

　　대구 서문 외 있는 유지신사 이일우씨는 일반 동포를 개도할 목적으로 자본금을 자당하여 해지에 '우현서루'라 하는 집을 신축하고 내외국에 각종 신학문 서적과 도화를 수만여 종이나 구입하여 적치하고 신구학문에 고명한 신사를 강사로 청빙하고 경상 일도 내에 중등학생 이상에 자격

---

　　現今世界列强은 皆以研新學開民智로 爲第一急務ᄒ야 其注力於敎育者ㅣ 可謂至矣라 其國內에 自京都州府로 以曁閭巷坊里히 或校之設이 鱗次櫛比ᄒ야 多者數百萬이오 小猶不下屢萬이며 又其小兒之未及或齡者ᄂ 有幼穉園ᄒ고 其壯年之紳士ᄂ 有博物館圖書館博覽會演說會討論會講義會書籍縱覽會新聞縱覽所等各種設備ᄒ야 互相講究或術ᄒ며 鍊磨智識ᄒ야 精益求精에 遊藝不輟故로 其民智日新ᄒ며 國力日進허여 所以致如彼之富强而雄飛於宇內어날
　　我韓은 膠守舊染ᄒ며 狃於積弊허여 不思循時變通之義허고 但搜索於訓詁之糟粕허며 或徒尙於無用之詞章허여 畢生兀兀에 茫昧世變허니 有何適用於時局이며 有何裨益於家國哉아 彼ᄂ 日究於開明이거날 我ᄂ 日事於虛文이면 是ᄂ 彼進而我退也오 彼優而我劣也니 惡得免優勝而劣敗者歟아틔
　　此今日ᄒ야 如欲扶植獨立之權인딘 莫如以敎育으로 養成國民之精神이니 是以로 前後之 詔勅이 屢降ᄒ시고 公私之校舍가 相望ᄒ야 庶幾民智之發達과 國步之前進을 可期日而待也라 雖然이나 嶺之風氣가 自來閉固ᄒ야 拘於舊習에 憚於新學ᄒ니 譬如 重門鎖鑰이 猝難破開라 若無講論以先之ᄒ며 曉解以入之면 莫能回心而向學일식
　　此本會所以設立而欲民廣或者也라 所謂新或者ᄂ 豈有他事리오 只是開發民智와 擴張民業이니 民智民業이 有何反舊乎아 惟願僉君子ᄂ 互相勸勉ᄒ야 日以警世救民之藥石으로 砭入人之腦髓ᄒ야 力救獨立之基礎면 異日大韓之精神이 必將權輿於此會矣리라"(「대구광학회취지」, 『대한매일신보』, 1906.8.21)
10) 「이씨문명사업」, 『해조신문(海潮新聞)』, 1908.3.7.

되는 총준 자제를 모집하여 그 서루에 거접케 하고 매일 고명한 학술로 강연 토론하며 각종 서적을 수의 열람케 하여 문명의 지식을 유도하며 완고의 풍기를 개발시키게 한다는데, 그 서생들의 숙식 경비까지 자당한 다 하니 국내에 제일 완고한 영남 풍습을 종차로 개량 진보케 할 희망이 이씨의 열심히 말미암아 기초가 되리라고 찬송이 헌전한다니 모두 이씨 같이 공익에 열심 하면 문명사회가 불일 성립될 줄로 아노라.11)

『해조신문(海潮新聞)』은 1908년 러시아 블라디보스톡에서 국문으로 발간되었던 신문으로 이후 발간된 『대동공보』나 『권업신문』보다 앞서 발간된 노령 땅 재외동포 신문이다. 『해조신문』은 '해삼위(海蔘威: 블라디보스톡)'에 근무하는 조선인들의 신문이란 뜻이다. 노령 지방 교포들의 계몽 및 상실된 국권의 회복이란 목표를 가지고 있었던 『해조신문』은 1908년 2월 26일자로 창간되어 5월 26일자로 폐간되었다. 그렇다면 『해조신문』에 왜 대구의 이일우와 그의 우현서루의 소식이 실려 있는가? 이는 『해조신문』이 「잡보」란을 두어 그 중심에 「본국통신」을 전하고 있기 때문이다. 위의 두 기사도 「본국통신」란에 실려 있는 국내소식이다. 해외 동포신문에까지 대구의 우현서루가 소개된 것을 보면 1908년 무렵 우현서루가 나름대로 교육기관으로서의 전국적 명망을 획득하고 있었음을 알 수 있다. 한편 1905년 을사늑약 당시 「시일야방성대곡」이란 사설로 황성신문사를 물러났던 장지연이 22호(1908년 3월 22일자)부터 『해조신문』의 주필로 있었음이 확인된다. 1905년부터 1910년 사이 장지연은 국내외를 넘나들며, 『황성신문』, 『해조신문』 같은 매체를 바탕으로 언론 활동을 하였다. 장지연이 우현서루에 드나든 시기가 언제인지는 정확히 추정하

---

11) 「우현미사(友弦美事)」, 『해조신문』, 1908.4.22.

기 어렵지만,12) 여러 사실로 미루어 볼 때 그가 『해조신문』 주필 이전이든 이후이든 우현서루와 관계를 맺은 것은 사실이다.

## 3. 우현서루 소장도서와 근대지(近代知)의 보급

우현서루가 장지연, 박은식, 이동휘, 김지섭 같은 뜻 있는 선비나

---

12) 2차 자료로써 근거가 문제되기 하지만 『대륜80년사』의 우현서루에 관한 기록이 비교적 상세하다.
"본교가 고고의 성을 울린 산실은 우현서루다. 위치는 대구부 팔운정 현 서성로와 북성로가 교차되는 지점인 대구시 수창동 101-11번지(현 대구은행 서성로 지점) 약 700여평의 부지였다. 이 우현서루는 을사보호조약이란 일제 침략에 통분을 느낀 이장(李莊) 가문의 금남(錦南) 이동진(李東珍, 본교 교가 작사자 이상화 시인의 조부) 선생이 사재(私財)로 창설하여 그의 장자인 소남(小南) 이일우(李一雨, 상화 선생의 백부) 선생이 운영하였다. 우현(友弦)이란 중국의 만고지사(萬古志士) 현고를 벗삼는다는 뜻이다. 이 서루는 뜻있는 선비들이 모여 학문을 논하고 나라를 걱정하고 의기(義氣)를 기르던 지사양성소였다. 그리고 이 서루는 민족정기를 바로잡기 위해 정신 계발을 통한 항일 투쟁과 신교육 신문화 운동의 온상지였으며, 근대화 성취의 노력을 다한 요람지였다. 또한 이 서루에는 중국 등지에서 1만 수천권의 서적을 수입해 비치하고 있었으니 학문의 발아지(發芽地)이기도 했다. 영남 일대에서는 물론 전국 각지에서 청운의 뜻을 품은 지사들이 모여들었고, 이들 지사들에게 숙식을 제공하여 면학의 편의를 도모하였다. 한말지사로서 이 서루를 거친 분은 150여 명이 넘었다. 장지연(張志淵), 박은식(朴殷植), 이동휘(李東輝), 조성환(曺成煥) 등 제 선생과 김지섭(金祉燮) 열사들이 이곳을 거쳐 나간 것만 보더라도 그 업적을 짐작할 수 있고, 근대 우리 민족 정기의 본원지였음을 알 수 있다. 포플러의 높은 울타리 너머 북창의 경부선 열차와 그 옆 붉은 벽돌집의 창고와 석유저장 탱크들은 일제의 한국 영토 침략의 상징이기도 했다. 따라서 이런 것을 바라볼 때마다 우현서루 지사들은 비분 강개했으며 애국열은 한층 더해갔다. 한일합방을 치른 일제는 1911년 드디어 우현서루의 폐쇄를 강행했다. 이는 민족 정기, 민족정신을 말살하기 위해서였다. 하지만 선고(先考)의 유지를 이어받은 소남(小南) 이일우 선생은 이에 굴하지 않고 강의원(講義院 · 본교 설립자 홍주일 선생이 운영을 맡았음)과 애국부인회를 설립하고 무료 교육기관으로 사용케 하면서 애국운동을 계속했다. 그러다가 3·1운동 후 본교가 설립되자 초창기 교사로 사용케 된 것이다."(대륜80년사편찬위원회, 『대륜80년사』, 대륜중고등학교동창회, 2001, 104~105쪽)

지사들이 드나들었고, 이들이 우현서루에서 근대지식 관련 각종 계몽서적을 읽었다면, 여기에 비치된 동서고금 서적들의 종류와 내용이 어떠한 것들이었는지 살펴볼 필요가 있다. 문제는 지금까지 우현서루에 비치된 서적들의 실물이 구체적으로 제시되지 않은 채, 그것의 행방에 대한 소문만 전해지고 있다는 점이다.

> 우현서루에서 보관했던 책의 일부분인 『사부총관』 등 3천937권은 후손의 기증으로 경북대 도서관에서 보관하고 있다. 한글서적들은 일제가 강탈해 갔거나 유실되었으며, 그중 일부가 이천동의 고서점에 있었다고 한다. 서점주가 사망한 뒤 행방이 묘연하다고 한다.13)

이는 우현서루 서적에 대한 행방을 적은 글이다. 실제 경북대 도서관에 우현서루 서적이 소장되어 있는지 점검해 보니, 현재 경북대 고서실의 우현서루란 문고에는 1952년 소남 이일우의 장손인 이석희(李碩熙)씨가 기증한 3,937권의 도서가 소장되어 있었다. 서가 푯말에는 1952년 기증된 것으로 되어 있으나 도서에 찍힌 소장인은 1953년 7월 23일 기증한 것으로 되어 있었다. 이는 1952년 인수한 도서를 수서과에서 정리한 날짜로 생각된다. 그런데 경북대 도서관에 기증된 도서는 경(經), 사(史), 자(子), 집(集)을 모아 중화민국 18년 상해(上海) 상무인서관(商務印書館)에서 영인한 『사부총간(四部叢刊)』이 전부였다. 문제는 『사부총간(四部叢刊)』이 중화민국 18년, 즉 1929년 상해에서 발간한 영인판이라는 점이다. 그렇다면 이 책자는 우현서루란 장서인이 찍혀있긴 하나 1911년 폐쇄된 우현서루의 장서와는 직접적으로 연관이 없는 책들이라 할 수 있다.

---

13) 사단법인 거리문화시민연대, 『대구신택리지』, 북랜드, 2007, 217쪽.

한편 소남 이일우가 우현서루 폐쇄 후 서기(書記)를 두고 서점을 경영하였다는 전언(傳言)14)도 있으나 그 구체적 규모는 자세히 알려져 있지 않다. 자산가였던 소남 이일우의 경우 서적 매매의 목적보다 지역 인사들과의 교유의 장소로 서점을 활용했을 가능성은 얼마든지 있었다고 본다. 대구의 고서점은 주로 남문시장과 대구시청 주변에 산재해 있었는데, 1960년대부터 2000년대 초반까지 근·현대 양장본(洋裝本) 고서는 주로 남구서점, 대륙서점, 신흥서점, 문흥서점, 만인서점 등에서 거래되고 있었다. 한적(漢籍)을 다루는 고서점가는 1980년대를 전후하여 봉산동이나 이천동 지역에서 형성되고 있었다. 이천동 지역의 경우 고서점보다는 한국전쟁 직후부터 미군부대 주변으로 골동상이 많이 들어서고 있었는데, 이러한 골동상을 통해서도 고서들 일부가 매매되고 있었을 것으로 생각된다. 한국전쟁의 피해를 입지 않은 대구지역은 다른 지역에 비해 상대적으로 많은 장서들이 유통되고 있었다. 상기 고서점 주인들의 전언(傳言)에 의하면 백순재, 하동호, 김근수 같은 장서가들이 대구에 수시로 드나들었다고 한다. 특히 개화기나 일제강점기의 양장본 내지 각종 문서들은 남산동과 파동에 소재했고, 나중 한국학 자료관을 운영하기도 하였던 문흥서점(김정원)과 동인동과 이천동에 소재했던 남구서점(이균호)이 가장 많이 구비하고 있었다. 2000년대 초반까지만 하더라도 이들 서점의 한쪽 구석에 일제강점기나 해방기에 간행된 한국 관련 서적은 물론이고, 해방 이전 일본이나 중국에서 발행된 서적들이 서가의 상당 부분을 차지하고 있었다. 그런데 필자는 이들 서점에서 우현서루의 장서인이 찍힌 책 몇 권을 확인할 수 있었는데, 『세계진화사(世界進化史)』와 『세계근세사(世界近世史)』,

---

14) 소남 이일우의 조카인 이상오(李相旿)의 자(子) 이광희(李光熙) 씨의 증언.

『태서신사(泰西新史)』, 『중일약사합편(中日略史合編)』 등이 그것이다. 이들 서적들이 우현서루에 비치된 서적임은 다음과 같은 사실로 미루어 짐작할 수 있다.

첫째, 장서인의 비교이다.

 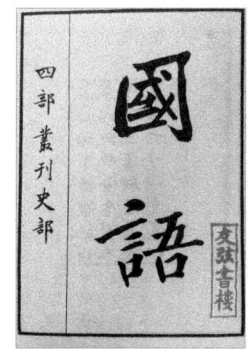

〈사진 1〉 (좌) 『세계진화사』의 장서인, (우) 『사부총간』의 장서인

위의 〈사진 1〉 (좌)는 『세계진화사』, 〈사진 1〉 (우)는 경북대 도서관 소장본인 『사부총간』에 찍혀 있는 우현서루의 장서인이다. 〈사진 1〉 (우)는 우현서루 폐쇄 이후의 장서에 찍힌 장서인이다. 이를 통해 우현서루 폐쇄 이후 이상화 집안의 사숙(私塾), 또는 후손들의 장서에 여전히 우현서루란 명칭을 사용되고 있었음이 드러난다.15) 그렇지만 이는 근대교육기관 내지 서고(書庫)의 역할을 하였던 우현서루의 이름을 후손들이 빌려 사용한 것 이상의 의미를 지니지 못한다고 할 수 있다. 문제는 〈사진 1〉 (좌)의 장서인이다. 〈사진 1〉 (좌)의 장서인은 〈사진 1〉 (우)와 그 형태가 우선 다르다. 이 장서인은 1910년대 이전의 한적(漢籍)에 주로 찍혀 있던 장서인의 형태와 거

---

15) 실제 대구 지역의 고서점에서 발견된 『최신축산기술요론』(문운당, 1962), 『가축번식요론』(문운당, 1966) 등에도 우현서루의 도장이 찍혀 있음이 확인된다.

의 유사하며, 이 장서인은 이번에 확인된 『세계진화사(世界進化史)』, 『세계근세사(世界近世史)』, 『태서신사(泰西新史)』, 『중일약사합편(中日略史合編)』 등에 모두 동일하게 사용되고 있음이 확인된다. 『세계진화사』와 『세계근세사』가 1903년 상해 광지서국에서, 『태서신사』, 『중일약사합편』이 학부(學部) 편집국에서 1897년(건양 2년), 1898년(광무 2년) 발간되었으니 모두 우현서루 설립 직전에 발간된 서적임을 알 수 있다.

둘째, 『세계진화사』와 『세계근세사』 등의 발간 장소나 책자의 내용과 관련된 문제이다.

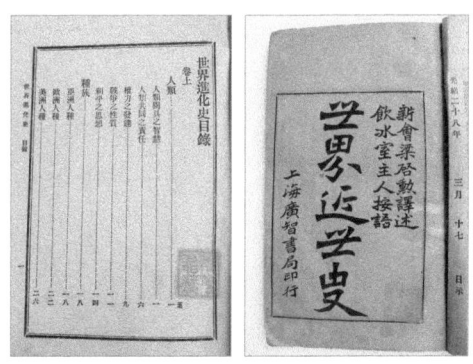

〈사진 2〉 (좌) 『세계진화사』 목록, (우) 『세계근세사』 내지

이들 서적의 발간 장소나 연대 등을 고려해 볼 때 전기(前記)한 '청국의 신학문책을 많이 구입'하였다는 『해조신문(海潮新聞)』의 기사 등과 부합함을 알 수 있다. 『세계진화사』는 상해(上海) 광지서국(廣智書局)에서 1903년(光緖 三十九年) 발간된 서적으로, 권상(卷上)은 인류, 종족, 지세(地勢), 기후, 물산, 국가, 정체(正體), 법률, 종교를, 권하(卷下)는 문학, 무비(武備), 농무(農務), 공예, 상업, 사회로 나누어 기술되고 있는 세계문명 소개서이다. 『세계근세사』 역시 상해 광지

서국에서 발간한 책으로 일본인 宋平康國의 편저를 중국인 梁啓勳이 역술(譯述)하고, 飮氷室主人 梁啓超가 안어(案語)한 것이다. 이 서적 또한 서양 근대국가들의 제 모습을 소개한 책이다. 상해의 광지서국(廣智書局)은 이 당시 동서양의 역사, 인물, 근대지식 및 문명 등을 소개하는 많은 양의 책자를 발간하였다. 광지서국이 1900년대 초에 발간한 서적의 목록을 보면 사실은 더욱 분명해진다.

〈사진 3〉 광지서국 편역 신서목록(廣智書局編譯新書目錄)

신민총보사(新民叢報社)16)에서 펴낸, 신민총보(新民叢報) 임시증간호인 『신대륙유기(新大陸遊記)』의 말미에 있는 계묘년(癸卯年) 출판 「광지서국 편역 신서목록(廣智書局編譯新書目錄)」에는 〈사진 3〉에서 보듯이 32권의 책자들이 소개되어 있다. 이 광고에 나오는 책자들 중 주목되는 서적은 『일본유신30년사』, 『세계근세사』, 『구주19세기사』, 『아라사사』, 『중국문명소사』, 『정치원론』, 『정치범론』, 『법학통론』, 『음빙실문집』, 『이태리건국삼걸전』, 『음빙실자유서』, 『애급근세사』 등이다. 상해(上海) 광지서국(廣智書局)에서 출판된 이들 서적의 목록 대부분은 동서양의 근대지식을 보급하는 계몽서적임을 알 수 있다. 이일우의 「행장」에 나와 있는 대로 우현서루에 비치된 서적들이 동서양 신구 서적 수천종이라면, 『세계진화사』와 『세계근세사』 등은 그러한 서적들 중의 일부라 할 수 있다. 결국 우현서루에 비치된 서적들 중 신서적 상당수가 서양

---

16) 橫濱 160번지에 본부를 두고 있었던 新民叢報社는 上海에도 新民叢報 지점을 두고 있었다.

의 근대국가 및 근대문명, 신지식 등과 관련된 서적이었음은 틀림 없다. 이일우가 서울에서 '서세동점'의 현실을 목격하고 사들인 서적이라면 당연히 근대지(近代知)를 보급하고 전파하는 계몽서적일 수밖에 없는 것이다.

우현서루가 설립되어 운영된 1905년에서 1911년 사이 한국에도 세계정세나 지리에 관한 상당량의 근대지식 보급서적들이 유통되고 있었는데, 『태서신사』나 『중일약사합편』도 그 중의 하나라 할 수 있다. 『태서신사』는 1897년 한문본과 한글본으로 간행된 서양사 교과서인데, 서양의 역사와 근대지(近代知)에 관한 내용을 수록하고 있어 당시 대한제국 지식인들의 서양 인식에 많은 영향을 미쳤다.17) 『중일약사합편』은 학부 편집국에서 간략히 기술된 중국사(中國史)와 일본사(日本史)를 합편하여 단권으로 펴낸 것이다. 『태서신사』나 『중일약사합편』이 소장된 것으로 보아 학부 편집국에서 발간된 제 서적들18)도 우현서루에 상당량 비치되어 있었을 것으로 생각

---

17) 『태서신사』는 영국인 Robert Mackenzie(한문명은 馬懇西, 1823~1881)가 1990년 영국에서 저술한 『The 19th century: A history』를 1895년 중국에서 Timothy Richard (한문명은 李提摩太, 1845~1919)가 『태서신사람요(泰西新史攬要)』로 번역하였고, 상해 채이강(蔡爾康)이 술(述)한 것을 대한제국 학부에서 번역한 것이다. 『독립신문』의 논설에서는 『태서신사람요』를 출판한 광학회에 대한 설명과 함께 Timothy Richard가 쓴 저서들 중 대한제국에서 많이 팔린 책으로 『태서신사』를 들었다. 『태서신사』는 학부 차원에서 학생들을 개혁의 중심인물로 성장시키기 위해 공립소학교의 교과서로 배포되기도 했다. 또 박은식은 『태서신사』를 읽고 '신정(新政)'을 추구하게 되었고, 김구는 『백범일지』에서 『태서신사』를 읽고 서양인에 대한 인식을 바꾸게 되었다고 술회하기도 하였다. 『태서신사』에 관한 제 내용은 유수진(2011. 12), 「대한제국기 『태서신사』 편찬과정과 영향 연구」, 고려대 석사논문 참고.
18) 1898년 발간된 『중일약사합편』 말미에 학부편집국에서 발간한 서적의 목록과 정가표가 다음과 같이 광고되어 있다. 『태서신사』 한문 2책(50전), 국문 2책(50전), 『공법회통』 3책(1원), 『동여지도』(8전), 『조선역사』 3책(40전), 『조선약사』(8전), 『여재활요』(40전), 『만국지지』(24전), 『만국약사』 상하(40전), 『유몽휘편』(8전), 『심상소학』 권1(14전), 권2(16전), 권3(16전), 『국민소학독본』(20전), 『소학독본』(10전), 『소지구도』(5전), 『국문소지구도』(4전)

된다. 근대계몽기의 경우 정치, 경제 등은 물론이고, 천문학, 물리학, 법학, 경제학 등의 제 서적들이 다량 간행되었는데, 이들은 근대계몽기 각종 근대 교육기관의 교재로 주로 사용되었다. 이들 서적들 중 상당수는 중국이나 일본에서 발간된 책자들을 역술(譯述)한 경우가 많았다. 번역 내지 번안은 일본 또는 중국을 통로로 하여 서구사상이나 근대문명을 학습시키는 주요한 방법이었다. 일본이나 중국은 서구사상이나 근대문명이 이입되어 오는 중개자로서의 역할을 수행하는 장소였다. 일본이나 중국에서는 이미 서양의 근대지(近代知) 내지 근대문명 소개와 관련 있는 다양한 책자들이 발간되고 있었다. 이러한 책자들은 조선으로 직수입되거나 아니면 역술(譯述)이란 과정을 거쳐 근대계몽기의 교육, 계몽 도서로 재발행되고 있었다.

우현서루는 국내에서 출판된 개화기 서적은 물론이고, 서양 근대지식을 소개하는, 미처 번역되지 않은 일본이나 중국에서 출판된 근대지(近代知) 관련 서적들을 교육의 주 교재 내지 참고도서로 사용하였던 것이다. 우현서루에 입고된 이러한 서적들은 근대계몽기 대구지역 지식인들의 신문명 수용에 대한 열망을 충족시켰으며, 우현서루에 드나들었던 지식인들은 1910년 전후 대구의 지적, 문화적 풍토를 진작시키는 데 앞장섰다고 할 수 있다. 을사늑약 이후 지식인들에게 서양의 근대문명을 바탕으로 한 소위 근대지(近代知)의 습득은 이제 선택의 문제가 아니었다. 신구학문의 조화 위에 새로운 시대를 향하여 나아가지 않으면 안 되는 형국이었다. 이러한 정세 속에 우현서루는 동서양의 신구 학문을 습득할 수 있는 영남지역의 교육기관 내지 서고(書庫)로서 그 역할을 충실히 수행하였다고 할 수 있다. 개화기의 지식인들은 전통적인 한학의 소양을 바탕으로 일본이나 중국에서 수입되는 신문명을 습득함으로써 새로운 시대에 적응해 나가고자 하였다. 우현서루는 뜻 있는 지사들에게 신구 문명을 배우고 전파하는 서고(書庫)와 교육기관의 역할을 동시에 수행하고 있었던 것이다. 우현서루에 장지연, 박은식, 이동휘 등이 드나들었고, 일본 이중교(二重橋) 폭파 사건의 김지섭 의사 등도 수학[19]한 것으로 전해지고 있어 이를 증빙해 보인다.

민족계몽 내지 교육에 대한 이일우의 열정은 우현서루, 대구광학회, 달서여학교, 대한협회 등을 통해 나타났는데, 이러한 그의 뜻은 이상화의 모친인 김신자에게도 이어졌다고 할 수 있다.

大邱郡居 李一雨氏는 素히 敎育家로 著名ᄒ거니와 氏의 寡居ᄒ 季嫂金和秀氏는 現今急務된 敎育이 不振홈을 慨嘆ᄒ야 當地女子敎育會를 先朔發起홈이 同般入會婦人이 百餘名에 達ᄒ야 義捐金二百餘圜을 鳩聚ᄒ야 該郡達西學校에 寄附贊成ᄒ고 又晝學에 從事키 不能ᄒ 靑年婦人을 爲ᄒ야 達西學校를 臨時借得ᄒ야 夜學校를 設홈이 一朔間에 婦人學員이 二拾餘人에 達ᄒ고 且婦人의 當行홀 家庭業務와 其他經濟上有益홀 事業을 漸次改良코져 熱心注意ᄒ다고 南來人의 稱頌이 浪藉ᄒ다더라[20]

이일우의 동생은 이상화의 아버지인 이시우뿐이므로 과거(寡居)한 계수(季嫂) 김화수는 곧 이시우의 아내인 김신자가 된다. 이상화의 어머니인 김신자는 이 당시 여자교육회를 발기하여 부인회원 백여 명을 모집하고, 의연금 2백여 원을 모아 달서여학교[21]에 기부하

---

19) 백기만 편, 『상화와 고월』, 청구출판사, 1951, 141쪽.
20) 「金女史의 熱心」, 『황성신문』, 1910.4.14.
21) 아래 기사는 이일우나 김신자의 달서여학교의 관여 정도를 알려주고 있다. "대구사립 달서녀학교는 설립ᄒᆫ지 일년에 생도가 오십여명에 달ᄒ였는데 재정이 곤난홈으로 학교집을 정티 못하였음으로 그 고을 달성친목회에서 그 회관을 빌녀주었더니 신수 제씨가 부인교육회를 발긔하야 다수 금액을 보조ᄒ야 교육상태가 올연

였으며, 또 교육으로부터 소외된 부인들을 위해 달서여학교 내에 부인야학교를 설립하기도 하는 등 여성계몽론자의 역할을 수행하였다.22) 우현서루가 폐쇄된 이후에도 이상화 집안의 민족계몽운동은 지속되었다고 볼 수 있는데 강의원(講義院)과 애국부인회의 설립은 이러한 모습을 잘 보여준다. 우현서루를 중심으로 한 이상화 집안의 근대계몽기 애국계몽운동은 해외독립투쟁 전선에 나선 이상정(李相定) 장군이나 저항시인 이상화의 탄생을 가져오는 견인차가 되었다고 할 수 있다.

## 4. 출판사 광문사와의 연계

　1910년 전후 대구의 문화 내지 문학 장을 형성하는데 우현서루는 앞에서 살펴본 바와 같이 교육과 근대지식의 보급 기관으로서 지대한 역할을 하였다. 우현서루는 동서양의 서적을 대량 보유함으로써 대구지역 지식인들의 근대문명에 대한 갈증을 해소시켜 주었다. 우현서루는 단순 서고(書庫)의 기능만 한 것이 아니라 1910년 전후 대구의 문학 장을 교육과 계몽 중심으로 바꾸어 놓는 데 큰 역할을 하였다. 우현서루의 서고에는 이 당시 대구의 신식출판사였던 광문사(廣文社)에서 발간한 제 서적들도 입고되었을 것으로 추정되는데, 광문사의 위상과 제 역할을 잠깐 살펴볼 필요가 있다. 이 시기 대구의 문학 장 형성에 또 하나의 축이었던 출판사 광문사(廣文社)는 국

---

　　히 젼진흔다더라"(「달서녀학교 확쟝」, 『대한매일신보』, 1909.12.30)
22) 『대한매일신보』 1910년 4월 24일 「달서녀학교 시험」이란 기사에 의하면 우동상, 급제상을 새교육회 부인 김화슈, 윤매쥬, 리만셩 삼씨가 다수의 상품을 주었다는 내용이 나온다.

가의 위기적 상황에서 국채보상운동을 제창함으로써 애국계몽운동의 중심에 서게 된다.

1910년 전후 대구의 출판사로는 광문사 이외에 재전당서포(在田堂書鋪)와 칠성당서포(七星堂書鋪)가 있었다. 재전당서포와 칠성당서포가 주로 전통적 유학서나 실용서적을 출판하고 있던 것과는 달리 광문사는 판매를 목적으로 하기는 하였지만 신식교육에 바탕을 둔 계몽서적을 많이 발간하고 있었다. 이는 발행인인 사장 김광제의 이력과 관련이 깊다고 할 수 있다. 김광제는 충남 보령 출신으로 대구 광문사 사장으로 있으면서 부사장 서상돈과 함께 광문사를 통해 교과용 도서 같은 각종 계몽서적을 발간하는 한편, 1907년 국채보상운동을 주도하였다. 광문사가 대동광문회를 통해 국채보상운동의 발원지로서의 역할을 한 것을 볼 때, 광문사가 단순히 상업적 영리만을 추구하는 출판사가 아님을 보여준다. 광문사는 김광제, 서상돈 같은 의식 있는 개화지식인의 활약으로 출판을 통한 근대지식 보급을 넘어 민족 계몽의 선도적 역할까지 수행했다고 할 수 있다.[23]

을사늑약 이후 한국정부는 일제의 침략적 차관 공세에 의해 1907년 2월 당시 1천 3백만이란 부채를 안고 있었다. 국채보상운동은 일제의 정치, 경제적 침략 행위에 대한 국민들의 위기의식과 항일 의식이 결합되어 일어난 운동이라 할 수 있다. 국채보상운동은 1907년 1월 30일 대구의 광문사에서 광문사문회(廣文社文會)의 명칭을 대동광문회(大東廣文會)로 개칭키 위한 특별회를 열고, 회의를 마친 후 서상돈이 국채보상 문제를 제의하면서 시작되었다. 국고금으로 갚을 수 없는 국채를 2천만 동포가 담배를 석 달만 끊고, 그 대금

---

[23] 박용찬, 「출판 매체를 통해 본 근대문학 공간의 형성과 대구」, 『어문론총』 55, 2011, 39쪽.

으로 국채를 보상할 것을 제의하고 자신부터 8백 원을 내겠다고 하였다. 서상돈의 제의에 회원들이 모두 동의하고 광문사 사장 김광제가 앞장섬으로써 국채보상운동이 시작되었다. 이어 2월 21일 대구 광문사 사장 김광제, 부사장 서상돈과 대동광문회 회원이 대구민의소(大邱民議所), 즉 단연회(斷煙會)를 설립하면서 국채보상 모금을 위한 국민운동을 개최하고, 3월 9일 서문 밖 수창사(壽昌社)에 국채지원금수합사무소를 설치하였다.24) 이러한 국채보상운동의 취지가 『대한매일신보』, 『황성신문』, 『제국신문』 등을 통해 알려지자 국채보상운동은 대구뿐만 아니라 전국 각지의 남녀노소들의 참여를 이끌어내는 성과를 거두었다. 이상화의 백부였던 이일우도 국채보상운동에 관여하였는데, 그는 이종면(李宗勉)과 더불어 대구단연상채소(大邱斷煙償債所) 대표로 대한매일신보에 광고를 내거나,25) 서상돈, 유상보, 서기하, 이종면 최영환, 채두석 등과 국채보상금 처리에 관여하기도 하였다.26) 대구 단연상채소(斷煙償債所)란 담배를 끊음으로써 채권을 갚는 장소라는 뜻으로, 대구에 설립된 국채보상운동의 실질적 운영소라 할 수 있다.

　　　大邱斷烟同盟會에셔 前視察 徐相敦氏 一千圜이오 前郡守 鄭在學氏 四百圜이오 前郡守 金炳淳氏와 前丞旨 鄭圭鈺氏와 前同敦寧 郭柱祥氏와 前參奉 徐相敏氏와 前警務使 徐相龍氏는 各一百圜이오 夫人會에 妓鸚鵡가 一百圜인듸 本會經費一欵은 大邱居 金炳淳 鄭圭鈺 李一雨 三氏가 各一百圜式 義捐ᄒ야 該會費를 分擔ᄒ얏고 該會長 李玄澍氏는 不得已ᄒ 事故가 有ᄒ야 陰三月十日에 辭免ᄒ고 其代에 宋焦氏를 推任ᄒ얏다더라27)

---

24) 조항래, 『1900년대의 애국계몽운동 연구』, 아세아문화사, 1993, 207쪽 참고.
25) 『대한매일신보』, 1908년 9월 2일과 9월 3일자 광고.
26) 『대한매일신보』, 1908.11.13.

위의 기사에 의하면 소남 이일우는 대구단연동맹회에 100환의 회비를 분담하는 등 국채보상운동의 실무로 활약하였음을 알 수 있다. 이상화 집안이 아니더라도 경술(庚戌)의 국치(國恥) 직전 대구는 국채보상운동을 주도해 나가는 중심지로, 민족계몽의식이 충만한 장소였다. 민족계몽을 주도해 가는 데 근대 신식 출판 또한 큰 역할을 하였는데, 광문사(廣文社)가 그 주역이었다. 지금까지 확인된 광문사가 발간한 서적들을 나열해 보면 다음과 같다.

- 『유몽휘편(牖蒙彙編)』 상하 1책, 달성광문사, 1906.
- 『만국공법요략(萬國公法要略)』, 달성광문사 중간, 1906.
- 『월남망국사(越南亡國史)』, 현채 역, 달성광문사, 1907.
- 『중국혼(中國魂)』 상·하, 음빙실주인 편집, 대구광학회 동인, 대구광문사, 1907.
- 『상업학(商業學)』, 장지연 역, 달성광문사, 1907.
- 『중등산학(中等算學)』, 이원조 찬, 김광제 교열, 대구광문사, 1907.
- 『경제학교과서(經濟學教科書)』, 이병태 역, 대구광문사, 1908.

광문사에서 출판된 위의 서적들을 살펴보면 전통적인 유학서인 문집이나 경서(經書) 류의 책들은 제외되어 있다. 이로 미루어 볼 때 광문사는 처음부터 교과용 도서나 애국계몽서적을 중심으로 한 신식출판을 표방한 것으로 보인다. 『상업학』이나 『중등산학』 등은 신식 학교에서 배우는 전형적인 교과용 도서인 데 반해, 『월남망국사』나 『중국혼』 등은 국가의 위기를 극복하기 위한 애국계몽서적의 일종이라 할 수 있다. 이를 통해 볼 때 광문사는 두 가지 출판 전략

---

27) 「特義先捐」, 『황성신문』, 1907.4.30.

을 구사하였다고 할 수 있는데 하나는 신식학교의 교과용 교재를 발간하는 상업적 전략이고, 다른 하나는 국가의 위기상황을 극복하고자 하는 애국계몽의 기획이었다. 『월남망국사(越南亡國史)』나 『중국혼(中國魂)』은 비록 번역서이기는 하나 국내의 독자들에게 경종을 울리고자 한 책자이다. 이들은 외세의 침탈, 즉 제국주의의 야욕장이 되어버린 동아시아의 현실 앞에 민족의 주체적 대응을 촉구하고자 기획된 도서라 할 수 있다. 광문사는 출판을 통해 지식인 또는 민중을 계몽하고자 하였던 것이다. 알려진 도서들의 출간 연도를 보면 광문사의 출판활동이 1906에서 1907년 사이에 상당히 활발하게 이루어졌음을 알 수 있다.28) 1906년에서 1907년 사이에 발간된 위의 도서들은 '동서양 신구서적 수천 종을 구득'하던 이일우의 우현서루 장서로 편입될 수밖에 없었다.

광문사의 출판활동과 국채보상운동, 또 이들 도서의 우현서루로의 유입 등은 1910년 전후 대구의 문학 장이 급속하게 재편되고 있음을 보여준다. 1910년 전후 대구의 문학 장은 교육 및 출판을 축으로 새로운 시대를 맞이할 준비를 하고 있었다고 할 수 있다.

## 5. 결론

외세의 침탈이란 국가적 위기 상황 속에서 1910년 전후의 대구는 근대를 향한 부산한 움직임을 보이고 있었다. 근대가 제도를 통해

---

28) 경술국치 후 일제의 출판통제와 맞물리면서 광문사의 출판활동은 상당히 위축되는데, 이는 광문사의 출판 경향과 관련된다고 할 수 있다. 반면 상업적 출판을 시도하였던 재전당서포는 여전히 남아있는 한문세대나 구독자층의 욕구를 수용하면서 1930년대 중반까지 왕성한 출판활동을 지속하였다. 박용찬, 앞의 논문, 39~40쪽.

이루어진다고 했을 때, 1910년 전후 대구의 문화 내지 문학 장(場)에 가장 큰 영향을 미친 것은 교육과 출판이었다. 구체적으로는 소남 이일우가 운영한 우현서루와 김광제가 사장으로 있던 출판사 광문사를 들어볼 수 있다. 교육과 서적 유통의 근간이었던 우현서루와 광문사는 대구지역의 지식인들에게 근대지식을 습득, 보급시키는 동시에 계몽의 역할을 담당한 중요 기관이었다. 이들은 중앙과 대비되는 대구란 장소적 특성을 잘 활용하여 근대지식의 보급 및 애국계몽운동을 적절히 선도함으로써 1910년 전후 대구지역 문학 장(場)을 주도할 수 있었다.

우현서루는 1910년 전후 대구의 문학 장 형성에 중요한 기능을 하였음에도 자료의 미비로 지금까지 제대로 조명되지 못하였다. 이에 본고는 우현서루와 관련된 실물 자료들을 확인함으로써 우현서루의 실체를 일정 부분 밝혀낼 수 있었다. 우현서루는 서세동점의 현실 앞에 새로운 문물의 수용과 신지식 보급의 필요성을 깨달은 소남 이일우 개인에 의해 설립된 교육기관이자 도서 열람이 가능한 서고(書庫)였다. 우현서루는 당대의 지식인들과 애국계몽론자들이 드나들면서 애국계몽운동의 중심지로서의 역할을 수행하였으며, 대구지역 지식인들에게 근대지(近代知)의 습득과 보급의 장소로 기능하였다. 본고는 새로 확인된 우현서루 소장도서 일부를 바탕으로 우현서루 소장도서의 내용과 성격을 재구해내고 대구지역 근대지(近代知)의 유통과 보급의 과정을 추적해 보았다. 또한 우현서루에 유입된 출판사 광문사의 서책들도 동시에 살펴봄으로써 1910년 전후 대구의 문학장이 교육과 출판 중심으로 구성되고 있음을 밝혀내었다.

우현서루와 광문사는 이 시기 대구의 문학 장을 교육과 출판 중심으로 재편하였는데, 이는 대구지역 근대문학을 진작시키는 중요한 기반이 되었다고 할 수 있다. 우현서루 장서를 중심으로 대구지역 지식인들은 근대지(近代知)를 습득할 수 있는 계기를 마련할 수 있었고, 광문사의 출판 및 애국계몽운동을 보면서 민족의식 및 항일정신을 키워나갈 수 있었던 것이다. 1910년 전후 대구의 문학 장이 일제강점 이후 어떻게 이행되어 나가는지, 또 대구출신 개별 작가들에게 어떤 영향을 미치고 있는지 살펴보는 것은 앞으로의 과제라 할 수 있다.

# 참고문헌

『대한매일신보』,『황성신문』,『해조신문』,『대한자강회월보』 등.

대륜80년사편찬위원회,『대륜80년사』, 대륜중고등학교동창회, 2001.
민족문학연구소 편역,『근대계몽기의 학술·문예사상』, 소명출판, 2000.
박용찬,「출판매체를 통해 본 근대문학 공간의 형성과 대구」,『어문론총』
　　　55, 2011, 35~60쪽.
박진영,『신문관번역소설전집』, 소명출판, 2010.
백기만 편,『상화와 고월』, 청구출판사, 1951.
사단법인 거리문화시민연대,『대구신택리지』, 북랜드, 2007.
유수진,「대한제국기『태서신사』편찬과정과 영향 연구」, 고려대학교 석
　　　사논문, 2011.12.
조항래,『1900년대의 애국계몽운동 연구』, 아세아문화사, 1993.
최재목 외,「일제강점기 신지식의 요람 대구 '우현서루'에 대하여」,『동북
　　　아문화연구』19, 2009, 211~225쪽.
현택수 편,『문화와 권력 : 부르디외 사회학의 이해』, 나남출판, 1998.
이-푸 투안 지음, 구동회·심승희 옮김,『공간과 장소』, 대윤, 2007.
피에르 부르디외 지음, 하태환 옮김,『예술의 규칙』, 동문선, 2002.

# 근대 대구 정신의 요람 〈우현서루(友弦書樓)〉※

최재목·정다운·김찬우·곽재관(영남대학교)

## 1. 서언

　〈友弦書樓〉는 일제강점기 저항시인으로 잘 알려진 시인 李相和(1901~1943, 尙火는 필명)의 백부인 小南 李一雨(1870~1936)가 운영한 도서관이다. 을사보호조약을 애통해 한 錦南 李東珍(1836~1905, 李相和의 조부)이 사재로 창설하고, 그의 장남인 李一雨가 운영하였다. 이렇게 이상화 가(家)에서 운영하였던 〈友弦書樓〉는 숙식이 가능하고 만여 권의 서고까지 갖춘 사숙으로 영남일대는 물론 전국 각지의 뜻있는 사람들이 모여 함께 수학하고 학문을 탐구하였던 곳이었다.
　이곳을 거쳐 간 주요 인물로는 張志淵(1864~1921), 朴殷植(1859~1925), 曺成煥(1875~1948, 독립운동가) 등 150여 명이 넘었던 것으로

---

※ 이 글은 『동북아문화연구』 제19집(동북아문화학회, 2009)에 발표했던 「일제강점기 신지식의 요람 대구 「友弦書樓」에 대하여」(최재목·정다운·김찬우·곽재관)를 최재목이 약간 수정, 보완한 것임을 밝혀둔다.

보인다. 〈友弦書樓〉는 전국 지사들의 사랑방 구실을 하여 나라를 사랑하고 학문을 존중하는 산실이 되었으며 〈友弦書樓〉 서고에 수집 보관돼 온 서적의 일부는 현재 경북대학교 도서관에 보관되어 있다.[1] 뒷날 〈友弦書樓〉는 嶠南學院(현 대륜학교)의 모체가 된다.[2]

나아가서 〈友弦書樓〉는 1900년 초의 급변하는 일제침략 정책에 대응하며 영남지역 항일운동사에서 중요한 의미를 갖는다. 일본에 의한 강제병합 이후 전개되는 독립운동이 〈友弦書樓〉를 교두보로 인적·물적 네트워크가 마련된다. 이처럼 일제강점기에 항일 지식인들의 정치-문화-지식 교류의 장소이자 영남지역의 신문화·신교육의 요람인 〈友弦書樓〉에 대해서는 연구가 미진하며[3] 아직까지 그 가치에 대하여 본격적으로 재인식하려는 움직임이 없다.

이 발표에서는 기록 자료로 남아있는 것들을 토대로 그 실제 모습을 개괄하는 데 초점을 맞추고자 한다.

## 2. 〈友弦書樓〉에 대한 기록

〈友弦書樓〉가 영남지역의 항일지식인들에게 신문화·신교육 보급

---

1) 이에 대해서는 3절의 4)를 참조.
2) 이상의 내용은 大倫高等學校八十年史 편집위 편, 『大倫八十年史: 1921~2001』(대구: 대륜고등학교, 2001), 104~105쪽과 최재목, 「海岳 金光眞의 陽明學에 대한 예비적 고찰」, 『한국사상사학』 제30호(한국사상사학회, 2008), 295쪽에 소개되어 있는 〈友弦書樓〉의 개략이다.
3) 간단하게 소개된 것은 최재목, 「해악 김광진의 양명학에 대한 예비적 고찰」, 『한국사상사학』 제30호(한국사상사학회, 2008)가 있고, 최근 본격적인 연구로 박용찬, 「근대계몽기 대구의 문학장 형성과 우현서루」, 『국어교육연구』 제56집(국어교육학회, 2014.10)이 발표되었다. 이 논문에서는 이 연구를 일부를 참고하여 보완하였음을 밝혀둔다.

을 목적으로 하여 대구지역에 실재하였다는 사실은 몇몇 자료를 통해 알 수 있다.

〈友弦書樓〉를 언급하고 있는 자료들을 문헌자료와 신문자료를 통해 살펴보면 다음과 같다.

### 1) 문헌에 나타난 〈友弦書樓〉

〈友弦書樓〉에 대해 직접적으로 언급하고 있는 곳은 현 대륜 중·고등학교의 역사를 기록한 『大倫八十年史』이다. 이곳에는 〈友弦書樓〉의 설립취지 등을 비롯, 〈友弦書樓〉에 관한 내용이 비교적 상세하게 기록되어 있다.

이 〈友弦書樓〉는 을사보호조약이란 일제 침략에 통분을 느낀 李莊 家門의 錦南 李東珍(본교 교가 작사가 이상화 시인의 조부) 선생이 私財로 창설하여 그의 長子인 小南 李一雨(상화 선생의 백부)선생이 운영하였다. 友弦이란 중국의 萬古志士 현고를 벗삼다는 뜻이다. 이 서루는 뜻있는 선비들이 모여 학문을 논하고 나라를 걱정하고 義氣를 기르던 지사 양성소였다. 그리고 이 서루는 민족정기를 바로잡기 위해 정신 계발을 통한 항일 투쟁과 신교육 신문화 운동의 溫床地였으며, 근대화 성취의 노력을 다한 요람지였다. 또한 이 서루에는 중국 등지에서 1만 수천 권의 서적을 수입해 비치하고 있었으니 학문의 發芽地이기도 했다.
영남 일대에서는 물론 전국 각지에서 청운의 뜻을 품은 지사들이 모여 들었고, 이들 지사들에게 숙식을 제공하여 면학의 편의를 도모하였다. 한말지사로서 이 서루를 거친 분은 150여명이 넘었다. 張志淵, 朴殷植, 李東輝, 曺成煥 등 제선생과 金祉燮 열사들이 이곳을 거쳐 나간 것만 보더라도 그 업적을 짐작할 수 있고, 근대 우리 민족정기의 본원지였음을 알 수 있다.

한일 합방을 치른 일제는 1911년 드디어 〈友弦書樓〉의 폐쇄를 강행했다. 이는 민족정기, 민족정신을 말살하기 위해서였다. 하지만 先考의 유지를 이어받은 小南선생은 이에 굴하지 않고 講義院(본교 설립자 홍주일 선생이 운영을 맡음)과 애국부인회를 설립하고 무료 교육기관으로 사용케 하면서 애국운동을 계속했다. 그러다 3·1운동 후 본교가 설립되자 초창기 교사로 사용케 된 것이다.4)

이 글을 통해 알 수 있는 〈友弦書樓〉의 모습은 ① 〈友弦書樓〉는 을사보호조약이란 일제 침략에 통분을 느낀 李莊 家門의 錦南 李東珍이 私財로 창설하여 그의 長子인 小南 李一雨가 운영, ② 숙식을 제공하여 면학의 편의를 도모, ③ 일제에 의해 1911년 폐쇄, ④ 講義院과 애국부인회를 통해 애국운동을 계속함 등이다.

이 외에 〈友弦書樓〉에 관한 이야기는 시인 이상화와 그 형제들을 설명하는 부분에서 찾아볼 수 있다. 여기에서 밝히고 있는 내용들은 그들—이상화 및 그의 형제들—이 초기 교육을 〈友弦書樓〉에서 한학교육을 받았다는 것, 그리고 그곳이 당대 巨富로 민족교육에 큰 활동을 한 李一雨가 설립한 곳이라고 주로 소개하는 데에 그치고 있다.

그 예로 임형택은 『한국문학사의 시각』(창작과비평사, 1984)에서 이상화와 관련해서 다음과 같이 〈友弦書樓〉를 말하고 있다.

시인 이상화(1901~1943, 尙火는 필명, 본명은 相和)는 대구 영리의 가

---

4) 大倫高等學校八十年史 편집위 편, 『大倫八十年史: 1921~2001』, 대구: 대륜고등학교, 2001, 104~105쪽.

계에서 태어났다. 그의 백부 李一雨는 대구 지방의 명사로서 구한말에 "友弦書樓'를 창건하여 많은 서적을 倂置하고 각지의 선비를 모아 식사까지 제공하면서 학문을 연구케 하였던 터로 일본 二重橋 폭탄사건의 金趾燮의사는 이 〈友弦書樓〉 출신"이었고, 뒤에 達西女學校를 설립하기도 했다.5)

이외에도 고형렬과 김병종도 위와 비슷하게 李相和를 설명하면서 〈友弦書樓〉를 언급하고 있다.6)
이 밖에 李相和의 형제 중 李相佰(李相和의 동생)에 관한 설명부분 중 관련내용을 살펴보면 다음과 같다.

이상백 선생은 1903년 8월 5일 대구에서 아버지 李時雨씨와 어머니 金愼子 여사의 3남으로 태어났다. 상백 선생이 5세 되던 해 아버지는 젊은 나이에 병으로 별세했고 어린 상백과 형제들은 조부 李東珍과 백부 李一雨, 어머니가 양육했다. 상백의 조부는 매우 후덕한 분으로 천석의 부자가 되자 재산의 절반을 종인과 친척들에게 나누어주며 자제들 교육에 힘쓰도록 했다. 상백의 백부 이일우는 아버지의 뜻을 받들어 1904년 대구에 〈友弦書樓〉라는 의숙을 설립하였다. 〈友弦書樓〉는 대구의 한말 애국계몽운동과 신교육운동가의 중심 가운데 하나가 되었다. 상백과 형제들은 백부의 〈友弦書樓〉에서 일찍부터 한문교육을 비롯한 애국계몽교육을 받았다. 1911년 일제가 '조선교육령'을 반포하여 애국계몽교육을 금지시키자 이일우는 〈友弦書樓〉를 개편하여 '講義院'이라는 고급서당을 세웠는데 상백은 이 강의원에서 초등학교 과정으로 한학과 신학문

---

5) 임형택, 『한국문학사의 시각』, 창작과비평사, 1984, 323쪽.
6) 고형렬의 『시 속에 꽃이 피었네』(바다출판사, 2002)와 김병종, 『화첩기행』 2(호형출판사, 2000) 등을 참고 바람.

을 조화롭게 공부하였다.7)

김필동의 이 글을 통해 당시 〈友弦書樓〉에서 한문교육을 받았던 인물들이 〈友弦書樓〉를 개편하여 세운 서당「講義院」에서 한학 및 신학문을 함께 공부했다는 사실도 언급한다.

## 2) 신문에 나타난 〈友弦書樓〉

당시 〈友弦書樓〉가 했던 역할 및 운영에 관한 사항들은 당시 발간되었던 신문에서 확인할 수 있다.
〈友弦書樓〉에 관한 내용을 가장 먼저 담고 있는 것은 『海潮新聞』8)이다.

① 대구 서문 밖 후동 사는 이일우씨는 일향에 명망 있는 신사인데 학문을 넓히 미치게하고 일반 동포의 지식을 개발코자 하여 자비로 도서관을 건축하고 국내에 각종 서적과 청국에 신학 문책을 많이 구입하여 일반인민으로 하여금 요금 없이 서적을 열람케한다하니 이씨의 문명사업은 흠탄 할바더라. (「李氏文明事業」, 『海潮新聞』, 1908.3.7)

② 대구 서문 외 있는 유지신사 李一雨 씨는 일반 동포를 개도할 목적으로 자본금을 자당하여 해지에 〈友弦書樓〉라 하는 집을 건축하고 내외

---

7) 김필동, 「李相佰의 생애와 사회학 사상」, 『한국사회학』 28(2), 한국사회학회, 1994, 5~6쪽.
8) 『海潮新聞』은 대한제국 말기에 러시아 지역에서 발행된 한글 신문이다. 1908년 2월 26일에 5월 26일까지 3개월 동안 총 75호를 간행. 海潮란 해삼위에 살고 있는 조선인들이 만든 신문이라는 의미로 발간 목적으로는 국권의 회복과 동포의 구제를 내걸었다.

국에 각 종 신학문 서적과 도화를 수만여 종이나 구입하여 적치하고 신구학문에 고명한 신사를 강사로 청빙하고 경상 일도 내에 중등학생 이상에 자격 되는 총준 자제를 모집하여 그 서루에 거접케 하고 매일 고명한 학술로 강연 토론하며 각 종 서적을 수의 열람케 하여 문명의 지식을 유도하며 완고의 풍기를 개발시키게 한다는데, 그 서생들의 숙식 경비까지 자당한다 하니 국내에 제일 완고한 영남풍습을 종차로 개량 진보케 할 희망이 이씨의 열심으로 말미암아 기초가 되리라고 찬송이 헌전한다니 모두 이씨같이 공익에 열심 하면 문명사회가 불일 성립될 줄로 아노라. (「友弦美事」, 『海潮新聞』, 1908.4.22. 강조는 인용자. 이하 같음)

①에서는 〈友弦書樓〉의 설치배경에 대해, ②에서는 〈友弦書樓〉의 운영방식 등에 대해 설명하고 있다.

①의 내용을 통해 〈友弦書樓〉가 당시 지식인들뿐만 아니라 지역민들에게 새로운 도서를 제공하여 열린 공간으로 활용되었음을 알 수 있다. 특히 ②의 "국내에서 제일 완고한 영남풍습"이란 내용을 통해 볼 때 당시 "영남지역의 개화 정도가 낮음"9)을 볼 수 있다. 이러한 사실은 바꾸어 말하면 〈友弦書樓〉가 당시 영남지역의 보수성에 반하여 신문화·신교육의 서고를 만든 점은 매우 진보적인 것으로 평가되는 역할을 한다. 또한 강사를 초빙하여 강의 한 점, 학생모집에 있어서 중등학생 이상의 자격요건이 있었던 점 그리고 매일 강연과 토론이 이루어진 점은 〈友弦書樓〉의 현대적 교육모습과 유사하다.10)

1906년 10월 25일에 발행된 『大韓自强會月報』에서도 〈友弦書樓〉

---

9) 채휘균, 「교남교육회의 활동 연구」, 『교육철학』 제28집, 한국교육철학회, 2005, 90~91쪽.
10) 『海潮新聞』의 기사 내용에 대해서는 추후 보완조사가 필요함.

에 대해서 말하고 있다.

其時에 大邱廣學會會員 金善久氏가 該會講師로 兼請ᄒᆞ 事에 應諾이 有
ᄒᆞ야 二十五日治行登程ᄒᆞᆯᄉᆡ 本會顧問大垣丈夫氏와 金善久氏로 作伴ᄒᆞ야
大邱停車場에 到着ᄒᆞᄆᆡ 當地有志紳士數十人이 金善久氏의 預先通知ᄒᆞᆷ을
因ᄒᆞ야 停車場에 出迎ᄒᆞ야 廣學會事務所로 前導ᄒᆞ니 卽所謂友弦書樓요
該書樓ᄂᆞᆫ 當地有志 李一雨氏가 建築經營ᄒᆞᆫ 빈니 東邊에 書庫가 有ᄒᆞ야 東
西書籍數百種을 儲寘ᄒᆞ고 圖書室資格으로 志士의 縱覽을 許ᄒᆞ야 新舊學
問을 隨意硏究케ᄒᆞᆫ 處이라. 叙禮旣畢에 勞行ᄒᆞᄂᆞᆫ 飮宴을 開ᄒᆞ고 談話傾心
ᄒᆞ야 民智의 開發과 國運의 恢復을 相與䤲論ᄒᆞ다가 日晩에 舘舍에 各歸ᄒᆞ
고 二十六日及二十七日은 本員及大垣顧問이 幷以暑滯所祟로 病牀에 就調
ᄒᆞ얏고 (「本會會報」,『大韓自强會月報』제4호, 1906.10.25)

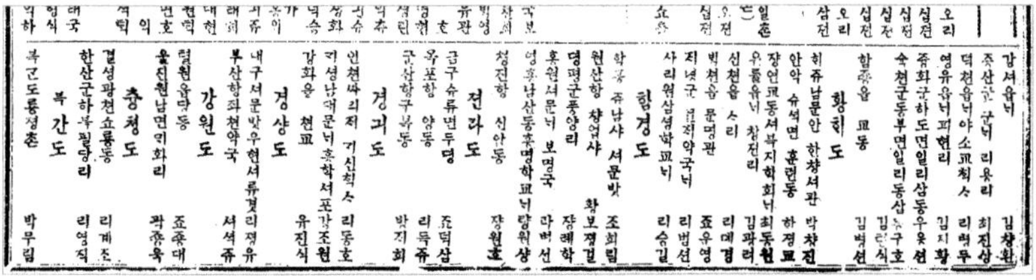

〈그림 1〉『大韓每日申報』, 1910.04.27

〈그림 1〉[11])은 1910년 4월 27일자『大韓每日申報』에 실린 광고이
다. 광고의 내용은『大韓每日申報』각 배부처의 장소를 홍보하는 광
고로, 대구의 배부처는 '대구 셔문밧 우현서류 겻'으로 배부자는 '리
정유'라고 나와 있다. 이는 경상도 특히, 영남지역의 거점인 대구가

---

11)『大韓每日申報』1910년 4월 27일자『사고』란, 이날 신문에는 달서여학교를 설립한
다는 기사도 함께 작성되어 있어 의미가 있다.

언론, 교육, 지성의 중심지로 그 인지도가 인정되고 있음을 반증하는 것이다.

## 3. 〈友弦書樓〉의 실체

### 1) 설립 경위

〈우현서루〉는 왜 설립되었는가? 그 경위를 알아보기로 한다.12) 먼저 이일우의 「행장(行狀)」에서는, 그가 갑진년(1904) 서울에 가서 변모하는 시대상을 보고 깨달은 바가 있어 부친인 금남 이동진의 후원 아래 육영 사업의 일환으로 우현서루를 세웠다고 한다. 다시 말해서 동서양 신구서적 수천 종을 구입하여 수재를 모아 신지식을 교육한 우리나라 초창기 근대교육기관의 하나처럼 보인다.

갑진년에 서울을 가니 세상은 크게 변했고, 풍조가 진탕하야, 서구의 동점지세를 통찰하였다. 스스로 생각하니 선비가 이 세상에 나서 옛 것만 잡고 있을 수 없다고 생각했다. 돌아와서 부친께 아뢰고 넓은 집을 하나 세워서 육영(育英)의 계(計)로 삼아, 편액하기를 우현(友弦)이라 하였다. 대개 옛 은나라 사람들이 군사를 모아서 나라를 구하는 뜻에서 취한 것이다. 또 동서양 신구서적 수천종을 구득하여 좌우도의 총명하고 뛰어난 인재를 널리 맞이하였다. 그 과정(課程)을 정함에 있어 구학(舊學)을 바탕으로 삼고 신지식으로 빛나게 해서 의리에 함뽁 젖게 하고,

---

12) 이 부분은 박용찬, 「근대계몽기 대구의 문학장 형성과 우현서루」, 『국어교육연구』 제56집(국어교육학회, 2014.10), 399~405쪽의 자료를 재인용하고 내용을 많이 참고하였음을 밝혀둔다.

법도를 따르게 하였다. 원근 유지의 선비들이 소문을 듣고 일어나는 자가 날로 모여들어 학교(우현서루)가 수용할 수 없을 정도가 되었으니 일대에 빛나고 빛난 모습이었다.13)

1905년 2월 1일자 및 동년 3월 14일자 『皇城新聞』은 우현서루의 설립 과정을 잘 보여주고 있다.

> 大邱居 李一雨氏가 民智開發에 留意하야 資金을 自辦하고 達城內에 時務學堂을 設立하야 學問淵博한 人으로 學堂長을 延聘하고 內外國 新舊書籍의 智識發達에 有益한 書冊과 各種 新聞 雜志 等을 廣求購入하야 該學堂에 貯實하고 上中下三等社會中에 聰俊有志호 人員을 募集하야 書籍과 新聞 雜志를 逐日閱覽討論홀 計劃으로 學部에 請願하야 認許를 要한다니 如此有志호 人은 政府에셔도 獎勵홀만 하다더라.14)

> 大邱郡私立時務學堂長 李一雨氏가 學部에 請願하얏느딕 本學堂은 一般 大韓國民의 智識을 開發增進호기 爲호야 內外國新舊書籍中 時務智見上有益者를 購買貯蓄호야 以便攷究講習이되 學堂은 名以時務홀事
> 一 書籍名目은 大韓及東西各邦의 古今歷史 地誌 筭術學 格致 化學 經濟 物理 農商工法律學 醫學 兵學及新聞 雜誌 等 諸書오 其他 雜術 小技 蠱心 病俗之書는 切勿貯藏홀事
> 一 書籍購買費와 學堂建築費는 本人이 自擔經紀이되 其他 一切 費用은 學員과 商議措辦홀事
> 一 學堂長은 學問淵博호고 時務貫通호人員으로 延聘호되 本邦人을 用

---

13) 「行狀」, 『城南世稿』 권2, 21~22쪽. 박용찬, 「근대계몽기 대구의 문학장 형성과 우현서루」, 『국어교육연구』 제56집(국어교육학회, 2014.10), 400쪽에서 재인용.
14) 「有志開明」, 『皇城新聞』, 1905.2.1.

홀事
一 入堂閱書는 勿論 遠近上中下 等 會社與老少ᄒᆞ고 幷從志願ᄒᆞ야 課日
　　閱覽ᄒᆞ며 或 討論도 홀事
一 本學堂細則은 自學會中으로 權宜酌定이라 하얏더라.15)

　위의 내용을 요약하면 다음과 같다.
　소남 이일우는 ① 1904년 서울 유람을 통해 새로운 문물의 수용과 지식 보급의 필요성을 깨닫고, ② 국내외 신구서적 중 시무(時務)를 잘 알게 해주는 유익한 책을 구매하고 강습할 계획을 세웠고, ③ 1905년 초 대구사립 시무학당(時務學堂)을 인허(認許)해 줄 것을 학부(學部)에 청원하고 있으며, ④ '大韓 및 東西 각 나라의 格致 化學 經濟 物理 農商 工法 律學 醫學 兵學及新聞 雜誌는 물론이고 其他 雜術 小技 蠱心 病俗之書' 등 신구서적 수천 종을 구비하며, ⑤ 서적구매비와 학당건축비를 전적으로 부담하면서 경륜 있는 학당장(學堂長)을 초빙하고 구체적인 학당세칙을 만들고자 하였다. 아울러 ⑥ 이 당시(=1905년 초)에 이미 사립 시무학당이 설립되었을 보여준다. 우현서루는 하고자 하였다.
　이렇게 본다면 「우현서루는 1905년 이일우에 의해 설립되어 1911년 일제에 의해 폐쇄될 때까지 대구지역의 근대지식 보급 내지 계몽교육의 역할을 담당한 중추적 사립교육기관이자 서고(書庫)였다」16)고 할 수 있다.

---

15) 「李氏請願」, 『皇城新聞』, 1905.3.4.
16) 박용찬, 「근대계몽기 대구의 문학장 형성과 우현서루」, 『국어교육연구』 제56집, 국어교육학회, 2014.10, 402쪽.

## 2) 1900년 전후 국내 교육계 현황과 〈友弦書樓〉

1894년 갑오개혁은 조선 교육제도에 근본적인 개혁을 가져왔다. 그 특징은 다음 세 가지로 정리된다.

첫째, 과거제의 폐지이다. 과거제가 처음 실시된 것은 중국의 隋文帝 開皇 7년(587)이다. 수 문제는 당시 강성했던 귀족 세력을 누르고 天子를 정점으로 하는 중앙집권체제를 강화하기 위하여 과거제도를 실시하였다. 중국의 과거제는 고려 光宗 9년(958) 雙冀의 건의를 받아드려 우리나라에 처음 도입된다. 조선의 과거제는 고려의 제도를 근간으로 하되 보다 정비하여 문·무 관료를 균형 있게 선발하기 위해 제술과와 명경과를 통합하여 文科로 하고, 武科를 신설하였다. 그러나 고려를 거쳐 조선시대까지 왕권강화와 인재의 등용, 그리고 부귀를 얻을 수 있는 지름길로 인정되었던 과거제도는 갑오개혁을 정점으로 폐지되었다.

둘째, 학문의 혜택을 범국민적으로 확대한다. 과거제도의 폐지 후 문교행정을 담당해 오던 禮曹 대신에 學務衙門이 생기게 된다. 그리고 1894년 7월 學務衙門 명의로 '英才敎育이 시급'함을 알리는 한편 "위로 공경대부의 아들로부터 아래로 범민의 준재까지" 누구나 학문의 혜택을 받을 수 있음을 밝혔다. 이를 위해 서울에 소학교와 사범학교를 세울 것과 앞으로는 전문학교·대학교도 세울 것을 말하고 있다.[17]

셋째, 외국어 학교의 설립이 추진된다. 1895년 3월 法官養成所, 4월 官立漢城師範學校가 설립된 것에 이어 日語·英語·淸語 외국어학

---

[17] 이러한 국가의 의지는 1895년 2월 전 국민에게 내려진 敎育立國詔書에서 재천명된다. 그러나 당시 일률적인 學校令 같은 것이 없었기 때문에 단지 官制 또는 규칙이라고 하는 것에 의하여 관·공립학교가 연이어 설립되었다.

교가 생겼다. 이듬해 露語 학교가 설립되었으며 이보다 4년 후인 1899년 漢語 및 獨語 학교가 설립되었다. 당시는 일본을 비롯하여 미국·영국·독일·프랑스·러시아 등 여러 열강 세력이 한국에서 암투를 전개하고 있던 때라 각 외국어학교의 성쇠는 곧 한국에 있어서 여러 열강 세력들의 성쇠를 반영하였다.

이 후 1905년에 설립된 〈友弦書樓〉는 李東診이 설립하여 李一雨가 운영한 근대식 도서관이다. 〈友弦書樓〉는 1905년에서 11년까지 7년간 운영되었다. 이 시기는 통감부시기에서 총독부시기로 넘어가는 일제강점기 상황에서 매우 중요한 정치·문화적 의미를 갖는다.

우선 정치적인 측면에서 살펴보면 이 시기에 일제는 통치 성격을 바꾼다. 즉, 통감부가 고문정치로 지배층에 대한 통제를 강행한 반면, 총독부는 피지배층까지 아우르는 공격적인 통치체제를 갖추게 된다. 이어서 이러한 통치체제의 변화는 교육·문화적인 측면에도 영향을 미치게 된다. 일제 공교육을 통한 식민사관 교육이 강화 된다. 국권피탈부터 1945년 8.15광복에 이르기까지 36년간 네 차례나 개정[18]된 敎育令은 일본 교육정책의 전환과 사회정세에 대한 즉각적인 반영을 입증하는 자료이다.

데라우치 마사타케(寺內正毅, 1852~1919) 총독의 실용주의를 내건 식민지정책은 사이토 마코토(齊藤 實, 1858~1936) 총독에 의해 문화정책으로 바뀌게 되고 교육의 연한도 연장된다. 그러나 그들이 식민지 국민들에게 허용한 교육은 보통교육과 실업 교육 뿐이었다. 교직원은 일본인으로 바뀌었을 뿐만 아니라 학생 선발에 있어서도 민족차별을 자행, 조선인의 교육 받을 기회를 박탈했다. 이 외에도

---

[18] 식민지 조선에 대한 일본의 교육정책은 1911년 제1차 조선교육령에 이어 1922년, 1938년, 1942년 제2·3·4차 개정교육령이 각각 개정되어 공포된다.

한국인이 저술한 교과서의 사용을 금지시키고, 애국계몽서적을 禁書라고 하여 몰수·판매금지 시켰으며, 그 빈자리는 일본인 서적으로 대체 한다. 이러한 과정 중에 한글은 폐지되기에 이르렀으며, 일본은 자신들이 원하던 '군국주의적 교육'과 '皇國臣民의 배양'에 온 힘을 쏟았다.

이러한 상황에서 항일지식인들은 자체 민족 교육의 필요성을 절실히 느꼈고, 이 필요성은 학교설립[19]으로 이어졌다. 그 중 대표적인 것이 '嶠南敎育會'이다. 아래의 〈표 1〉은 『大倫八十年史』를 중심으로 〈友弦書樓〉의 설립부터 폐쇄, 그리고 大倫學校까지를 시기 순으로 정리한 것이다.[20]

〈표 1〉〈友弦書樓〉의 설립, 폐쇄 그리고 대륜학교

| 번호 | 연도 | 설립학교 | 설립자 및 관련인물 |
|---|---|---|---|
| 1 | 1905 | 友弦書樓 설립 | 李東珍 설립, 李一雨 운영 |
| 2 | 1908 | 嶠南敎育會 설립 | 특별부서인 교육부를 두고 교육시찰위원으로 南亨祐, 安熙濟 등을 파견하여 지방학사를 권장 |
| 3 | 1911 | 友弦書樓 폐쇄 | 일제 민족 교육 말살 정책으로 인한 강제 폐쇄 |
| 4 | 연도미상 | 講義院 | 婦人親睦會로서 李相和의 모친인 金愼子가 회장. 일제에 의해 〈友弦書樓〉가 폐쇄되자 그 자리에 다시 세운 것으로 내적 운영자는 洪宙一이다. 洪宙一은 당시 대구달성 유치원 원장으로 3·1운동으로 함께 옥고를 치르고 나온 金永瑞, 鄭雲騏와 함께 교남학원을 설립한다. |
| 5 | 1919 | 3·1운동 | |
| 6 | 1921 | 嶠南學院 설립 | 洪宙一, 金永瑞, 鄭雲騏 세 설립자에 의해 대구시 북성로 〈友弦書樓〉를 가교사로 하여 사설 학습 강습소 '嶠南學院'을 鄭雲騏 명의로 설립, 개교 |
| 7 | 1924 | 嶠南學校 설립 | 5.13 大邱嶠南學校로 교명을 변경, 중등 4년제로 학제 변경. 5.21 남산동 657번지로 교사를 이전, 鄭雲騏 설립 겸 교장 |
| 8 | 1948 | 대륜학교 | 재단 명칭을 大倫敎育財團으로 변경 인가 받음 |

---

19) 채휘균,「교남교육회의 활동 연구」,『교육철학』제28집, 한국교육철학회, 2005, 89~110쪽.
20)『大倫八十年史』참고.

## 3) 〈友弦書樓〉 건물의 고증

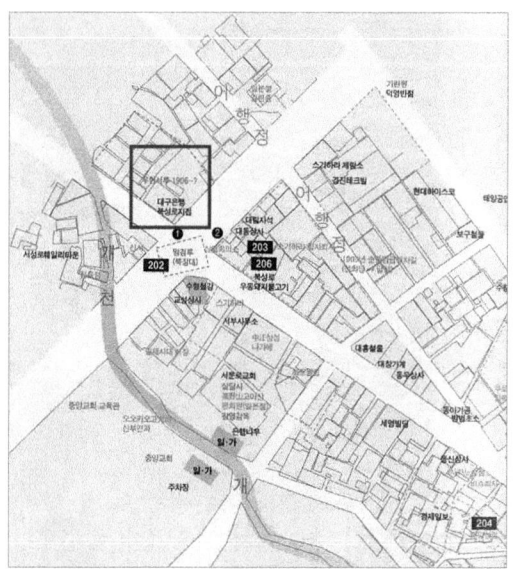

〈그림 2〉 서성로 일대를 당시(1900년대)와 현재를 비교하여 지도상에 나타낸 그림[21]

〈友弦書樓〉는 대구 중구 북성로와 이어지는 서성로 끝자락 현 대구은행 북성로 지점에 위치하였다고 한다. 그 면적은 약 700여 평에 달했으며 현 대구은행 북성로 지점의 정문 출입구에는 그곳이 당시 〈友弦書樓〉의 교사와 서고가 있었음을 알리는 표지판이 있다.

'이곳은 友弦書樓의 옛 터입니다'라는 〈그림 4〉 표지판의 내용은 당시 이곳이 〈友弦書樓〉의 자리였음을 말해 준다.

---

21) 옅은 색 글씨는 일제강점기 당시의 건물을, 짙은 색은 현재 건물의 위치를 나타낸 것이다. 그림 속 붉은 네모는 필자가 〈友弦書樓〉의 위치를 표현하기 위해 만든 것임. 사단법인 거리문화시민연대 편,『대구신택리지』, 대구: 북랜드, 2007, 210쪽.

〈그림 3〉 당시 〈友弦書樓〉가 있던 현 대구은행 북성로 지점(서성로 네거리 모퉁이)

〈그림 4〉 현 대구은행 북성로지점 자리가 당시 〈友弦書樓〉의 자리였음을 말하는 표지판

〈友弦書樓〉는 항일 민족시인 이상화선생의 백부인 소남 이일우 선생이 1904년 급변하는 국내외 정세를 보고 나라의 장래를 위해서는 인재 양성이 시급하다는 자각아래 당시 대구읍 팔운정 101번지 일대에 세운 학숙이다. 이를 모태로하여 강의원, 교남학교(현 대륜 중고등학교)등이 세워졌으며, 일제 탄압으로 〈友弦書樓〉는 비록 10여년만에 폐쇄되었으나 그 구국정신과 의기찬 학풍이 면면히 이어짐으로써 향토 교육의 요람지가 되었다. 현재 이곳은 수창동 101-11번지로 당시 〈友弦書樓〉의 남동쪽 일각에 해당된다.

이 외에도 〈友弦書樓〉의 실제 모습을 짐작할 수 있는 사진자료가 있다.

〈그림 5〉〈友弦書樓〉도서관[22]

〈그림 6〉〈友弦書樓〉앞 교남학교 1회 졸업생[23]

아래의 〈그림 7〉은 당시 〈友弦書樓〉교사를 포함한 전체 '嶠南學院圖'를, 그리고 〈그림 8〉은 이일우의 손자인 이합희의 고증으로 복원된 〈友弦書樓〉의 모습이다.

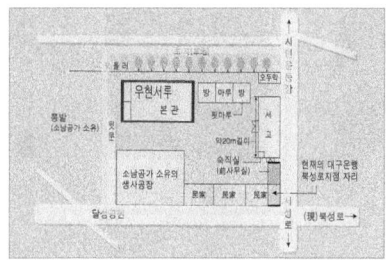 

〈그림 7〉 〈友弦書樓〉 교사를 포함한 교남학원도[24] (강조는 필자)　　〈그림 8〉 〈友弦書樓〉 구술 복원도 이합희(이일우의 손자)의 고증으로 김일한이 그림[25]

〈그림 7〉을 통해 알 수 있는 1905년 설립 당시 〈友弦書樓〉는 서고와 본관이 일자형의 긴 평면으로 총 700평 대지에 중심부가 비워진 건축물 구조를 가지고 있다. 또한 사면이 도로와 면하고 있어 그 접근성을 용이하게 하였다. 두 건물 사이에 보이는 방과 마루에서는 〈友弦書樓〉를 찾아온 지식인들에게 숙식을 제공한 곳으로 보이며 비워둔 중앙의 공간은 아마도 지금의 운동장과 같이 사용하면서 그 활용도를 도모하였던 것으로 추측된다. 동시에 이러한 중앙의 빈 공간은 일자형의 긴 평면 교사와 본관의 우측에 위치한 서고를 찾아온 많은 대중을 수용하여 강당으로서 기능을 담당하였을 것으로 짐작된다.

---

22) 大倫高等學校八十年史 편집위 편, 『사진으로 보는 大倫八十年史』, 대구: 대륜고등학교, 2001.
23) 위와 같음.
24) 위와 같음.
25) 위와 같음.

그러나 이합회의 고증으로 복원된 〈그림 8〉의 구술복원도는 기와를 얹은 한식 양식의 건물로 〈그림 5〉의 〈友弦書樓〉 도서관과는 다른 모습을 하고 있다. 〈그림 5〉의 사진에서 알 수 있듯이 당시 〈友弦書樓〉 서고는 일제식 군대 막사와 같은 일자형의 긴 형태를 취하고 있다. 〈그림 5〉와 〈그림 7〉의 서고 건물이 그 대략적인 규모나 출입구의 방향 및 위치가 유사성을 가지고 있는 데 반해 〈그림 8〉에서는 그 모습을 찾기 힘들다. 이는 후일 고증에 의해 복원된 〈友弦書樓〉의 모습이 '기억의 재생 및 재편성'에 의해 조금은 사실과 다른 모습을 반영하고 있는 것이라 할 수 있겠다.

한국근대 건축의 시기구분과 양식사적 특징은 1886년의 '韓佛條約'으로 비롯된 서양인의 포교와 일제의 식민지 정책으로부터 자유로울 수 없었다.

대구의 근대건축 유입과 그 시기 구분 역시 한국근대기의 건축적 배경을 교려하여 태동기(1886~1910), 형성기(1910~1926), 발전기(1927~1945) 3기로 구분 할 수 있다.[26]

구미인들의 천주교, 개신교 등의 종교건축물 대부분은 벽돌 조적조로 지어졌으며 평명 구성은 ㄱ, ㄷ, +자형 등으로 다양하였다. 종교건축물의 벽돌 조적식 구조는 대부분 중국인 기술자들에 의해 이루어 졌는데 대구에 들어온 중국인 기술자들은 1901년부터 활동을 시작하였다. 중국인 기술자들은 대구의 종교 건축물을 시공하면서 대구 부민들에게 벽돌의 제조법과 시공법을 소개하였다.

일본을 통한 대구의 근대 건축은 1905년 을사조약 이후 들어서기 시작하였으며 이때부터 지어진 건물들은 대부분 일제가 식민통치

---

26) 윤재웅, 「대구지역 근대 건축의 건립 주체변 유형분석에 관한 연구」, 『건축역사연구』 통권 1호, 한국건축역사, 1992.6, 135쪽.

수단으로 건축한 것 들이다. 따라서 건축물은 도기부 건축소에서 총독부 건축소로 이어지는 官家건축이 주류를 이루게 되었다. 건물의 구조적인 측면에서는 2층 목구조가 주류를 이루었고 이후 벽돌조와 철근콘크리트의 사용이 증가하게 된다. 양식사적인 측면으로는 목조 서양식에서 르네상스풍과 일·양 복합 형식 건물이 지어지게 된다.27)

1900년 당시 건축사적측면에서 조망해 볼 때, 〈友弦書樓〉는 목구조를 채택한 단층의 건물로 보인다. 또한 건축물의 사용 재료로 보아 창을 유리로 하였으며 외관을 목재판 비늘 붙이기로 마감하였다. 하지만 아쉽게도 현재 전하는 문헌자료와 건축유구가 전혀 없고 몇 장의 사진으로 외관의 형태와 사용 재료를 확인 할 수 있을 뿐이다.28)

### 4) 〈友弦書樓〉의 도서

현재 경북대학교 도서관에 소장 중29)이라고 알려져 있는 〈友弦書樓〉의 도서들은 설립자 李東診의 후손이 기증한 것으로 『四部叢刊』외 3천937권이라고 한다. 당시 〈友弦書樓〉 서고에 비치되었던 도서는 중국에서 들여온 신지식·신문물을 소개한 도서를 포함 총 1만여

---

27) 위의 논문.
28) 이 부분에 대해서는 차후 건축적인 연구와 고증을 필요한 것으로 보인다.
29) "개인문고 중엔 52년 개교와 함께 李碩熙씨가 중국 고금의 도서 3천937책을 기증해서 만들어진 우현서루가 11개 별치 개인문고 중 좌장격으로 대접받는다. 우현서루란 대륙고의 전신격으로 1904년 이상화 시인의 백부 소남공 李一雨가 대구은행 북성로지점 자리에 설립한 '민족정기 충전소' 같은 곳이었다. 이상화 시인도 젊은 시절 우현서루의 책을 보며 항일정신을 키워왔다."(「고서 X파일」 계명대 고문헌실·경북대 고서실」, 『영남일보』, 2005.10.20)

권에 달했다고 한다. 이처럼 방대한 분량의 도서를 한 곳에서 볼 수 있는 곳이 많지 않았던 당시 국내사정으로 인해 영남지역 인사들을 포함한 당대 지식인들은 이곳에서 도서들을 탐독하고 식견을 넓혔으며 신사조를 받아들였다. 그들은 이곳을 드나들면서 자신과 뜻이 맞는 이들과 의견을 나누었고, 더러는 그러한 담론 과정에서 자신의 성향을 바꾼 이들도 있었을 것이다.

최근 최재목에 의해 학계에 새롭게 소개된 海岳 金光鎭(1889~1940, 海岳은 호) 역시 〈友弦書樓〉를 드나들며 중국에서 수입된 신서적을 통해 그의 사상을 넓혀 갔다.

◎ 1910(25세, 한일합방)

이즈음에 서양의 세력이 나날이 성하여서 과학문명이 동점하였고, 학교교육이 도시로부터 점차 지방에 까지 보급되었다. 대구 〈우현서루〉에 대한 소식을 듣고 가서 중국으로부터 수입되어온 신서적을 열람하여 식견을 넓히고, 신사조를 습득하게 된다. 따라서 그는 삭발하고 고향에서 세운 대구의 협성학교(대구고등 보통학교 전신. 현 경북 고등학교 30))에 들어가서 신학문을 닦았다.31)

하지만 당시 그 곳에 있었던 것으로 추정되는 한글 도서들은 일제가 강탈해 갔거나 유실된 것으로 알려져 있으며 그중 일부가 고

---

30) 대구광역시 수성구 황금동에 있는 공립고등학교이다. 1916년 대구고등보통학교 관제 발포 관립고등보통학교로 정식 개교하였다. 1917년 대봉동 신축교사로 이전하였고, 1925년 '대구공립고등보통학교'로 교명을 개칭하였다. 1950년 5월 학제 변경으로 3년제 고등학교를 설립하고 '대구고등학교'로 교명을 개칭, 경북중학교로 분립하였다. 이후 1953년 교명을 '경북고등학교'로 변경하였고, 2003년 경북중고등학교 역사관을 개관하였다.
31) 최재목, 「海岳 金光眞의 양명학에 대한 예비적 고찰」, 앞의 책, 295쪽 참조.

서점에 있었지만 지금은 그 행방이 묘연한 상태이다.32)

또한 〈友弦書樓〉 도서의 목록으로 경북대학교에 기증·보관 중인 자료들 중 『四部叢刊』이 1921년 초판 발행된 점33)으로 미루어 볼 때, 보관 도서 중 상당량이 후손들에 의해 기증되는 과정에서 포함된 것이 아닌가라는 추측을 하게 된다.

### 5) 〈友弦書樓〉를 거쳐간 人物

흔히 〈友弦書樓〉를 다녀간 인물은 150여 명에 이른다고 한다.34) 하지만 몇 몇을 제외하고는 아직 알려진 바가 거의 없는 시점이다. 따라서 〈友弦書樓〉와 관련된 인물들을 ① 〈友弦書樓〉 설립, ② 민족자본을 통한 민족사학 부흥, ③ 항일운동 등으로 나누어 그 관련되는 인물들을 살펴보고자 한다.

#### (1) 〈友弦書樓〉 설립 관련 인물

〈友弦書樓〉와 관련해 기존에 알려진 인물로는 설립자 李東診과

---

32) 사단법인 거리문화시민연대 편, 『대구신택리지』, 대구: 북랜드, 2007, 217쪽.
33) 經, 史, 子, 集의 '四部'에 걸쳐 당시에 구할 수 있는 최상의 판본을 사진판으로 낸 총서. 上海의 商務印書館에서 1921년에 초편 323종, 1933년에 속편 75종, 1935년에 삼편 70종을 간행하고 또한 1929년부터 1936년까지 史部의 『百納本二十四史』를 출간하였다. 진교훈은 자신의 글에서 범부는 "한국인 최초로 『四部叢刊』을 거금을 들여 구독하셨습니다."라고 적고 있다. 당시 『四部叢刊』은 국내에 세 질이 있었는데 한 질은 육당 최남선, 다른 한 질은 범부, 그리고 나머지 한질은 경성제대 도서관에 보관 중이었다고 한다. (진교훈, 「범부 김정설의 생애와 사상」, 『제4회 동리목월문학제 발표집』, (사)동리목월기념사업회, 2009.04, 21쪽 및 발표 당시 구술 내용.)
34) 각주 4) 참고.

실질적 운영자인 李一雨, 그리고 그의 조카들인 相定(1897~1947), 相和(1901~1943), 相伯(1904~1966), 相昑(1905~1969)와 그들의 어머니 金愼子이다. 相和의 형제 중 相定을 제외한 두 동생들은 〈友弦書樓〉 설립 즈음 출생하여 〈友弦書樓〉와는 직접적인 연관성을 찾기가 힘들다. 다만 그들 형제들은 모두 집안의 학풍으로 〈友弦書樓〉를 자연스럽게 접했을 가능성이 매우 크다. 그들은 모두 보통학교를 다니지 않았지만 李一雨의 도움으로 가정 사숙에서 개인스승을 모시고 교육을 받을 수 있었으며 〈友弦書樓〉 폐쇄 후 설립된 講義院을 통해 신학문을 접하기도 하면서 소년시절을 보냈다35)고 한다.

相和의 어머니인 金愼子는 '대한협회 대구지회'가 설립 된 것을 계기로 1909년 '교육부인회'의 창립에 참여하였고, 달서여학교에 기부와 '부인야학교'를 설립하는데 주도하는 등 근대적 여성운동의 선구적 위치에서 적극적인 교육구국운동을 진행하였다.36)

### (2) 민족자본을 통한 민족사학 부흥 관련 인물

〈友弦書樓〉 설립자 李東珍은 당시 개인재산이 1,400여 석으로 매우 큰 부자였다. 그 많은 재산 중 절반을 〈友弦書樓〉의 운영 및 기자 자선사업으로 했다고 전해진다.37) 실질적인 운영을 맡았던 李一雨 역시 대구의 부호로 집인 공장을 설립하여 운영하였으며 사회 변동에 관심을 갖게 되면서 계몽운동에 뛰어들었다. 李一雨는 徐相敦

---

35) 김필동, 앞의 논문, 6~7쪽.
36) 「[역사속의 영남사람들. 52] 이상화」, 『영남일보』, 2005.01.04. 원문은 http://www.yeongnam.com/yeongnam/html/yeongnamdaily/plan/article.shtml?id=20050104.010070957090001(검색일 2009.4.20) 참조.
37) 김필동, 앞의 논문, 2쪽.

(1851~1913)과 더불어 인재양성을 위해 時務學堂, 大邱廣學會, 達西女學校와 같은 교육기관의 설립에도 적극적으로 참여했다.

張志淵은 이러한 그들의 뜻을 알아 당대의 지식인들이 〈友弦書樓〉에 모여들 수 있게 하는 연결고리 역할을 했다.38) 張志淵은 〈友弦書樓〉가 폐쇄된 후 1909년 1월 '嶠南敎育會'의 취지문을 지어 지원했으며, 학회의 편집원으로 활약하였다.

'嶠南敎育會'는 〈友弦書樓〉가 설립이 되고 2년 후인 1908년 설립된다. '嶠南敎育會' 설립이전 부터 영남지역에서 상경한 다수의 뜻 있는 인사들은 국운의 회복과 교육, 계몽 등을 위해 다양한 활동을 전개하고 있었다. 더욱이 유림의 보수적인 성향이 강한 영남지방이 다른 지역에 비해 신문물의 수용이나 교육에 있어서 낙후성을 면치 못하였기 때문에 구체적이고 실천적인 교육진흥과 학교설립을 위해 학회의 설립이 절실히 필요하였다. 이러한 상황에서 재경영남인사들은 영남지역의 계몽과 신교육의 진흥을 목적으로 '嶠南敎育會'를 조직하게 된다.39)

'嶠南敎育會'는 학교의 설립과 유지를 직접 지도하기도 하였는데 특별부서인 교육부를 두고 교육시찰위원으로 南亨祐(1875~1943), 安熙濟(1885~1943, 호는 白山) 등을 파견하여 지방학사를 권장하였다. 그 결과 영남 각처에 강습소가 설치되었고, '嶠南敎育會' 지회와 부인회 등이 조직되기도 하였다. '嶠南敎育會'는 이 같은 활동을 통하여 학교설립과 유지에 대한 지도, 교육진흥 등 많은 성과를 거두었다. '嶠南敎育會'의 후원으로 활발한 교육활동을 전개한 곳은 안동군지회를 비롯, 경북지방의 봉화, 금산, 인동, 경남지방의 동래, 진

---

38) 위의 논문, 6쪽.
39) 채휘균, 앞의 논문, 91쪽.

주, 김해 등지였다.40)

### (3) 항일운동 관련 인물

李一雨는 1907년에는 대구지역을 거점으로 전국 각처로 퍼져나간 '국채보상운동'을 주도하였다. 이 외에도 1908년 계몽운동단체인 '대한협회 대구지회'에 가담하여 평의원, 총무를 역임했다.41)

李一雨는 비밀결사단체활동으로 대동청년단, 조선국권회복단에 참가함으로써 부산의 安熙濟와도 관계를 가지게 된다. 安熙濟는 민족산업육성 및 비밀독립운동자금 마련을 위하여 白山商會, 조선주조 주식회사를 경영하였으며 교육구국운동으로 宜新學校·昌南學校·龜明學校를 설립, 己未育英會와 민립대학 설립 운동 등을 추진하였다.

이상의 내용들을 그림으로 나타내 보면 다음과 같다.

## 4. 결어

통감부에서 총독부로 넘어가는 일제강점기 상황에, 1905년 李相和의 조부 錦南 李東珍이 설립하고, 그(상화)의 백부 小南 李一雨가 운영한 〈友弦書樓〉는 우리나라의 근대식 도서관이자 지사들의 사랑방으로 1905년에서 11년까지 7년간 운영된 대구가 자랑하고 기념할만한 명소이다.

지금까지 학계나 지자체에서는 〈友弦書樓〉가 항일지식인들의 사

---

40) 김필동, 앞의 논문, 98쪽.
41) 최재목, 앞의 논문, 295쪽.

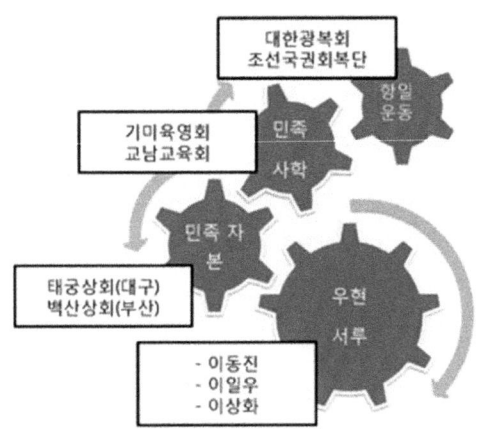

〈그림 5〉〈友弦書樓〉를 중심으로 본 개요도

랑방 역할을 하였던 사실이 확실시됨에도 불구하고 이러한 사실들을 대부분 정황적 증거에 의존하고 그 객관적 근거들을 확보할 수 없었다. 따라서 이 연구에서는 〈友弦書樓〉를 직·간접적으로 논하는 증거자료들을 종합하여 〈友弦書樓〉의 설립 배경과 의미 등을 살펴보았다.

이를 통해서 〈友弦書樓〉가 몇몇 소수의 지식인들만을 위한 공간이 아니라 민중 모두에게 열려 있었던 공간이며, 특히 〈友弦書樓〉가 당시 민족자본을 통한 민족자본의 활성화와 항일운동의 중심에 있었던 것을 확인할 수 있었다. 이것은 더 나아가 전국적인 규모를 가지는 여타의 항일운동단체들과 연관되어 있음을 암시하고 있다. 그러나 한정된 자료로 인해 당시 〈友弦書樓〉를 다녀간 150여 명의 지식인 대부분을 파악할 수 없었으며, 이로 인해 이들 간의 지적 네트워크를 찾아내기에는 무리가 있었다. 또한 〈友弦書樓〉 서고의 도서 역시 일제에 의해 강탈당하거나 도서기증 과정에서 후손에 의해 추가되었을 가능성 등이 고려되어야 함을 감소한다면 〈友弦書

樓〉서고의 확실한 도서는 별도로 지역사회의 관심과 노력으로 추적, 파악되어야 할 것 같다.

　이렇게 〈友弦書樓〉에 대한 보다 세밀하고 종합적인 연구가 이루어질 때 보수적인 성향이 짙은 영남지역에서 이루어진 근대의 신문물·신학문 수용의 방향이 제대로 파악되고, 지역사회가 지향한 이념적 특성이 이해될 수 있으며, 나아가서 미래를 위한 대구의 지성적 차원의 홍보를 구상할 수 있을 것이다.

# 참고문헌

임형택, 『한국문학사의 시각』, 창작과비평사, 1984.

김병종, 『화첩기행』 2, 호형출판사, 2000.

大倫高等學校八十年史 편집위 편, 『사진으로 보는 大倫八十年史』, 대구: 대륜고등학교, 2001.

大倫高等學校八十年史 편집위 편, 『大倫八十年史: 1921~2001』, 대구: 대륜고등학교, 2001.

고형렬, 『시 속에 꽃이 피었네』, 바다출판사, 2002.

박용찬, 「근대계몽기 대구의 문학장 형성과 우현서루」, 『국어교육연구』 제56집, 국어교육학회, 2014.

사단법인 거리문화시민연대 편, 『대구신택리지』, 대구: 북랜드, 2007.

김필동, 「李相佰의 생애와 사회학 사상」, 『한국사회학』 28(2), 한국사회학회, 1994.

윤재웅, 「대구지역 근대 건축의 건립 주체별 유형분석에 관한 연구」, 『건축역사연구』 통권 1호, 한국건축역사학회, 1992.

채휘균, 「교남교육회의 활동 연구」, 『교육철학』 제28집, 한국교육철학회, 2005.

최재목, 「해악 김광진의 양명학에 대한 예비적 고찰: 한국근대양명학의 영남지역 전개에 대한 새로운 발굴」, 『한국사상사학』 제30호, 한국사상사학회, 2008, 285~313쪽.

박용찬, 「근대계몽기 대구의 문학장 형성과 우현서루」, 『국어교육연구』 제56호, 국어교육학회, 2014.

『海潮新聞』, 1909.03.07.

『海潮新聞』, 1909.04.22.

『大韓每日申報』, 1910.04.27.
『大韓自强會月報』 4호, 1906.10.25.
'고서 X파일 계명대 고문헌실·경북대 고서실'『영남일보』, 2005.10.20.
'[역사속의 영남사람들. 52] 이상화',『영남일보』, 2005.01.04.
대륜고등학교 홈페이지: http://www.daeryun.hs.kr/

# '우현서루', 근대화 담론의 장(場)을 열다


백승종(서강대학교)


## 1. 출발점

구한말 이일우(李一雨, 1870~1936)의 애국계몽활동을 재구성하는 데 이 글의 목적이 있다. 그에 관한 기록은 구한말에 간행된 각종 자료에 흩어져 있고, 그 내용도 단편적이다. 이를 통하여 하나의 체계적인 인식에 도달하기는 어려운 일이다. 그러나 기록의 파편을 '네트워킹(Networking)'함으로써, 우리는 이 문제를 어느 정도 해결할 수 있을 것이다.

이일우의 활동은 1904년에 건립된 우현서루를 중심으로 전개되었다. 그러므로 글의 초점을 우현서루에 맞추는 것은 당연하다. 물론 우현서루가 그 한 사람의 활동무대는 아니었다. 그곳은 구한말 대구지방에서 전개된 다양한 애국계몽활동의 주된 무대였다. 역사의 풍운 속에서 이 서루에서는 언제, 누가, 어떤 활동을 펼친 것일까? 일련의 궁금증을 풀어줄 하나의 답변을 우리는 이 글에서 발견

할 것이다.

우현서루는 일제시기에도 계속해서 담론의 장으로 기능하였다. 무엇보다도, 이 서루를 모태로 삼아 대구의 여러 근대적 교육기관이 발달하였다. 이 점은 학계의 정설로 자리 잡은 지 오래이다. 이 글에서 필자는 일제 강점기 동안 이일우의 활동이 어떠했는지를 깊이 검토하지는 못하였다. 후속연구를 통해 자세히 구명되기를 기대한다.

요컨대 이 글은 구한말 우현서루를 무대로 펼쳐진 이일우와 그 동지들의 애국계몽활동을 검토한 것이다. 검토의 과정에서 우리는 몇 가지 새로운 사실을 발견하게 된다. 그것은 아마 사소한 지식에 지나지 않을 것이다. 하지만 이러한 작업을 통해서 우리는, 20세기 초 대구지방에서 타올랐던 근대화 담론의 본질에 한 걸음 가까이 다가설 수 있을 것이다.

## 2. 이일우는 누구인가

"대구의 이일우 씨라고 하면 재산가로 덕망이 높은 이로, 금년[즉 1930년] 음력 9월 29일은 씨의 환력 일에 [해]당하는 바, 이날 [그는] 남들이 흔히 하는 환갑잔치를 폐하고, 솜옷 200벌을 만들어서 대구[경찰]서에 의뢰하여, 거리에서 헐벗고 떠는 거지들에게 나누어주기로 하였다고 한다."[1]

1930년 11월 19일, 수요일. 이일우는 회갑을 맞았다. 그런데 그날

---

1) 『동아일보』, 1930년 11월 23일, 6쪽. 필자가 현대어법에 맞게 고침.

그는 회갑잔치를 사양하였다. 대신에 잔치 비용으로 솜옷 200벌을 지어, 헐벗고 굶주린 동포 걸인들에게 나누어주었다. 재산이 넉넉하지 않으면 꿈도 꿀 수 없는 일이었지만, 가난한 이웃을 걱정하는 마음이 없다면 불가능한 일이기도 하였다. 이일우는 대구 경북사람들이 널리 인정하는 '덕망가'였다.2)

그가 태어난 것은 1870년(고종 7년) 경오년 가을이었다. 서슬 퍼런 대원군의 통치가 아직 몇 해는 더 이어질 시점이었다. 영남의 중심 대구부, 거기서도 양반과 부자들이 많이 모여 살았다는 "서성(西城)" 곧 도시의 서쪽에 그의 집이 있었다. 그는 자수성가한 이동진의 장남이었다.3)

이웃에는 훗날 영남지방의 애국계몽운동을 주도한 서상돈(徐相敦, 1850~1913)이 살았다. 이일우보다 20년 연상이었다. 두 사람은 힘을 모아 국채보상운동(1907~1908)에 앞장서기도 하였다(이 글의 제6장 참고). 그들이 대구지방에서 시작한 국채보상운동은 단시일 내에 전국으로 확산되었다. 이일우가 국채보상운동의 중심에 있었다는 사실 하나만으로도 우리는, 그를 구한말에 활약한 애국계몽운동가의 대열에 세울 수 있다.4)

---

2) 이일우는 젊은 시절부터 경향 각지에 '의연금'을 쾌척했다. 가령 『대한흥학보』 제13호(1910년 05월 20일, 49쪽)의 「會計報告」를 보면 그 해 4월에 모금된 의연금이 총 45환이었고, 그 가운데 10환은 이일우가 낸 것이었다. 이일우의 다각적인 기부 행위를 알려주는 기록은 많은 편이다. 1921년 그는 대구 명신학교의 운영비 일부를 희사해 언론의 주목을 받았다(『동아일보』, 1921년 4월 12일, 3쪽). 그 이듬해(1922)에는 왜관의 한진하라는 학생에게 학자금을 제공하였고(『동아일보』, 1922년 01월 26일, 4쪽), 칠곡군 약목면의 빈민구제에도 앞장섰다(『동아일보』, 1922년 12월 16일, 4쪽).

3) 이동진은 경주이씨로 영조 무신란(1728년, 영조 4년) 때 반란군을 제압하는데 공을 세운 초관(哨官) 이무실(李茂實)의 5대손이다. 그의 먼 조상은 고려 후기의 대학자 이제현(李齊賢, 호는 益齋)이다. 이 무실에 유공 사실은 『승정원일기』 37책 (탈초본 684책), 영조 5(1729)년 5월 14일(무오)의 해당기사를 참조할 것.

일제강점기가 시작되자 이일우의 활동은 위축되었다. 그는 사회운동의 일선에서 후퇴하였다. 딱 한 번은 그도 독립운동사건에 연루되어 조사를 받았다. 그것은 1919년 6월, '조선국권회복단'(1913년 창설됨) 사건 때였다.

조선국권회복단은 3.1운동 당시 경상남도 창원 일대에서 만세시위를 주도했다. 또, 유림을 도와 파리강화회의에 한국인의 독립청원서 곧 '파리장서(파리長書)'를 보내려고 하였다. 이 단체는 특히 문서의 번역과 전달과정에 많은 힘을 쏟았다. 그러나 일경에 조직이 노출되어, 조선국권회복단에서 활동하던 인사들이 속속 체포되었다.[5] 그때 이일우도 일경에 검거되어 조사를 받았다.

'조선국권회복단'의 핵심인사들 중에는 이일우의 친구가 여러 명이었다. 가령 마산지부장으로 활약한 국학자 안확(安廓, 1886~1946)이 그러하였다. 또, 훗날 임시정부의 사법부 총장을 지내게 되는 남형우(南亨祐, 1875~1943)도 이일우의 벗이었다. 이런 사실은 일제의 심문과정에서 확연히 드러났다.

이 사건 당시 50세였던 이일우는 "대구부(大邱府) 동정(東町) 2정목(丁目) 11번지"에 거주한 것으로 기록되었다.[6] '동정 2정목'이란 이

---

4) 구한말 이일우의 애국계몽활동을 학술적으로 다룬 논저는 매우 드물다. 이일우의 경제적 활동 및 그가 건립한 시무학당을 시대적인 맥락 속에서 부분적으로 구명한 것이 전부이다(국사편찬위원회, 『한국사』 22(근대-민족운동의 전개, 국사편찬위원회, 1973~1979), 특히 '제2장 민족운동의 새 단계'를 참조할 것. 또, 권대웅의 「韓末 慶北地方의 私立學校와 그 性格」(『國史館論叢』 제58輯, 1994)도 이일우의 교육활동을 설명하고 있어 참고할 만하다. 그밖에 여러 신문과 잡지에 이일우와 우현서루에 관한 기사들이 실려 있다. 대표적인 것으로, 『월간 조선』(2015년 8월호)에 실린 이충희(이일우의 손자)의 증언이 주목된다.

5) 조선국권회복단의 활동에 관한 논저는 적지 않으나, 대표적인 것으로는 김희주의 『대한광복단의 민족운동 연구』(한국학술정보, 2006)가 있다.

6) 「증인 이일우 신문조서」, 1919년 6월 26일, 『韓民族獨立運動史資料集』 7권; 한국사데이터베이스 http://db.history.go.kr/item/level.do?levelId=hd_007r_0010_0250(2016.8.

주소는 지금까지 우리에게 알려진 그의 주소지와는 완전히 다르다.

여러 기록을 대조한 결과, 그것은 문서상의 오식(誤植)임이 틀림없다는 결론을 내리게 되었다. 조선국권회복단 사건의 중심인물인 서상일(외교부장)의 증언이 그런 판단을 도왔다. 그는 일제 검찰 측의 조서에서 이일우의 주소지가 "본정2정목"이라고 진술했다.[7] 이는 우리가 익히 아는 이일우의 주소지와 일치한다.

조선국권회복단과 이일우는 무슨 관계였을까. 결론적으로 말해, 이일우는 이 단체의 회원은 아니었다. 허나 그들과 무관한 사이도 아니었다. 넓은 의미로, 그는 조선국권회복단의 외연에 위치한 협력자였을 것이다. 그처럼 간접적인 방식으로 그는 독립운동전선과 관계를 유지하였을 것으로 추측된다.

조선총독부와 이일우의 관계는 어떠하였을까. 1914년 4월 13일자 『매일신보(每日申報)』에 따르면, 이일우 본인의 요청에 따라 "대구부 참사"를 그만 둔 것으로 되어 있다. 당시 그와 함께 정해붕(鄭海鵬)도 대구부 참사직에서 '의원해직'되었다. 신임 대구부 참사로는 이종면(李宗勉)과 이도선(李道善)이 임명되었다. '참사(參事)'는 지방행정의 고위직으로, 식민통치에 협력하는 인사들로 구성되었다. 이일우 등 대구부의 신구 참사들은 구한말 애국계몽활동에 앞장선 인사들이었다. 조선총독부가 출범한지 불과 3~4년 만에 그들은 높은 공직을 맡았던 것이다. 이러한 사실은 그들의 처신에 관한 의혹을 불러일으킬 수도 있는 것이다.[8]

---

15. 검색)

7) 「徐相日 신문조서(제1회)」, 『韓民族獨立運動史資料集』 7권; 한국사데이터베이스 http://db.history.go.kr/item/level.do?itemId=hd&setId=81484&position=5(2016.8. 15. 검색)

8) 일제강점기 이일우의 여러 가지 활동에 관하여는 지면을 달리하여 따로 고찰할 필요가 있다. 이 글에서는 그 가운데 두어 가지 특이사항을 간단히 언급하는데

이일우는 조선총독부가 명망가들에게 "하사"하는 식품을 수령하기도 하였다. 1915년 11월 4일자 『매일신보(每日申報)』의 보도에 의하면, 당시 경북지방의 '명망가' 26명(7명의 일인 포함)에게 그러한 '은전'이 주어졌다. 한국인으로는 이일우를 필두로 최준(崔浚), 배상락(裵相洛), 장길상(張吉相) 등 19명의 이름이 수혜자 명단에서 발견된다. 최준은 독립운동자금을 댄 것으로도 유명한 '경주 최부자'였다. 장길상은 해방 후 정계의 거물로 성장한 장택상의 친형이었다. 그리고 배상락은 성주 최고의 갑부로서 이일우의 친구였다.

그밖에도 사업상의 필요에 따라 이일우는 일본인들과 동업관계에 있었다. 그는 1928년 대구에서 설립된 주식회사 '경상합동은행'(대표 이병학)의 10대 주주 가운데 하나였다. 동업자들 중에는 일본인도 여럿이었다. 또한, 이일우는 수년간 조선총독부의 직속기관인 '경상북도지방 토지조사위원회'의 임시위원을 지내기도 하였다(1914~1917년).

일제 강점기 동안 이일우는 줄곧 처신에 어려움을 느꼈을 것이다. 형편상 독립운동에 직접 관여하기는 어려웠을 것이다. 하지만 일제의 식민지 통치권력과 완전히 절연하거나 또는 그들과 깊이 결탁하기도 곤란한 일이었을 것이다. 이래저래 그는 시대의 굴곡을 괴로워하면서 한국인들이 처한 비참한 상태로부터 벗어나기 위해 다방면으로 노력하였다고 믿어진다. 독립운동가 서상일의 아래와 같은 법정 진술을 들으며, 우리는 행간에 숨은 이일우와 그 동지들의 고뇌를 헤아리지 않을 수 없다.

---

그친다. 이일우의 가까운 친족들, 특히 이상화(李相和, 1901~1943)와 이상백(李相佰, 1904~1966)에 관하여는 정밀하고 다각적인 분석이 요청된다. 기존의 연구 성과로 이상규 편, 『이상화 시(詩)의 기억공간』(대구: 수성문화원, 2015)이 주목된다.

"1914~15(대정 3·4)년경 이일우, 곽세헌 및 배상락[훗날 제2대 국회의원 배상연의 형] 등이 중국시찰을 한다고 하기에 나는, 그들과 함께 안동현(安東縣), 봉천(奉天), 천진(天津), 북경(北京)에 가서 1개월가량 구경하고 귀가한 일이 있다."9)

서상일은 그들의 중국여행에 어떠한 정치적 목적도 없었다고 주장했다. 하지만 석연치 않은 점이 있다. 하필 그 시점에 이일우 등 대구 경북지방의 유지들은 왜, 교통과 숙식의 불편을 무릅쓰고 동북지방과 북경을 여행한 것일까? 여행의 안내자 서상일은 그때 이미 조선국권회복단 운동에 깊이 간여하고 있지 않았던가? 더욱이 그 무렵에는 조선국권회복단의 교통부장 이시영(李始榮, 1882~1919, 이인 변호사의 숙부)은 안동현에 망명 중이었다. 그가 대구의 유명한 포목상 출신이었다는 사실을 고려할 때, 이일우 일행과 이시우는 당연히 가까운 사이였을 것이다.

여러 정황으로 보아, 이일우 일행의 중국행은 단순한 명승지 관광으로 볼 수가 없다. 짐작컨대 국내에서 활동하는 그들로서는, 중국의 동북지방과 북경으로 모여들고 있던 국외독립운동세력의 현황이 못내 궁금했던 것이 아닐까. 요컨대 이일우 등은 한국독립의 가능성을 객관적으로 파악하고 싶었을 것이다. 그들이 중국현지의 독립운동세력과 밀접한 관계에 있던 서상일에게 안내를 부탁했던 것은 바로 그러한 까닭이 아니었을까 추측된다.

일제의 경찰과 검사들도 당연히 그러한 의심을 품었다. 그리하여 저들은 취조과정에서 여행의 동기를 집요하게 캐물었다. 그럴

---

9) 「徐相日 신문조서(제1회)」(한국사데이터베이스). http://db.history.go.kr/item/level.do?itemId=hd&setId=81484&position=5(2016.8.15 검색)

수록 이일우 등은 자신들의 중국여행이 갖는 의미를 축소하려고 노력했다.

한 마디로, 이일우는 대구지방의 유력한 인사로서 많은 사람들은 그를 '덕망가'로 평하였다. 우국지사들의 눈으로 보면, 그는 구한말부터 애국계몽활동에 뛰어든 '유지자(有志者)'였다. 이일우의 과거 경력과 성향을 정확히 파악한 일제의 입장은 좀 달랐을 수도 있다. 저들은 이일우의 정치적 성향을 의심하면서도 식민지의 원활한 통치를 위해 때로 이일우를 회유하고, 때로는 위협 또는 압박하였을 것이다. 그때마다 이일우는 선택의 기로에 서게 되었을 테지만, 그는 한 번도 감옥에 갇히거나 특별한 제재를 받지 않았다. 그의 처신은 유연하였다.

## 3. 서루(書樓)의 이름에 새긴 이일우 일가의 충정

1904년, 이일우 일가는 큰 뜻을 품고 '우현서루(友弦書樓)'를 건립했다. 그 정확한 위치는 현재의 대구시 중구 서성로 81(대구은행 북성로 지점)이다. 이동진 일가는 조국이 '을사늑약'의 수치를 겪고 일본의 반(半)식민지로 전락하자, 이를 그대로 지켜보고 있을 수가 없었다. 그들은 사재를 던져서라도 육영사업을 통해 기울어진 국운을 바로잡고자 하였던 것이다.

이 서루는 이름부터 특별하였다. '우현(友弦)'이란 중국 춘추시대 정나라의 지사 현고(弦高)를 벗 삼는다는 뜻이다. 보다 직설적으로 말해, 현고와 같은 인물을 키우겠다는 각오를 드러낸 것이었다. 현고의 고사에 담긴 본래의 의미가 궁금해진다.

춘추시대 5명의 패자(覇者) 가운데 진(秦)나라의 목공(穆公)이 있었다. 그는 장차 정(鄭)나라를 칠 셈이었다. 그리하여 목공은 맹명시(孟明視)에게 전차 3백 대를 주어 정나라를 습격하게 했다. 진나라 군사들이 정나라에서 아직 한창 먼 활(滑)나라의 국경에 들어섰을 때였다. 갑자기 한 사람이 나타나, 자신을 정나라가 파견한 사신이라고 소개했다.

"나는 현고(弦高)라는 사람이오. 우리 정나라 임금님은 그대들이 우리나라로 온다는 소식을 듣고, 나를 보내어 그대들의 노고를 위로하게 하셨소."

현고는 이렇게 말하고는 최상품의 소가죽 넉 장과 살찐 소 열두 마리를 맹명시에게 바쳤다. 맹명시는 놀라움을 금치 못하였다. 그는 정나라가 무방비 상태일 때를 틈타서 기습작전을 펼 계획이었기 때문이다. 그런데 정나라 사신이 먼 곳까지 찾아와 후한 대접을 하다니, 정나라는 이미 진나라의 침략에 철저히 대비하였다는 뜻이 아닌가. 난처해진 맹명시는 현고에게 조용히 말했다.

"우리는 지금 정나라로 가는 길이 아니오. 그대는 괜한 걱정을 하지 않는 것이 좋겠소."

현고가 진나라의 진중을 떠나자, 맹명시는 갑자기 계획을 변경하여 활나라를 희생의 제물로 삼았다. 정나라는 현고의 기지로 국망(國亡)의 불운을 탈출했다.10)

---

10) 사마천의 명저인 『사기』를 보면 「세가」(권42)에 '정세가(鄭世家)'에 현고에 관한 고사가 실려 있다.

그 당시 정나라에서는 누구도 진나라의 습격을 눈치 채지 못했다. 맹명시는 정나라의 사신을 자처한 현고에게 속아 넘어간 것이었다. 현고로 말하면, 벼슬과는 거리가 먼 소 장사에 불과했다. 그는 소떼를 몰고 낙읍으로 가던 중에 우연히 진나라 군대를 만났다. 현고는 미처 정나라 왕에게 침략군의 동태를 보고할 시간이 없었다. 그리하여 임기응변의 지혜를 발휘해 사신으로 위장했던 것이다. 현고는 한낱 정 나라의 장사치에 불과했으나, 자신의 재산(소)을 희생시켜 조국을 위기에서 구했다.

이동진 일가는 장차 현고와 같은 인물을 길러내겠다는 뜻을 가지고 우현서루를 세웠다. 이동진은 본래 무일푼이었으나, 대구 시장을 무대 삼아 재산을 많이 모았다. 그는 낙동강 일대의 상권까지 장악해 3천석을 헤아리는 대구 굴지의 부호가 되었다. 그러나 1876년의 병자수호조약 이후 한반도의 상권은 점차 일본과 중국 상인들에게 잠식되어 갔다. 나라의 운명도 해가 갈수록 침몰을 거듭했다.

20세기 초, 대한제국의 암울한 실정은 아들 이일우의 서울여행을 통해 더욱 명확히 드러났다. 서울에서 돌아온 아들은 아버지에게 규모가 번듯한 학교를 세워 인재를 기르는 것만이 해결책이라고 주장했다. 아버지는 전적으로 동의했다. 그렇게 하여, 1904년 대구 성곽의 서쪽에 훗날 우현서루라 불리는 거대한 건물이 등장하였다.[11] 우현서루가 완공되고 수개월 만에 이동진은 세상을 떴다(향년 70세). 진정한 의미에서 이 서루의 주인은 서루의 구상단계에서부터 이일우 한 사람이었다.

이동진과 이일우는 벼슬과는 거리가 먼 시골의 부유한 상인이었

---

11) 우현서루의 건립에 관한 이야기는 이동진과 이일우 부자의 문집인 『성남세고』에 여러 차례 등장한다. 일례로 다음을 참조할 것. 「遺事」, 『城南世稿』(이동진·이일우 저) 제2권, 32쪽.

다. 그러나 그들은 위기에 빠진 국가를 구하려는 굳센 각오를 다졌다. '우현서루'라는 이름에는 그들의 단호한 의지가 엿보인다. 우현서루는 장차 그 이름이 암시하는 바와 같이, 우국지사들이 모여 함께 책을 읽고 큰 뜻을 다짐하는 장소가 되어야 할 것이었다.

그때 이일우는 의욕에 넘치는 36세의 청년이었다. 앞으로 20년 동안 그는 우현서루를 이끌어나갈 것이었다. 구한말의 혼란 속에서 인재양성이라는 본래의 사명을 다하고자 애쓰던 이 서루는 결국 1915년 일제의 강압에 의해 폐쇄되었다. 그 뒤로도 서루건물은 교육과 집회의 장소로 계속 활용되었지만, 우현서루의 시대는 일단 막을 내렸다.

그런데 우현서루의 설립자를 아예 처음부터 이일우라고 단언한 자료들도 적지 않다. 이일우의 손자 이충희는 집안에 전하는 이야기를 떠올리며, 2015년 국내의 한 잡지사와의 인터뷰에서 다음과 같이 증언했다.

"[이]상화의 백부가 소남(小南) 이일우(李一雨) 선생입니다. 당대 부호로서 재력을 바탕으로 팔운정(現 수창초등학교 부근 팔운정 101-11번지)에 우현서루(友弦書樓)를 세워 많은 인재를 길렀습니다. 우현서루는 단순 책방이 아니라 수천 권의 책이 있는 도서관이었어요."[12]

우현서루의 건립자는 이일우요, 그 기능은 "책방"이자 "도서관"이었다는 증언이다. 비슷하지만 조금 다른 증언도 있다. 서루가 설립된 지 1년쯤 지난 1906년 당시의 문헌기록이다. 서울에서 간행된

---

12) 이충희의 증언은 『월간 조선』(2015년 8월호)에 실려 있다. http://pub.chosun.com/client/news/viw.asp?cate=C05&mcate=M1006&nNewsNumb=20150818165&nidx=18166&dable=10.1.4(2016.8.15 검색)

『대한자강회월보』 제4호(1906년 10월 25일)에 대한자강회의 시찰위원 윤효정(尹孝定, 1858~1939)의 「시찰기」가 실려 있다.13) 그 가운데는 우현서루에 관한 직접적인 언급이 포함되어 있어, 우리의 관심을 불러일으킨다.

1906년 8월, 윤효정은 대한자강회의 고문 오오가키 다케오(大垣丈夫, 1861~1929) 및 '대구 광학회'원 김선구(金善久)와 함께 대구에 들렀다. 대한자강회의 대구지부에 해당하는 '대구 광학회(廣學會)'를 시찰하기 위해서였다. 그의 시찰보고서를 잠시 인용한다.

"二十五日 治行叕程홀시 本會顧問 大垣丈夫氏와 金善久氏로 作伴ᄒ야 大邱 停車場에 到着ᄒ믹 當地 有志紳士數十人이 金善久氏의 預先通知홈을 因ᄒ야 停車場에 出迎ᄒ야 廣學會事務所로 前導ᄒ니 即所謂友弦書樓요. 該書樓ᄂ 當地有志 李一雨氏가 建築經營ᄒ 빈니 東邊에 書庫가 有ᄒ야 東西書籍數百種을 儲寘ᄒ고 圖書室資格으로 志士의 縱覽을 許ᄒ야 新舊學問을 隨意硏究케ᄒ 處이라."14)

윤효정 등이 기차 편으로 대구정거장에 도착한 것은, 1906년 8월 25일이었다. 역 앞에는 미리 연락을 받고 나온 대구의 유지 수십

---

13) 윤효정은 구한말의 이름난 애국계몽사상가요 또한 활동가였다. 그는 1898년 독립협회 간부로 활동했고, 일시 일본에 망명해 '조일의숙(朝日義塾)'을 세워 한국유학생들에게 숙소를 제공하기도 하였다. 귀국하여서는 1905년 이준(李準)·양한묵(梁漢默) 등과 헌정연구회(憲政硏究會)를 조직해 입헌정치 체제를 지향하였다. 또, 1906년에는 장지연(張志淵)과 함께 대한자강회(大韓自强會)를 조직하였다. 교육과 산업개발을 통해 부국강병을 꿈꾼 것이다. 1907년 이 단체가 해산되자, 여러 지사들과 함께 대한협회(大韓協會)를 조직하여 대한자강회의 사업을 계승하였다. 1907년에는 국채보상운동에도 적극 가담하였고, 1910년 한국이 강제로 병탄되자 서울의 창신동에 숨어 살기도 했다.

14) 『대한자강회월보』 제4호(1906년 10월 25일), 42쪽.

명이 일행을 기다리고 있었다. 윤효정 등은 곧바로 '대구 광학회 사무소'로 안내되었다. 사무소는 다름 아닌 우현서루 내에 자리하고 있었다.

윤효정은 「시찰기」에서 우현서루의 설립자를 이일우라고 말했다. 또, 이 서루의 구성과 운영에 관해서 다음과 같이 증언하였다. "동편에 서고가 있어 동서양의 서적 수백 종을 간직하고, 일종의 도서관으로서 지사들의 열람을 허락하였다. 옛 학문이든 신학문이든 마음대로 연구하게 하는 곳"(인용문의 부분 번역)이라고 기술하였다.

이 「시찰기」를 토대로 우리는, 우현서루가 적어도 2개 이상의 건물로 구성되었음을 알게 되었다. 광학회 사무소가 있는 본 건물과 그 동편의 전문 서고 말이다. 우현서루라는 명칭으로 보아, 1906년 당시 본 건물은 2층 누대의 형태였을 것도 같다. 거기서 강학과 토론과 사무가 집행되었을 것은 자명하다. 그 동편에 서고와 열람실의 기능을 하는 일종의 도서관이 부속되어 있었다고 짐작된다.

1906년 당시 대한자강회는 전국 규모를 자랑하는 굴지의 애국계몽단체였다. 이 단체는 국운을 회복하기 위해 교육과 산업을 장려하는 등 여러 가지 계몽 사업을 펼쳤다. 자연히 그 과정에서 친일파로 구성된 조정과 마찰이 커졌다. 자강회는 국권의 확립과 독립을 추구했으므로, 고종의 강제 퇴위도 강력 반대하였다(1907). 결국 1907년 8월, 이완용(李完用) 내각은 대한자강회를 강제 해산하였다. 결과적으로, 우현서루도 대한자강회의 대구사무소의 간판을 내리게 되었다. 불과 1년 만에 우현루의 '대구 광학회' 시대는 종말을 고했다.

윤효정의 「시찰기」가 증언하듯, 우현서루는 무엇보다도 신학문과 구학문을 망라해 지식인이면 누구나 손쉽게 이용할 수 있는 양질의 도서관이었다. 동시에, 우현서루는 대한자강회의 지부로서 서울은 물론 전국에 산재한 20여 개소의 지부들과 보조를 맞추어 애국계몽운동을 펼쳤다. 우현서루가 초창기부터 전국규모의 애국계몽단체와 깊이 연계되어 있었다는 사실의 중요성은, 아무리 강조해도 지나침이 없을 것이다.

## 4. 시무학당에서 우현서루로

초창기의 우현서루는 도서관과 애국계몽단체의 역할로 만족했던 것일까. 『황성신문』(1905년 3월 24일 자)에는 이일우의 교육활동을 알리는 중요한 정보가 실려 있다. 「하학교지울여(賀學校之蔚)」 곧 「학교가 발전함을 축하한다」는 기사이다. 당시 전국각지에 설립된 애국계몽적인 신식학교들이 일일이 소개한 것이다. 그 기사 가운데, "李一雨氏는 設時務學堂於大邱하고"15)라는 한 구절이 포함되어 있다. "이일우씨는 시무학당을 대구에 세웠고"라는 뜻이다. '시무'라면 개화에 필요한 지식을 말한다.

그 시무학당은 우현서루와 무슨 관계일까. 흥미롭게도 1905년의 기록에는 우현서루라는 명칭이 한 번도 등장하지 않는다. 우현서루라는 이름은 앞 장에서 살핀 대로 1906년부터 나타나기 시작한다. 그런데 그때부터는 시무학당이란 칭호가 어디에도 보이지 않는다. 그런 점에서 우리는 시무학당이 우현서루의 전신이라 여기게 된다.

1905년 초반, 전국에는 신식학교들이 수백을 헤아렸다. 학교의 시설과 교육수준은 상이하였으나, 설립목적은 한결 같았다. 『황성신문』 기자는 위에서 인용한 기사의 말미에서 이렇게 말했다.

---

15) 「賀學校之蔚興」, 『황성신문』(1905년 3월 24일), 2쪽.

"대체로 공과 사를 막론하고 학교가 잇따라 확장을 거듭하고 있다. 이는 곧 우리 대한이 크게 일어날 토대인 것이라. 교육이 하루하루 발달하면 백성의 지혜가 날마다 깰 것이요, 그리하면 국력 또한 날마다 강해지리라(盖無論公私하고 校塾之逐漸擴張을 卽我韓勃興之基礎也라 敎育이 日達則 民智日開하고 民智日開則 國力이 日增하리니)."16)

본래 시무학당(時務學堂)이란 명칭은 청나라 말기의 지식인 량치차오(梁啓超, 1873~1929)가 처음으로 사용하였다. 이 학당은 위기에 처한 중국인들에게 애국심을 북돋우고, 신학문을 가르쳐 부국강병을 이루려는 염원에서 비롯되었다. 이일우도 바로 그와 같은 생각으로 시무학당을 개설하였다. 학당이 문을 연 지 한 달쯤 되었을 때, 『황성신문』에 다음과 같은 기사가 실렸다.

"大邱居 李一雨氏는 民智開發에 留意하야 資金을 自辦하고 達城內에 時務學堂을 設立하야 學問淵博한 人으로 學堂長을 延聘하고 內外國新舊書籍의 智識發達에 有益한 書册과 各種 新聞雜誌 等을 廣求購入하야 該學堂에 貯實하고 上中下 三等 社會中에 聰俊有志한 人員을 募集하야 書籍과 新聞雜誌를 逐日閱覽討論할 計劃으로 學部에 請願하야 認許를 要한다니 如此有志한 人은 政府에서도 獎勸할만하다더라."17)

기사의 요지를 간추려 보자. 첫째, 이일우가 자비를 들여 시무학당을 설립하였다는 것이다. 둘째, 학문이 높은 이를 '학당장' 곧 교장으로 모시고, 국내외 서적은 물론 신문과 잡지에 이르기까지 많

---

16) 「賀學校之鬱興」, 『황성신문』, 1905년 3월 24일, 2쪽.
17) 「有志開明」, 『황성신문』, 1905년 2월 1일, 2쪽.

은 도서를 확보한다고 하였다. 셋째, '상중하 3등의 사회 계급을 망라하여 재주 있고 뜻이 있는 사람들을 모아서' 가르친다는 구절이다. 시무학당은 양반만의 학교가 아니라, 모든 계층을 아울러 신구 지식의 산실로 만들겠다는 설립자의 의지가 돋보였다.

이일우는 신설 시무학당의 임시 학당장이 되었다. 학부의 인가를 받기 위해 그는 〈청원서〉를 제출하였다. 그 구체적인 내용은 〈이씨청원(李氏請願)〉이란 제목 아래 신문에도 수록되었다(『황성신문』, 1905. 03.04). 거기서 주목되는 서너 가지 점을 발췌하면 다음과 같다.

첫째, 시무학당의 설립 목적은 "一般 大韓國民의 智識을 開發增進ᄒ기 爲ᄒ야"[18] 곧 국민 일반의 지식을 개발 또는 증진하기 위해서라고 하였다.

둘째, 학당에서 사용할 도서에 관한 언급도 있어 우리의 눈길을 끈다. "書籍名目은 大韓及東西各邦의 古今歷史 地誌 筭術學 格致 化學 經濟 物理 農商工法律學 醫學 兵學及新聞 雜誌 等 諸書오 其他 雜術 小技 蠢心 病俗之書ᄂ 切勿貯藏ᄒᆯ 事"[19] 한국사 및 동서양 역사를 비롯해, 지리, 수학, 물리, 화학, 경제, 농업, 상업, 공업, 법률, 의학, 군사학, 신문, 잡지 등을 학당에 비치할 것이라 했다. 반면에 점 따위의 잡술이나 풍속을 해치는 일체의 서적은 일체 금지하겠다고 밝혔다.

셋째, 학교의 경비에 관한 부분이다. "書籍購買費와 學堂建築費ᄂ 本人이 自擔經紀이되 其他 一切 費用은 學員과 商議措辦ᄒᆯ 事"[20] 학당의 건축비와 도서설비 등은 이일우가 전담하고, 기타 운영비용은 학당의 구성원들과 상의하여 처리한다고 말하였다. 이 말만 가지고

---

[18] 「李氏請願」, 『황성신문』, 1905년 3월 4일, 3쪽.
[19] 「李氏請願」, 『황성신문』, 1905년 3월 4일, 3쪽.
[20] 「李氏請願」, 『황성신문』, 1905년 3월 4일, 3쪽.

보면, 일종의 수업료를 학생들에게 부과할 의지가 없지 않았던 것이다. 하지만 전하는 말에 따르면, 모든 비용을 학당의 주인 이일우가 부담하였다고 한다.

넷째, 입학자격 및 교육방침에 관해서도 약간의 정보가 있다. "入堂 閱書는 勿論 遠近 上中下 等 會社與老少ᄒ고 幷從志願ᄒ야 課日閱覽ᄒ며 或 討論도 홀 事."21) 요컨대 학당에 정식으로 입학하고 싶거나, 학당에서 독서하고 싶은 사람은 지역과 신분에 구애 없이 누구라도 본인의 의지에 따라 지원할 수 있다고 하였다. 학당의 문호는 누구에게나 개방되어 있다는 것인데, 그들은 학당에서 도서를 열람하고 또 토론에 참여하게 될 것이라 하였다.

이렇게 시작된 시무학당은 그 이듬해(1906)부터 우현서루로 불리게 되었다. 우현서루의 명성은 날로 높아져 얼마 뒤에는 국외의 독립운동가들 사이에서도 회자될 정도였다. 1908년 4월 22일자 『해조신문』(러시아 블라디보스토크 동포들의 한글신문)에는 우현서루의 모습을 소개한 장문의 기사가 등장하였다.

"대구 서문 밖 이일우 씨는 (…중략…) 우현서루(友弦書樓)라는 집을 건축하고 내외국에[서] 각종 신학문 서적과 도화를 수만 여 종이나 구입하여 쌓아두고 (…중략…) 경상 일도 내에 중등학생 이상에 자격되는 자제를 모집하여 그 서루에 머물게 하고, 매일 학술로 강연 토론하며 각종 서적을 열람케 하여 문명의 지식을 유도하며 (…중략…) 숙식 경비까지 스스로 부담한다 하니, 국내에[서] 제일 완고한 영남풍습을 개량 진보케 할 희망이 이[일우] 씨의 열심으로 말미암아 기초가 되리라."22)

---

21) 「李氏請願」, 『황성신문』, 1905년 3월 4일, 3쪽.
22) 『해조신문』, 1908년 4월 22일, 3쪽.

이 신문기사는 몇 가지 점에서 우리의 주목을 끈다. 첫째, 우현서루의 장서수준이 1906년에 윤효정이 「시찰기」에서 언급한 "수백 종" 정도를 벗어나, 2~3년 사이에 "수만 여 종"으로 확대되었다는 점이다. 양질의 장서를 확보하려는 이일우 일가의 노력이 계속되었던 결과이다. 나중의 일이지만, 이일우의 후손들은 우현서루의 장서 3천 937권을 경북대학교 도서관에 기증한 일이 있다. 일제는 우현서루의 전성기에 구비한 수만 권의 장서 가운데 상당수를 강탈했다고 한다. 나머지 서적은 6.25전쟁 중에 사방으로 흩어졌는데, 전후 대구시 남구 이천동 소재의 고서점에서도 왕왕 발견되었다고 한다.

둘째, 학생의 수준도 "중등학생 이상"이라는 점이 주목된다. 즉, 시무학당의 후신인 우현서루는 중등 이상의 고학력자를 양성하는 기관이었다. 그들은 서루에 기숙하며 매일 같이 독서, 강연, 토론을 하였다. 앞에서 우리는 이 서루에 본관인 강당과 부속건물인 도서실이 있었다는 점을 확인했다. 이제 우리는 그밖에 또 하나의 건물이 있어, 기숙사동으로 활용되었을 가능성을 점치게 된다. 조선시대의 여느 향교 또는 서원과 같이 우현서루 역시 중앙의 강당과 동서 양쪽의 부속 건물로 구성되었을 것이 틀림없지 않은가.

셋째, 일종의 기숙학교인 우현서루의 운영비 일체를 설립자 이일우가 전담했다는 점이다. 그때 당시 전국에 설립된 신식학교들은 재정적 곤란에 시달리다가 곧 사라지곤 하였다. 그와 달리 시무학당은 이일우의 지속적이고 적극적인 후원 아래 상당히 수준까지 발전을 거듭한 것이다. 그랬기에, 국외의 독립운동세력들도 시무학당이 "완고한 영남 풍습을 개량할 희망"이라며 극찬했던 것이다.

한 마디로, 우현서루는 대한자강회의 대구 지부에 속한 애국지사들이 모여 토론하는 담론의 장이요, 중등이상의 교육시설로서 근대적 계몽사상이 전파되는 통로였다. 각종 문헌을 통해 제대로 확인되지 않고 있으나, 구한말 전국각지로부터 상당수 우국지사들이 우현서루를 찾아와 비분강개한 토론을 하였다는 구전이 남아 있다. 이일우의 손자 이충희는 앞에서도 인용한 2015년의 인터뷰에서 다음과 같이 말했다.

"우현서루와 인연을 맺은 인물이 많은데 '목 놓아 크게 소리 내어 통곡하노라'고 쓴 〈시일야방성대곡(是日也放聲大哭)〉의 장지연(張志淵), 상해 임시정부 국무총리와 제2대 대통령을 역임한 박은식(朴殷植), 임시정부 초대 국무령으로 독립운동에 헌신한 이동휘(李東輝) 등이 대표적입니다. 이 우현서루에 인재들이 모여들자 1915년 일제는 폐쇄하고 말았어요."[23]

이충희의 증언이 과연 역사적 사실을 얼마나 반영하는지는 정확히 판단할 수 없다. 허나 우현서루에 각지의 선비들이 모여들었다는 주장은 개연성이 충분하다. 학교이자 도서관이요 또한 토론장이었던 우현서루는, 대구지역을 대표하는 애국담론의 중심지였기 때문이다.

앞에서 인용한 적이 있는 〈증인 이일우 신문조서〉에서 이일우는, 자신과 국학자 안확의 관계를 다음과 같이 진술하였다.

"安廓은 이전에 大邱 西小門 밖 友弦書樓에서 함께 공부한 일이 있어 알게 되었고, 작년(1918) 공진회 때 馬山에서 와서 새끼 짜는 기계를 구입하는 자금으로 돈 100원을 대여해 달라고 해서 빌려 주었는데, 아직도 갚지 않고 있다."[24]

---

23) 『월간 조선』(2015년 8월호). http://pub.chosun.com/client/news/viw.asp?cate=C05&mcate=M1006&nNewsNumb=20150818165&nidx=18166&dable=10.1.4 (2016.8.15 검색)

1919년 당시 안확은 조선국권회복단의 마산지부장으로 활동했다. 이일우는 그 한 해 전인 1918년 안확에게 100원이라는 거금을 빌려주었다고 말하였다. 기계의 구입자금으로 빌려준 것이라고 했지만 이일우의 진술에는 잘 이해되지 않는 점이 있다. 그 돈이 혹시 독립운동자금은 아닌가, 하는 일제의 추궁을 피하려고 둘러댄 말이었을 수도 있겠다는 생각이 든다. 그는 거액을 빌려주었지만 담보를 설정하지도 않았고, 대금의 상환을 촉구한 정황도 전혀 발견되지 않는다.

의심의 여지가 없는 한 가지 사실은, 이일우가 아무 조건도 제시하지 않은 채 안확에게 거액을 건네줄 정도로 호의적이었다는 점이다. 둘 사이의 우정이 그만큼 깊었다는 이야기이다. 그런데 그들의 우정이 시작된 곳이 바로 우현서루였다.

"우현서루에서 함께 공부한" 나날이 그들을 친구로 만들었다. 안확은 1886년생으로 시무학당의 학생이었음이 틀림없다. 학당의 주인 이일우는 안확보다 16년 연상이었지만, 그의 탁월한 학식을 인정하여 '망년지우(忘年之友)'가 되었다. 우현서루가 이 두 사람만을 친구로 만들었겠는가? 서루의 주인 이일우를 포함해, 이곳을 찾아온 각계각층의 인사들은 저마다 그들 서로를 강하게 묶어주고 연대하는 '교류의 장'을 얻었다고 말해도 좋을 것이다.

---

24) 「증인 이일우 신문조서」. http://db.history.go.kr/item/level.do?levelId=hd_007r_00 10_0250(2016.8.15 검색)

## 5. 근대화 담론의 중심에 선 우현서루

　　대한자강회의 시대는 허무하게 막을 내렸지만, 그것으로 연대와 연계의 그물망이 파괴된 것은 아니었다. 곧 우현서루는 또 다른 기회를 발견했다. 1907년 가을, 우현서루는 새로 창립된 '대구 농회'('대한농회'의 경북지부)와 관계를 맺었다. 그들에게 강연장을 제공한 것이다. 〈농업의 발달이라. 농업의 개량〉이란 연제로 최대림(崔大林), 장상철(張相轍), 이쾌련(李快璉), 이종구(李宗求) 등이 우현서루에서 잇따라 강연했다. 이 행사는 경상북도관찰사 이충구와 대구군수 최현달이 후원하는 반관반민의 농민연수회였다. 대구의 유지들뿐만 아니라 농민들도 다수 참가하였다.25)

　　대한농회는 농업발전을 위해 설립된 것이었다. 당시는 농업의 위상이 높아서 관변의 유력인사들이 이 단체의 설립과 운영에 적극 참여했다. 가령 이름난 지식인 현채(玄采, 1886~1925)도 1906년 10월부터 대한농회 의원을 역임하였다. 친일파 유성준(兪星濬, 1860~1934)도 1909년 4월 대한농회 의원을 지냈고, 역시 친일파 관료였던 조중응(趙重應, 1860~1919)도 구한말 대한농회 부회장을 맡았다. 대한농회는 경향 각지에 지부를 두고, 자주 강연회를 열어 농촌계몽을 주도하려 했다. 그런데 그들의 행사는 지주 중심이어서 일반 농민들의 호응은 그다지 높지 않았다.

　　대한농회의 대구 지부는 '대구 농회'라 하였다. 지주인 대구의 유력자들이 그 주축을 이루었다. 정3품(正三品) 강일(姜鎰), 서상돈, 전주사(前主事) 김진수(金進銖), 이덕구(李悳求) 등이 대구 농회의 설립을 주도하였다. 지부장에는 박해령(朴海齡, 1857~1920)이 선출되었

---

25) 관련기사는 『皇城新聞』, 1907년 10월 25일, 4쪽을 참조할 것.

고, 부장(副長)은 서봉기(徐鳳綺), 평의장(評議長)은 서상돈이 맡았다. 이들 가운데 서상돈은 대구 농회가 모범농장으로 사용할 수백 평의 농지를 제공하기도 하였다.

　대한농회는 친정부 인사들이 대부분이었기 때문에 별다른 마찰 없이 그대로 유지되었다. 대구 농회 역시 큰 파란을 겪지 않은 것 같다. 그들과 우현서루와의 연대가 얼마나 지속적이었는지는 잘 알 수 없다. 초창기에는 독립된 건물이 없어서 우현서루의 공간을 빌려 쓴 것이 틀림없다. 하지만 이 단체는 얼마 안가서 독립적인 사무 공간을 확보했던 것 같고, 그때부터는 우현서루의 공간을 더 이상 필요로 하지 않게 되었을 것이다.

　우현서루와 지속적으로, 밀접한 관계에 있었던 것은 대한협회, 정확히 말해 그 대구지부였다. 대한자강회의 후신에 해당하는 것이 대한협회였다. 따라서 우현서루와의 관계가 밀접할 것은 쉽게 예측할 수 있는 점이었다. 대구지회가 출범한 것은 1908년 2월 20일이었다. 『대한협회회보』(제2호, 1908년 05월 25일)에 따르면, 대한협회 측은 대구지회의 발족을 축하하고 성원하기 위해 윤효정을 시찰원으로 파견했다. 그는 이미 대한자강회 시절부터 우현서루를 왕래한 유명 인사였다. 1908년 2월 18일, 윤효정이 대구에 도착하자 수십 명의 대구 유지들이 대구역까지 나가서 마중하였다. 그 다음날, 대구 달본소학교(達本小學校)에서 대구지회의 임시회가 개최되었다. 하루 뒤에는 같은 장소에서 73명의 회원이 모여 발기대회를 하였다. 방청객도 많았다고 한다. 그날 윤효정은 대한협회를 대표하여, 〈정치의 원인〉, 〈정부조직의 본뜻〉, 〈정당의 원인〉, 〈정당의 정신〉, 〈국민의 현 상태〉, 〈본회(本會)가 앞으로 나아갈 길〉 등의 6가지 소주제에 관하여 장시간 강연하였다. 윤효정은 당대 최고의 연사로 손꼽혔던 터라, 청중의 반응도 뜨거웠다.

윤효정의 시찰 보고서에 따르면, 회의장 분위기는 고무적이었다. "會員 朴海齡 徐鳳綺 李一雨 三氏는 其 知識聲譽가 道內厚望을 膺受ᄒ 오민 一支會를 無弊維持ᄒ올 줄노 本人이 擔當云云."26)이라 하였다. 즉, 대구지회의 회원 중에서 박해령, 서봉기 및 이일우 3인은 지식과 명성이 경상북도에서 제일가는 명사들로서, 그들은 대구지회를 맡아 문제없이 잘 꾸려나갈 것을 다짐하였다는 뜻이다.

사실 대구지회의 설립운동은 이미 그보다 한 달 전에 시작되었다. 『대한협회회보』 제4호(1908.07.25)에 그 전말이 상세히 실려 있다. 즉, 1908년 1월 3일 대구의 여러 인사들이 모여 대구지회의 발기문을 작성하였다. 그런데 문제는 예비회원의 상당수가 '의병'이란 의혹을 샀다. 통감부의 일인들은 이 문제를 중시해, 반일세력을 근본적으로 제거할 태세였다. 대구지회의 정식 출범이 계획보다 한 달여 늦어진 데는 그러한 정치적 배경이 있었다. 통감부의 이익을 대변하는 경찰 측과의 갈등은 지회가 공식 출범한 뒤에도 계속되었다. 애국계몽단체에 대한 친일파들의 간섭과 압박은 끝이 없었다.

마침내 1908년 3월 22일, 대구지회는 서울에 있는 대한협회 본회로부터 지회의 〈허가장〉 및 지회간부의 〈지명서〉 등을 확보하였다. 그달 26일, 대구지회는 총회를 열어 임원을 선출했다. 박해령은 회장이 되었고, 부회장은 서봉기, 이일우는 대구지회의 평의원으로 선출되었다. 이로써 이일우가 운영하는 우현서루는 대한협회의 대구지회와 불가분의 관계가 되었다.

1908년 3월 30일 임시총회를 마친 다음, 대구지회는 강연회를 가졌다. 그 장소는 당연히 우현서루였을 것이다. 강연장소가 명기된 기록은 아직 발견하지 못하였다. 그런데 불과 1년 전까지만 해도

---

26) 『대한협회회보』 제2호(1908년 05월 25일), 58쪽.

대한협회의 전신인 대한자강회가 우현서루에서 모든 행사를 개최하지 않았던가. 그러한 사실로 미루어 우현서루의 강연장 제공을 짐작하고 남음이 있다.

"李一雨氏난 〈本會 七綱領의 趣旨〉로 李恩雨氏난 〈時間遵行이 團體의 密接關係〉로 崔大林氏는 〈社會敎育이 急務〉란 問題로 演說ᄒ고 來通常會에 演說會開催ᄒ기를 議定ᄒ다."27)

대한협회의 대구지회에서 이일우의 위상과 역할도 한층 중요해진 느낌이다. 강연회에서 그는 주최 측을 대표하여, 〈본회 7강령의 취지〉를 설명하였다. 이어서 이은우(李恩雨)는 〈시간 준행이 단체와 밀접한 관계〉라는 제목으로, 회원들의 정시 출석을 부탁하였다. 끝으로, 최대림은 〈사회교육이 급무〉라며 회원들에게 사회적 책무의 중요성을 강조했다.

필자가 조사한 바로, 구한말 대구에는 수 명의 저명한 연사들이 활동하였다. 그 가운데서도 이은우는 대구출신으로서 우현서루에서 개최된 대한협회 측의 강연회에 단골로 등장하는 연사였다. 그는 앞서 예로 든 강연 외에도 1908년 9월 15일의 강연회에도 연사로 나와, '깊이 병든 이가 의사를 거부하고 약을 피하는 습성을 대학자(大方家)는 깨우칠 방법이 있는가'를 물었다. 이은우는 애국계몽운동이 효과를 보기가 어렵다는 고충을 털어놓은 것이다.

대구지회는 창립 이후 달마다 월례회를 열었고, 그때마다 연설회를 개최하였다. 남아 있는 이 단체의 회보를 검토해 보면, 다른 지회와 마찬가지로 대구지회 역시 정기적으로 강연회를 개최한 사실이

---

27) 『대한협회회보』 제4호(1908년 07월 25일), 58쪽.

확인된다. 예컨대, 1908년 5월 28일에도 그러하였다. 그때도 서울본부가 파견한 윤효정(총무)이 연사로 나와, 〈대한협회(大韓協會)는 민성(民聲)의 기관〉이란 주제로 계몽강연을 했다. 이어서 인기강사 이은우는 〈사회의 진보할 점〉을 설파했다.

우현서루에서 개최된 숱한 강연의 줄거리 또는 원고는 하나도 남아 있지 않다. 우리가 알 수 있는 것은 그 제목 정도이다. 제목만으로 강연의 내용을 제대로 알 수 없는 것이 사실이다. 그러나 어느 정도의 짐작은 가능한 일이다. 필자의 분석에 따르면, 대구지회의 강연 주제는 다음과 같이 요약된다. 첫째, 애국심을 일깨우는 것이었다. 둘째, 산업과 교육열을 진흥하는 것이다. 셋째, 근대정치의 본령을 깨우쳐, 근대화와 독립의 의지를 북돋우는 것이었다.

그러한 강연을 담당한 연사와 연제를 조금 더 구체적으로 알아보자. 1908년 6월 13일, 이윤(李潤)은 〈역사는 국민의 특성을 발휘하는 요소〉라는 강의를 하였다. 역사를 통해서 독립의지를 일깨우려는 시도였다고 평가된다. 또, 김봉업(金鳳業)은 〈고통은 달콤함의 근본〉이라고 주장하였다. 구한말은 여러 모로 어려운 시기임에 틀림없지만 참고 이겨내자는 취지였을 것이다. 1908년 7월 13일에도 월례회를 마친 다음, 두 가지 강연이 있었다. 이쾌영(李快榮)은 '원동력은 타동력(他動力)을 산출(産出)하는가'를 물었다. 근대화를 향한 자구책 마련이 얼마나 중요한지를 설파한 것이었으리라 본다. 그날, 서기하(徐基夏)는 〈단체의 효력〉을 설명하기도 하였다. 대한협회에 적극 참가하는 것이 국운의 개척에 진정한 도움이 된다는 취지였을 것이다.

1908년 9월 15일에 열린 월례 총회에서는 임원개선도 있었다. 그때 소설가 현진건의 아버지 현경운(玄擎運)이 교육부장으로 선출되었다. 그리고 우현서루의 운영자 이일우는 실업부장이 되었다.[28]

그 이듬해인 1909년 대한협회 대구지회는 대단히 이례적인 행사를 경험하게 되었다. 『대한협회회보』 제12호(1909.03.25)에 그때의 사정이 다음과 같이 짧지만 의미심장한 어투로 기록되었다.

"(隆熙) 三年 一月 七日 下午 一時에 大皇帝陛下 南巡幸行 時에 本會 一般會員이 本會徽章을 各佩ᄒ고 會員名案과 銀盃一雙을 進獻ᄒ다."29)

1909년 1월 7일 오후 한 시, 순종 황제가 탄 특별열차가 대구에 멈추었다. 마지막 황제는 남부지방을 순회 방문하는 중이었다. 그때 대구지회의 모든 회원들은 대한협회의 휘장을 차고 역으로 마중 나와 순종황제에게 자신들의 이름이 적힌 회원명부를 바쳤다.30) 아울러 그들은 은배(銀盃) 한 쌍을 황제에게 진상하였다. 대한제국과 그 황제에 대한 변함없는 충성을 서약한 것이었다. 이일우 등 이 행사에 직접 참가한 대구지회의 회원들은 죽을 때까지 황제와의 만남을 잊지 못하였을 것이다. 감동적인 이 만남이 있은 지 얼마 뒤, 일본제국주의자들은 강제로 국토병합을 단행하고 말았기 때문이다.

국운의 마지막 숨결이 잦아들던 1910년 7월, 대한협회 대구지회는 뜻밖의 사건으로 골치를 앓았다. 그 사건은 애국계몽의 기치를

---

28) 그 해 12월 8일, 이일우는 자원에 의해 실업부장을 사퇴한다. 『대한협회회보』 제12호(1909년 03월 25일), 57쪽을 참조할 것.
29) 『대한협회회보』 제12호(1909년 03월 25일), 57쪽.
30) 이 일이 있기 한 해 전(1908년), 대한협회 대구지부의 회원은 50여 명으로 전체 회원 명단은 다음과 같다. 徐鳳綺 趙乘禧 鄭來朝 鄭在學 張相轍 安宅鎬 李一兩 權錫禹 蔡憲植 玄擎運 李宗勉 李恩雨 徐興均 朴最東 楊在淇(이상 15명은 기존회원) 李教變 崔茂林 崔東吉 文鳳準 尹相佑 金魯豊 徐丙五 鄭在悳 李玄澍 徐相春 金愚根 朴海齡 李快榮 崔星淳 鄭海鵬 裵文煥 白日容 金進鈇 鄭來郁 徐海潤 李柄三 朴基敦 金載厚 許協 徐丙奎 池道一 崔大林 徐聖彦 金炳老 崔鐘允 徐基夏 鄭麟燮 李英淑 姜德魯 吳有昌 李章雨 李達源 李敬善 李在玉(이상 39명은 신입회원) 『대한협회회보』 제3호(1908년 6월 25일), 67쪽.

높이 세우는 것이, 이 땅에서 얼마나 어려운 일이었는지를 가늠하게 한다. 그 사건은 유림의 본고장 안동에서 일어났다. 경상북도경찰부장이 그 당시 통감부에 보고한 한 건의 문서, 곧 「安東協東學校 敎員 生徒의 暴徒被害事件에 關한 大韓協會 決議 聲討文의 配付 및 演說會 狀況報告」에 사건의 내막이 잘 요약되어 있다.

"七月 十八日 首魁 崔聲天이 이끄는 暴徒 十八名에게 銃殺當한 協東學校 敎員 및 生徒의 被害事件에 關하여 大邱大韓協會支部는 臨時總會를 開催하고 評議員 李一雨 外 十三名이 出席 左와 같은 決議를 함."31)

1910년 7월 18일, 최성천 등 18인이 안동의 신식학교인 협동학교에 침입해 교원 및 학생을 총으로 쏴 죽였다는 충격적인 보고였다. 신식교육을 반대하는 완고한 안동유림세력의 일부가 이 사건에 관련되었다고 한다. 애국계몽에 앞장서 활동하던 대한협회 대구지회는 놀라움을 금하지 못하고, 임시회의를 열었다. 그때 임시회의를 주도한 이는 우현서루의 대표이자 대구지회의 평의원인 이일우 등이었다. 그들 14인은 다음과 같이 결의하였다.

1. 폭도의 토벌을 관할 경찰서에 요청할 것
1. 안동에 있는 완고한 양반에게는 물론, 서울에도 성토문을 보낼 것.
1. 장례비의 일부를 떼어 유족들에게 지급할 것
1. 유해가 대구에 도착하면 각 학교 학생 및 유관 단체 회원들이 모여

---

31) 「安東協東學校 敎員 生徒의 暴徒被害事件에 關한 大韓協會 決議 聲討文의 配付 및 演說會 狀況報告」, 『한국독립운동사 자료』, 18(의병편 XI); 한국사데이터베이스 http://db.history.go.kr/item/level.do?itemId=kd&setId=81496&position=0(2016.8. 15 검색)

추도회를 가질 것.32)

구한말 전국에는 많은 신식학교들이 세워졌다. 뜻있는 인사들이 애국계몽운동에 박차를 가했던 것이다. 그러나 안동과 같이 보수적인 일부 지역에서는 애국계몽운동에 대한 유림의 반발이 완강하였다. 진보와 보수 양 진영의 갈등과 대립이 증폭되는 가운데 대한제국은 내부 분열의 늪에 빠졌다. 그리하여 근대화를 통한 자구책 마련도 쉽지 않았다. 이른바 신학과 구학의 뿌리 깊은 갈등은 나라가 망할 때까지도 가라앉지 않았다. 안동의 협동학교 사건에서 드러난 것처럼 신식교육에 대한 일부 보수층의 혐오와 저항은 우리의 상상을 초월하였다.

이일우를 중심으로 한 대한협회 대구지부 인사들은 협동학교 사건을 계기로, 근대화를 향한 계몽활동을 더욱 강화할 생각이었다. 1910년 7월 26일, 오후 8시부터 320명의 청중이 모인 대구의 "은사기념관(恩賜紀念館)"33)에서 그들은 기념 강연회를 열었다.

일본경찰의 보고서에는 그날의 강연 제목과 연사가 간단히 기록되어있다.34)

그에 따르면, 우선 협동학교 사건의 시말을 알리는 〈교사의 참상〉이 보고되었다. 연사는 그 사건으로 목숨을 잃은 교사의 친구 남형우였다. 이어서 〈살고 죽는 일의 장단점〉이란 제목 아래 사건

---

32) 「安東協東學校 敎員 生徒의 暴徒被害事件에 關한 大韓協會 決議 聲討文의 配付 및 演說會 狀況報告」(한국사데이터베이스). http://db.history.go.kr/item/level.do?itemId=kd&setId=81496&position=0 (2016.8.15 검색)

33) 짐작컨대 '은사기념관'은 순종황제의 대구방문을 기념해서 세운 공공건물로서 대구지방 애국계몽운동의 또 다른 무대였던 것 같다.

34) 「안동협동학교 교원 생도의…」(한국사데이터베이스). http://db.history.go.kr/item/level.do?itemId=kd&setId=81496&position=0(2016.8.15 검색)

의 피해자를 추도하는 발언이 뒤따랐다. 그 연사는 서울출신의 명강사 이윤이었다. 끝으로, 이일우의 벗이자 우현서루 출신의 청년 지식인 안확이 등단하여, 〈영남 교육, 장래에 미칠 영향〉이란 강연을 하였다. 안확은 안동의 폭력사태를 끝으로, 신식교육이 영남지방에 더욱 깊이 뿌리를 내려야 한다는 주장을 강력히 밝힌 것이다.

요컨대 협동학교 사건 당시 이일우는 대한협회를 대표하여, 사건의 해결에 누구보다 앞장섰다. 그의 친구이자 우현서루 출신의 재사 안확도 대구지방 애국계몽운동에 있어 중요한 인물로 떠올랐다. 우현서루에서 연사로 명성을 떨친 이윤 역시 사건의 해결에 중요한 역할을 하였다. 한 가지 부기할 점도 있다. 협동학교 사건을 계기로 이일우는 훗날 임시정부 요인으로 활동하는 남형우와 가까워졌다. 1919년에 작성된 「증인 이일우 신문조서」에서 이일우는 그 점을 순순히 인정했다.

"남형우(南亨祐)도 [그 사정을 말하자면] 전년[즉 1910]에 안동현에서 학교의 교원이 폭도에 의해 학살되었는데, 그 피해자[즉 교사]와 동창이었기 때문에, 그 시체를 가지고 대구에 왔을 때[부터 나는 그를] 알게 되었다."35)

간단히 말해서, 1907년부터 우현서루는 대구지방 근대화 담론의 중심무대로 자리 잡았다. 우현서루는 대한농회와 대한협회의 대구지부에 강연장소를 제공하였기 때문이다. 그 강단에는 경상북도의 신식지식인들은 물론, 윤효정과 이윤을 비롯한 서울의 유명 인사들

---

35) 「증인 이일우 신문조서」(한국사데이터베이스). http://db.history.go.kr/item/level.do?levelId=hd_007r_0010_0250(2016.8.15 검색)

도 등단하여 애국계몽을 역설하였다. 우현서루의 주인 이일우도 강사로 나설 때가 있었다. 특기할 점은 우현서루가 직접 길러낸 인사들도 강사로 성장했다는 점이다. 시일이 경과됨에 따라 강사들 중에는 유명 강사도 배출되었다.

강연장의 청중도 다양하였다. 관련단체의 회원을 비롯한 대구의 식자층, 그리고 우현서루 학생들이 가장 중요한 청중들이었다. 점차 이웃 주민들도 적지 않게 참여 하였다. 멀리서 찾아온 농민들의 모습도 간간이 보였다. 우현서루를 가득 메운 청중과 연사들은 교육과 산업의 근대화, 서구적 민권의 보장을 통해 부국강병의 길을 모색하였다. 그럼으로써 그들은 대한제국의 독립을 길이 유지하고자 하였다.

그러나 이일우를 비롯한 애국계몽세력의 의지와 열정에 대하여 친일정권은 훼방과 간섭으로 맞섰다. 그에 더하여, 보수적인 유림의 저항도 완강하였다. 이래저래 애국계몽의 길은 순탄하지 못하였다.

## 6. 우현서루는 국채보상운동의 한 축

구한말 대구에는 우현서루와 유사한 또 하나의 단체가 활동하였다. 1906년 1월, 우현서루보다 한 해 늦게 인접한 곳에 근대적 출판기업인 '대구 광문사'(사장 김광제)가 발족하였다. 이 회사는 사내에 별도조직으로 '광문사 문회'라고 하는 계몽단체를 두었다. 대구의 신지식인들을 위한 공개적인 사랑방 하나가 더 열린 셈이었다. 그리하여 대구에서는 우현서루와 광문사 문회를 주축으로 근대화 담론이 더욱 무성해졌다.

둘 다 애국계몽운동을 선도하는데 목적을 두고 있었으나, 차이점도 적지 않았다. 우현서루는 도서관인 동시에 시무학당과 같은 교육기관을 설립해 학습과 토론의 장을 겸했고, 서울에서 조직된 학회의 지역 조직으로서 애국계몽활동을 활발히 전개하였다. 그에 비하여 대구 광문회는 대한매일신보의 대구 지국으로서 언론기관의 성격을 띠었다. 또한 국채보상운동과 같은 사회운동을 벌여 이를 전국적인 차원으로 발전시키기도 하였다.36) 두 기관은 대구지방의 애국계몽운동을 주도하기 위해 서로 경쟁을 벌이는 점도 없지 않았다. 그러나 대립과 갈등보다는 상호보완 또는 협력관계에 있었다고 보아야 옳을 것이다.

독자의 이해를 돕기 위하여 대구 광문사의 활동에 관하여 약간의 설명을 붙이면 다음과 같다. 이 회사는 교육진흥과 산업발전을 목적으로 설립되었는데, 그 활동영역은 다양하였다. 1906년 6월부터는 『대한매일신보』의 대구지사를 겸하여 사실상 대구지방의 언론기관으로 자리매김 되었다. 『대한매일신보』는 날카로운 시정 비판을 통해 인기가 높은 신문이었다. 대구 광문사는 그 구독신청과 배부, 그리고 신문대금의 수금업무를 취급함으로써 사회적으로 폭넓은 지지를 받았다.

일반의 기대가 높아가는 가운데 대구 광문사는 1907년 2월 특단의 조치를 취했다. 기왕의 '광문사 문회'를 '대동광문회(大東廣文會)'로 확대 개편한 것이다. 대동광문회의 회장에는 박해령(朴海齡)이 추

---

36) 대구 광문사와 대구 광학회는 회원들의 사회적 배경에도 차이가 있었다. 대구 광문사는 대구의 유력한 전·현직관리와 부호들이 주축을 이루었다고 한다. 그에 비해 이일우가 속해 있던 대구 광학회는 경북 일원의 향리 및 개화노선을 추구하던 유생들이 주류였다고 한다(권대웅, 「韓末 慶北地方의 私立學校와 그 性格」, 『國史館論叢』 第58輯, 1994, 22~23쪽을 참조할 것). 그런데 필자의 견해로는 대구 광문사를 기득권층과 밀착된 것으로 단정하는 것은 무리인 것 같다. 뒤에 설명하듯, 그들은 평민층의 지지를 받던 『대한매일신보』와 긴밀한 관계였다. 게다가 국채보상운동처럼 계층을 망라한 대중운동을 주도했다는 사실을 직시할 필요가 있다.

대되었다. 박해령은 앞에서 언급한 대구 농회 및 대한협회 대구지부에서도 지도적인 역할을 맡았던 이였다. 훗날 박해령은 친일관료가 되고 말았다. 그러나 구한말의 그는 애국계몽에 큰 관심을 가져, 신식학교 및 서양식 병원의 설립에 힘썼다. 대동광문회의 부회장은 대구 광문사의 사장 김광제가 맡았다. 이로서 회사가 대동광문회의 운영을 적극 지원한다는 뜻을 내외에 천명하였다.

1907년 초반, 대구 광문사의 간부들은 나라를 위해 한 가지 큰 걱정을 가지고 있었다. 장차 대한제국이 국채 1천 3백여만 원을 갚지 못한 채 망국의 수순을 밟게 되지 않을까, 그들은 깊이 우려하였다. 특히 이 문제로 노심초사하던 부사장 서상돈은 국채보상운동을 제안하였다. 사장 김광제도 적극 찬동하였다. 그러자 대구 광문사 간부들과 대동광문회 회원들은 이른바 '국채보상운동'을 일으켰다. "2천만 동포가 담배를 3개월만 끊으면 국채를 갚을 수 있으니, 담배를 끊어 절약한 담배 값을 모아 국채를 상환하자." 그들은 〈국채보상취지서〉를 작성하여 전국의 애국인사들에게 동참을 호소하였다.

전국 각지에서 국채보상운동에 대한 호응이 불길처럼 일어났다.[37] 운동이 전국으로 뻗어나가는 가운데, 사장 김광제는 '국채보상연합회의소'의 총무로 활동하였다. 그런데 이 운동의 실질적인 지도자는 서상돈 부사장이었다. 서상돈은 이일우 일가와 마찬가지로 대구의 가난한 상인으로 출발하여 부호가 된 신흥세력이었다. 그 또한 국운이 흔들리는 것을 목격하고는 애국계몽운동에 앞장섰던 것이다.

이일우는 국채보상운동에 적극 호응하였다. 그는 대구의 여러 유

---

[37] 국채보상운동에 관해서는 많은 논저가 있다. 대표적인 것으로, 조항래의 『국채보상운동 100년 기념 국채보상운동사』(아세아문화사, 2007)와 신용하의 『일제경제침략과 국채보상운동』(아세아문화사, 1994) 등이 있다.

지들과 함께 각기 100환씩을 기부하였다.38) 그 뒤 그는 이종면과 함께 '대구단연상채소 대표(大邱斷烟償債所代表)', 곧 대구지역 금연을 통한 국채보상 추진회의 대표로서 활동하였다. 그들은 서울로 올라가 경향 각지의 여러 회사와 연계해 모금활동을 벌였다. 이에 관해 각 신문에 광고도 낼 만큼 그들의 활동은 적극적이었다. 그런데 모금액의 처리를 둘러싸고 잡음이 일어났던 것 같다. 이에 이일우와 이종면은 귀향을 결정하고, 여러 신문에 광고를 싣는 사태가 일어났다.39)

국채보상운동을 연구한 기왕의 논저들은 서상돈과 그 측근 인사들이 벌인 활동을 강조하는 경향이 있었다. 그런데 이 운동의 전개과정을 자세히 분석해 보면, 이일우를 비롯한 대한협회 대구지회의 활약도 적지 않았다. 일례로 1909년 11월, 그동안 모금된 국채보상금 처리에 관한 주최 측의 「광고」를 보면, 그 대표자 7인의 이름을 적었다. "徐相燉 李一雨 柳尙輔 徐基夏 李宗勉 崔永煥 蔡斗錫"40)이 그들이었다. 그 중에서 이일우를 비롯한 서기하 및 이종면 등 3인은 대한협회 측, 달리 말해 우현서루 측 인사들이었다. 7인의 대표들 중에서도 가장 발언권이 높은 이는 서상돈, 이일우 및 이종면의 세 사람이었다. 그들이 국채보상금의 처리 문제를 사실상 좌우하였다.41)

---

38) 「잡보」, 『황성신문』, 1907년 4월 30일, 4쪽.
39) 그 광고의 전문은 다음과 같았다. "國債報償金措處方法을 硏究하기 爲하야 陰 七月 晦日 京城総合所로 各社會와 地方收金所에 會同을 請흠은 各新聞에 前已 廣告흔바 本人 等이 到京흔 際에 京城各社會에서 該金調査會를 設立하얏기로 本人 等도 亦為 會商인바 調査 後에는 措處方法도 自在하깃기 其實行을 姑俟홀 次로 歸鄕홈 大邱斷烟償債所代表人 李宗勉 李一雨"(「廣告」, 『황성신문』, 1908년 9월 3일, 3쪽)
40) 「廣告」, 『황성신문』, 1909년 11월 14일, 4쪽.
41) 관련기사는 「國債金處理」, 『황성신문』(1909년 11월 16일, 4쪽)을 참조할 것. 그 내용은 다음과 같다. "昨日 商業會議所內에서 國債報償金處理會를 開호얏는디 時間이 不足흠으로 下午五時예 仍以閉會호얏고 來拾八日에 繼續 開會호기로 定호얏

이상에서 살핀 대로, 1907년 대구의 대동광문회를 기반으로 시작된 국채보상운동은 이일우를 비롯한 우현서루 측과도 밀접한 관계가 있었다. 이일우, 이종면 및 서기하 등은 대동광문회의 서상돈 측과 힘을 모아 이 운동이 경향 각지로 퍼져나갈 수 있게 많은 노력을 기울였다. 1908년 국채보상운동이 일제의 압력으로 사실상 저지되자, 그들은 모금액의 적절한 처리를 위해 1909년 말까지 머리를 맞대고 토의와 숙고를 거듭하였다.

## 7. 요약과 전망

이상의 논의는 다음의 네 가지로 요약될 수 있다. 첫째, 이일우의 우현서루는 구한말 대구지방에서 근대화 담론의 산실이 되었다는 점이다. 그 공간은 1905년 초 시무학당으로 출범하여, 그 이듬해부터 우현서루로 불리게 되었는데, 학교와 도서관의 기능은 물론이고 대한자강회와 대한협회 등의 강연장으로 폭넓게 활용되었다. 대한농회의 대구지부 역시 우현서루를 통해 일정 기간 동안 계몽활동을 전개하였다. 초기단계에서부터 우현서루는 전국규모의 학회들과 연대함으로써, 애국계몽활동의 질과 효율을 높이고자 하였다. 특이한 점은, 이일우가 우현서루의 운영비용 일체를 전담하였고, 출신지역과 신분에 관계없이 서루의 출입을 완전히 개방하였다는 사실이다. 이로써 대구 경북지방 곳곳으로 근대화 담론이 더욱 빠르게 확산될 계기가 마련되었다.

---

눈딕 當日 會況은 多少議決이 有ᄒᆞ얏스며 徐相敦氏 及李一雨 李宗勉氏 等의 處理會 同情ᄒᆞᄂᆞ 來函을 公佈ᄒᆞ얏다더라"

둘째, 우현서루를 중심으로 여러 해 동안 애국계몽활동이 전개되자, 전문적인 인기강사 집단이 출현하였다. 애국계몽운동의 주축이 마련된 것이었다. 특히 주목되는 것은 우현서루 출신인 안확의 비약적 성장이다. 안확은 상당한 나이 차이에도 불구하고, 이일우의 벗이 되었고, 장차 학자로서 다양한 활동을 펼치게 된다. 또, 대한협회의 대구지부 출신인 이은우 역시 인기강사로 성장하였다. 그들은 서울의 유명 강사인 윤효정 및 이윤 등과 어깨를 나란히 하며 대구 경북지역의 대중들에게 산업진흥과 교육사업의 필요성을 강조하고, 학회를 비롯한 각종 사회활동의 중요성을 일깨우는 역할을 하였다. 우현서루의 주인 이일우 자신도 차츰 강사로서의 역량을 키워나갔다. 요컨대, 우현서루는 인재양성의 터전인 동시에, 그들의 인적 결합을 확대 강화하는 만남의 장이었다.

셋째, 우현서루를 주 무대로 활동한 일군의 신지식인 집단은 서상돈 등 대동광문회가 시작한 국채보상운동에 적극 참여하였다. 기왕의 연구에서는 이일우와 이종면 등의 역할이 제대로 조명되지 못하였다. 그러나 당대의 신문기사를 종합해 보면, 이일우와 서상돈으로 대표되는 대구의 양대 애국계몽세력이 국채보상운동의 전개 과정 뿐만 아니라, 마무리 단계에서도 서로 긴밀하게 협력한 사실을 확인할 수 있다. 앞으로 더욱 정밀한 고찰이 요구되는 대목이다.

넷째, 1910년 7월에 일어난 안동 협동학교 살인사건에서 보듯, 애국계몽운동에 대한 보수층의 저항은 격렬하였다. 국채보상운동의 중단과 대한자강회의 단명이 시사하듯, 애국계몽운동에 대한 친일정권의 방해책동도 심각한 수준이었다. 우현서루를 중심으로 전개된 애국계몽운동은, 1910년 8월에 저들이 강행한 대한제국의 병탄과 더불어 역사의 뒤편으로 조용히 사라지고 말 운명이었다. 우현서루가 건립된 것은 1905년 초였다. 춘추시대의 지사 현고를 벗 삼아 나라를 구하자던 굳센 각오는 5년 만에 전명적인 활동중지로 마감되었다. 실로 안타까운 일이었다.

이후 일본제국주의자들의 무단통치가 이어진 것은 누구나 다 아는 바이다. 무력으로도 저들을 몰아내기에는 역부족이었다. 근대적인 문물의 수준에 있어서도 저들과 우리 사이에는 엄청난 격차가 존재하였다. 이일우를 비롯한 과거의 애국계몽운동가들은 일제의 지배에 맞서 어떠한 노력을 하였을까? 제2장에서 간단히 언급한 것처럼 그들의 상당수는 일제의 통치에 순응하거나 어느 정도 협력하는 모습을 보였다. 이일우 역시 예외가 아니었다. 그러는 가운데도 그들은 한국사회의 개량을 위해 여러 모로 노력하였다.

후세인 우리는 그들의 고뇌를 제대로 헤아리지 못한 채, 저항과 협력이라는 일종의 흑백논리로 과거를 심판하기 일쑤다. 그러나 인간의 삶을 그처럼 단순한 기준으로 쉽게 재단할 수 있는 것일까. 일제강점기의 역사를 제대로 평가하기에는 아직 우리의 인식수준이 지나치게 안이한 것은 아닐까, 하는 물음을 쉽게 지울 수 없다. 일제 때 이일우와 우현서루 출신 인사들이 헤쳐나간 역사의 격랑에 관하여는 또 다른 논의의 장이 마련되어야 할 것이다.

# 소남 이일우 가옥의 보존과 활용에 관하여

김란기(한국역사문화정책연구원)

## 1. 이일우 가옥 개요

명칭: (현) 이일우 가옥 (구) 이일우 가옥
용도: (현) 주택 (원) 주택
소재지: 대구광역시 중구 서성로 62-1(서성로1가 44)
소유자: 이원호 외(주소: 대구광역시 수성구 만촌동 865-10)

### 1) 건축물 개요

- 건축구조: 한옥 목구조 및 일본식 콘크리트조
- 준공일: 한옥-1919년, 일식-1935년
- 수량 및 면적: 4동, 건축면적 314.45㎡, 연면적 314.45㎡
- 층수(높이): 1층
- 대지면적: 296평

## 2) 조사자 의견(2016.07.23)

### (1) 개요

안채는 건립초기에 더욱 위용을 자랑했으나 건립자는 이를 제지하고 너무 강한 위엄을 줄이도록 조치, 일반 가옥의 안채처럼 낮추도록 했다고 전한다. 1919년(이탁희 씨 출생년) 한옥주택이지만 그 가공 기술은 후대의 주택이 아닐까 의심할 정도로 세련되었다. 지방의 부호주택으로는 소박하기까지 한 이 한옥은 외부에는 꽤나 노후해 보이지만 내부는 여전히 튼실하다. 장식성이나 권위성보다는 소박하지만, 세련된 기술성과 단순화는 매우 강하다. 주요구조가 전통적인 기법으로 충실하게 축조되었지만 근대적 자재와 기술이 집 전체를 세련된 후기 근대형으로 보이게 한다.

부속채인 고방동은 기능적으로 칸을 분할하고 동별 분할도 도모하였다. 고방동은 침실부, 고방부, 광부로 3부분으로 구분된 각기 2칸으로 구성, 총 6칸으로 구성되었다.

창고동은 이 집 창건자의 사회적 공헌인 수입서적, 혹은 발간서적을 보관하는 용도가 주를 이룬다. 후기에 이르러(집주인의 사망 이후)에는 각종 옛 가구, 각종 서류, 서간 등이 수장되었다

신사랑채는 'ㄱ'자 고방동의 끝부분에 연결되어 지어졌다(1935년, 이탁희씨가 결혼한 해). 전형적인 근대 일본식 주택이지만 'T'로 하부가 연결되었다. 실내에는 일본식 가옥의 수장공간(도코노마 등)보다는 생활형 공간으로 변화되었다.

그러나 현관부에서는 근대 일본식 캐노피가 존치되고 있다. 따라서 'T'자형의 사랑채 익부와 행랑채(문간채)가 연결되어 사이에 대

문간을 이루고, 이어서 행랑방이 구축되었다. (이 가옥의 전면에 인접한 옛 사랑채는 안채보다 축조연대가 앞선다고 전하며 그 규모도 상당하고, 잔존상태에서도 더욱 깊은 연대를 보인다. 6각 불발기창과 대청의 우물마루는 연대의 깊이를 잘 보이고 있다. 옛 사랑채는 소남의 차남이 결혼 후 분가할 때 거주처로 내주어 차남(이탁희) 소유가 되었다.)

신사랑채를 가운데 두고 안채의 마당과 사랑채의 마당이 나누어 구성되었는데 사랑채 앞의 마당은 정원조경이 석조물과 함께 깊은 우물, 작은 연못, 미려한 수목으로 구성되어 정서적 경관을 이룬다.

반면 안채 앞마당은 화초 등 생활조경으로 조성되었고 일상생활을 할 수 있는 장독대와 우물(수도)과 함께 구성되었다.

## (2) 근대유산적 가치

- 소남 이일우 가옥은 대구 지역의 흔치 않는 근대 한옥으로 건립자의 검소한 건축적 의지가 깃들어 있다.
- 건립자가 산업적 부호임(광산개발, 섬유산업, 주정회사, 금융기관, 언론기관 설립 및 운영을 통한 민족자산을 축적하고 근대 산업화를 추진한 인물)에도 불구하고 앞서가지만 간소한 근대적 건축기법을 적용하여 튀지 않는 건축물을 구현하였다.
- 이 가옥은 중용 인물을 운 산실이다(독립운동가 相定, 일제저항시인 相和, 초대 IOC위원 相佰과 대한체육회사격연맹 제4대 회장 상오(相旿) 등 집안의 인재 양성과 지원뿐만 아니라 많은 독립지사들을 후원하고 독립운동을 지원했다).
- 건립자는 지역의 유지로 인근의 가난한 사람들을 구제하는 등 모범을 보였으며 그의 건축물에서도 단아한 정신이 깃들어 있다.

- 부속채의 하나인 창고채는 선진적 수입도서 창고를 목적으로 건립하였으며 아직도 그 건축적 구성이 그대로 남아 있다.
- 사랑채는 일본식 주택으로 지어졌으며 한국전쟁 시 군 지도자의 숙소로 이용하여 그 기념성을 가지고 있다.
- 고방채와 사랑채, 그리고 행랑채는 서로 연결되어 한옥과 일본식의 결합의 특수한 사례를 보이고 있다.
- 소유자(후손)는 이 가옥을 보존하여 문화적 기능으로 활용 계획을 가지고 있으며 지역주민과 국민에 개방하여 민족 산업자의 철학을 잇고자 하는 의지를 가지고 있다(재단설립 등을 추진하고 있다).

〈그림 1〉 소남 이일우 가옥

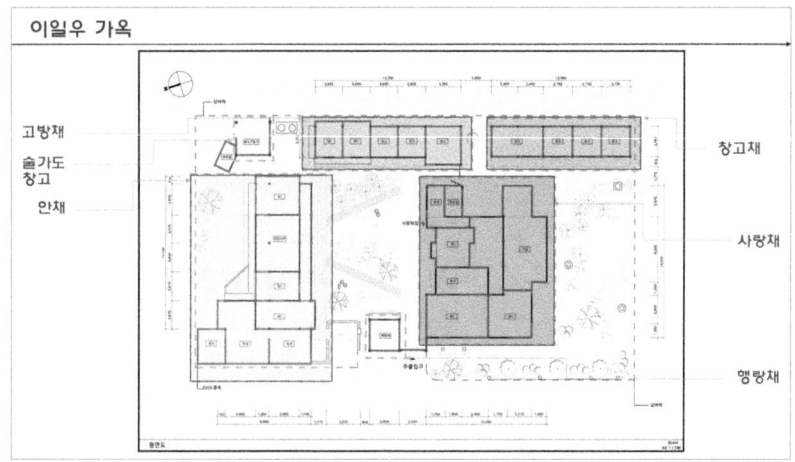

〈그림 2〉 소남 이일우 가옥 배치도

## 3) 소남 이일우

　소남(小南) 이일우(李一雨, 1870~1936) 선생은 일제 강점기에 서상돈과 함께 국채보상운동을 공동으로 추진한 핵심 인물이다. 소남 이일우 선생은 첫째, 1905년 〈우현서루〉를 개설하여 많은 우국지사를 배출하였고, 또 교남학교 등을 설립한 계몽 교육의 선구자이다. 둘째, 구한말 대구를 중심으로 아들인 상악(相岳) 선조와 더불어 광산개발, 섬유산업, 주정회사, 금융기관, 언론기관 설립 및 운영을 통한 민족자산을 축적하고 근대 산업화를 추진한 인물이다. 셋째, 독립운동가 相定, 일제저항 시인 相和, 초대 IOC위원 相佰과 대한체육회사격연맹 제4대 회장 상오(相旿) 등 집안의 인재 양성과 지원뿐만 아니라 많은 독립지사들을 후원하고 독립운동을 지원했다.[1]

---

[1] 이동진(李東珍)·이일우(李一雨) 지음, 박영호(朴英鎬) 역주, 「간행사」, 『성남세고』, 도서출판 경진, 2016.

고종(高宗) 7년 경오년(庚午年, 1870)에 대구부(大邱府)의 집에서 공을 낳았는데, 용모가 단아하고 타고난 성품이 영민하였다. 겨우 말을 배우고 글자 읽기를 배울 무렵에 한번 보면 바로 이해하였다. 뭇 아이들과 어울려 장난질 하지 않고, 항상 부모의 곁에서 시중들며, 나아가고 물러나며 부름에 대답하는 『소학(小學)』의 가르침으로 일상생활의 절도로 삼았다. 일찍이 부친과 더불어 한 방에 거처하였는데 밤이 깊어지자 졸음 귀신이 점점 짙어져서 자신도 모르게 온몸을 뒤척이다가 문란(紊亂)에 이르게 되었다. 부친께서 조심하지 않음을 경계하자 이튿날 밤에는 허리에 두른 띠를 풀어서 문에 몸을 묶고 임의대로 흔들리고 움직이지 못하게 하였다. 이는 공이 열살 때의 일이었으니 어릴 때부터 조심(操心)하고 거경(居敬)하는 것이 대부분 이와 같았다.

갑오년(甲午年, 1894)에 공의 나이가 겨우 25살이 되었다. 개연(慨然)히 종족(宗族)에게 돈독(敦篤)하고 가난한 이를 구휼하려는 뜻을 가지고 선공(先公)에게 여쭙고는 400마지기의 땅을 출연(出捐)하여 의장(義庄)을 설치하고 규정(規定)을 엄격하게 세워, 멀고 가까운 여러 종족들로 하여금 혼인, 장례, 교육, 홍수, 가뭄, 질병의 우환에 대비하게 하였다. 선공께서 여기에 뜻을 둔 지가 여러 해가 되었으므로 뜻을 받들어 따르고 조금이라도 어기거나 어긋남이 없었으며, 온힘을 다해 계획하여 오래도록 유지되기를 도모하였다. 옛날에 범문정(范文正)이 오현(吳縣)에서 거행(擧行)하였으나2) 세월이 이미 멀다. 우리 조선에는 500년 이래로 사대부 집안에서 그것을 행한 자가 전혀 없거나 겨우 있었으니 이것이 어찌 다만 한 집안의 아름다운 일일 뿐이

---

2) 범문정은 북송의 명재상인 범중엄(范仲淹)으로, 문정은 그의 시호이다. 소주(蘇州)의 오현(吳縣) 출신으로, "종족이란 조상의 입장에서 보면 똑같은 자손이다."라고 하며, 그들 중의 가난한 자들을 보살피고 친목을 돈독히 하였다. 『小學』「嘉言」.

겠는가. 세교(世敎)에 관련되는 것이 또한 적지 않을 것이다.

갑진년(甲辰年, 1904)에는 서울을 유람하였다. 세도(世道)가 변하고 풍조(風潮)기 사라져서 서구문명이 동양으로 옮기는 정세를 통찰하고는, 선비로서 이 세상을 살아가며 옛 전통에만 얽매여 지켜서는 안 된다고 생각하였다. 돌아와서 선공께 아뢰고는 바로 넓은 집 하나를 창립(刱立)하여 영재를 교육할 계획을 세우고 현판(懸板)을 '우현(友弦)'이라 하였다. 대개 옛날 상인(商人)현고(弦高)가 군사들에게 음식을 베풀어 위로하고 나라를 구제한 뜻3)을 취하였으며, 또한 동서양의 신구(新舊) 서적 수천 종을 구입하여 좌우로 넓게 늘어놓았다.

경신년(庚申年, 1920) 봄에 약목면(若木面) 동안리(東安里) 한 동네가 수굴(水窟)에 빠졌는데, 몸소 가서 위문하고 많은 액수를 내어 구휼해주었다. 동락학원(東洛學院)은 흉년을 두루 겪어서 유지하기가 매우 곤란하였는데 열 섬의 곡식을 기부하였다.

경오년(庚午年, 1930) 10월 며칠은 공의 회갑(回甲)이었다. 집안 식구들이 경사를 치르는 물품을 갖추고자 하였으나 공은 명하여 그만두게 하고 말하기를, "잔치를 열어 마시며 즐기는 것은 본래 나의 뜻이 아니다. 하물며 비통함이 배가(倍加)되는 날에 있어서랴."고 하고는 마련한 돈을 빈궁하고 의탁할 곳이 없는 사람들에게 모두 나누어 주었다.

병자년(丙子年, 1936) 8월 15일이었으며 향년 67세였다.4)

---

3) 노 희공(魯僖公) 33년에 진(秦)나라가 정(鄭)나라를 치러 가는데, 정(鄭)나라의 상인(商人) 현고(弦高)가 주(周)나라에 가서 장사하려던 차에 도중에 진나라 군사를 만나 정 목공(鄭穆公)의 명이라고 하면서 우선 부드러운 가죽 4개를 바치고 소 12마리를 보내어 군사들을 위로하는 잔치를 벌이게 하였다 급히 역마를 보내 정 목공에게 이러한 사실을 보고하여 미리 대비하게 하였다. 이에 진나라 군대를 거느리고 온 장수 맹명(孟明)은 정나라에 충분한 대비가 되어 있다고 판단하고 물러갔다. 『春秋左氏傳』「僖公 33年」.

4) 이동진(李東珍)·이일우(李一雨) 지음, 박영호(朴英鎬) 역주, 「행장(行狀)」, 『성남세

〈후손들에 대한 유지〉

하나, 방심하여 뜻을 무너뜨리지 말고 근검과 근신을 표준으로 삼을 것이며, 선인의 덕업을 욕되게 하지 말 것.

하나, 자손들에게 기예(技藝)의 학업을 가르쳐서 각자 자신의 힘으로 먹고 살게 할 것.

하나, 재력을 축적하여 재단법인을 설립하기를, 마치 자작농(自作農)을 새로이 정하는 것처럼 하여 사회사업을 장려할 것.

하나, 각 처의 선영(先塋)은 한 곳으로 계장(繼葬)5)한 후에 묏자리와 재실(齋室) 및 소속 토지는 금남공(錦南公) 문중의 소유로 명칭하고 또한 팔공산 입구는 월성(月城) 이씨(李氏)들이 대대로 무덤을 쓰는 땅이므로 돌에 새겨 비석을 세울 것.

하나, 새로 장사지낸 부근의 경작지를 얼마나 사들이겠는가? 특별히 막고 지켜서 문중에서 사용하되 자손 중에서 감당할만한 자를 뽑아 기한을 정해 나누어 맡길 것.

하나, 초상을 치루는 모든 것은 돌아가신 한규직(韓圭稷)6)의 말씀을 표준으로 삼아 따를 것.

하나, 부음(訃音)을 알리는 글을 돌리지 말고 단지 친척에게만 구두로 알릴 것.

하나, 불가(佛家)의 속례(俗禮)를 초상 중이나 초상 후에도 절대 금

---

고』, 도서출판 경진, 2016, 207쪽.
5) 계장(繼葬): 조상의 무덤 바로 아래에 이어 자손을 장사하는 것.
6) 한규직(韓圭稷): 조선 후기의 무신(1845~1884). 본관 청주(淸州). 자 순좌(舜佐). 호 다옥(茶玉). 시호 사숙(思肅). 부사 승렬(承烈)의 아들. 서울 출생. 명성황후의 총애를 받고 어영대장, 혜상국총판(惠商局總辦), 의금부지사 등을 지냈다. 내정(內政) 개혁을 추진하는 독립당(獨立黨)을 탄압하고, 박영효가 지휘하던 군병까지 흡수하여 독립당의 제거 대상인물에 올랐다. 갑신정변 때 독립당원에게 살해되었다.

지할 것.

하나, 발인(發靷)할 때 영결식장은 중간에 조용한 곳을 선택하여 일반 손님들은 여기에서 사절(謝絶)하고 단지 친족 몇 사람만 매장(埋葬)을 감시하게 할 것.

하나, 물론 어떤 제사의 제물이든지 맑은 물 한 그릇, 시절 과일 세 종류, 비늘이 붙은 어물과 말린 고기 두 그릇 도합 여섯 종류 이외에는 절대 사용하지 말 것.

하나, 지금 세상 사람들은 대부분이 괴로움에 빠져있는데 만약 홀로 오락을 행한다면 신인(神人)의 공분(公憤)을 면하기 어려울 것이다. 절대로 까닭 없이 잔치를 열어 즐기지 말 것.[7]

## 2. 조사 개요

조사일시: 2016.07.23~24
조사자: 김란기·김성한·이정옥·박성신
도면작성: 이정옥
사진촬영: 김란기
구술: 이재주, 이재일
기록: 김란기

---

[7] 이동진(李東珍)·이일우(李一雨) 지음, 박영호(朴英鎬) 역주, 「3. 잡저」, 『성남세고』, 도서출판 경진, 2016, '남긴 훈계(訓戒)' 참조.

1) 입지조건

이일우 가옥은 대구시 중구 서성로 변의 옛 대구읍성 안쪽에 위치한다. 안채의 방위를 기준으로 대략 남향(약간 서향)을 하고 있으며 주출입구(대문)는 서성로에 직교방향으로 서성로를 향하고 있다. 옛 대구읍성의 서소문에 바짝 인접하여 위치하였다.

〈그림 3〉 이일우 가옥 위치도(다음 지도)

2) 동별 개요

(1) 안채

① 관찰
- 주초는 4각 가공석이다.
- 댓돌은 후기 제작된 것으로 추정.
- 기둥: 가공성이 뛰어남. 관리가 철저함.
- 벽체: 전면은 모두 창호(덧창)로 이루어지고 있다.
- 전면의 툇마루 아래벽은 콘크리트 시공 후 타일붙이기로 마감

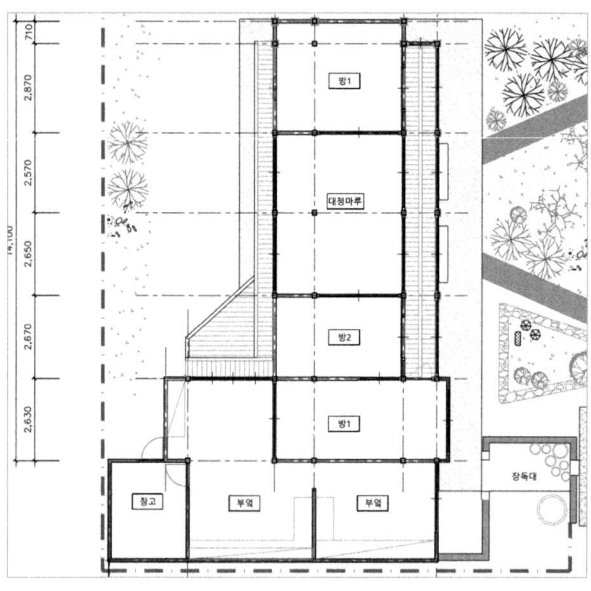

〈그림 4〉 이울우 가옥 안채 평면도

했다. 환기구 없음
• 대청마루는 우물마루이다.
• 최좌측 1칸은 증축했다. (타일 마감)

〈그림 5〉 이일우 가옥 안채. 팔작지붕, 전통기와, 목조, 덧유리 창호의 근대 한옥

- 몸체의 우측에 덧댄 증축을 했다.
- 실내: 대청은 노출 천장이고 좌우측 방은 중천장을 댔다.
- 창호: 근대식 유리창으로 큰 유리를 사용했으며 덧창 및 내창 구조를 하고 있다. 덧창 상부에는 띠창을 두었다.
- 지붕: 팔작지붕으로 전통기와를 유지하고 있다.
- 처마: 처마의 깊이가 깊고 소로 등의 장식성을 배제했다.
- 전체적인 평가: 정교하고 뛰어난 가공, 간략한 구조, 장식성 배제

② 증언
- 처음 집을 지을 때 건물의 높이를 높지 않도록 조정했다.
- 1919년에 지은 건물로 당시에 지은 것보다 후대에 지은 것으로 보이는 것은 당시에 앞서 가는 서울같은 도시에서 왕성한 활동을 하였고 그때까지 건축물보다 최신식 기법을 사용한 이유 때문이다.
- 덧유리창은 처음 지을 때부터 있었다. 당시 많이 사용했던 쪽유

〈그림 6〉 이일우 가옥의 안채 천장

<그림 7> 이일우 가옥의 안채 창지 문

리창보다는 큰 유리창을 사용했다.
- 유리창 안에 창호지 문이 있었다.
- 뒤쪽 벽은 판벽이었다.
- 좌측에는 부엌이 있었다. 할머니가 부뚜막에 조앙신을 모셨다.
- 처음에는 장작 아궁이었다. 이후 연탄을 사용했다.
- 작은집(이탁희집)과의 사이에 부엌 속 벽은 본래 없었다.

(2) 고방채

- 고방채는 용도별로 3부분으로 구분할 수 있다.
- 좌측 2칸: 주거용
- 2칸의 방과 쪽마루로 구성(하부 시멘트벽, 타일 마감)
- 출입문은 창호문(추정)
- 지붕은 일본식 기와(용마루는 조선식), 모임지붕

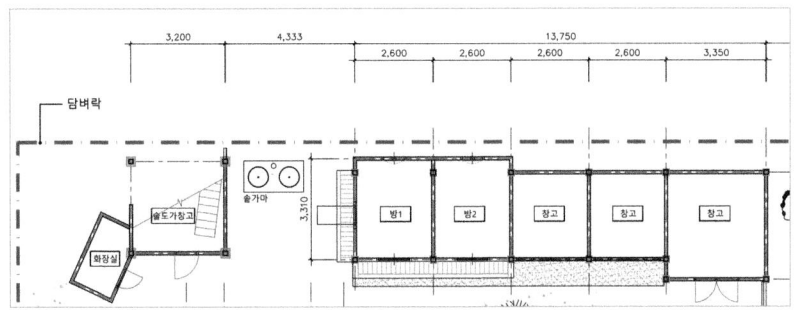

〈그림 8〉 고방채(우) 및 술도가채(좌) 평면도

- 중간 2칸: 고방(창고)
- 내부 천장은 노출
- 구조: 간단구조
- 내부: 서적 보관용 서고(2단, 후에 부착 설치)
- 흙벽 외엮기
- 출입문: 판문(상부 광창), 4쪽 접어열기
- 최우측 1칸: 사랑채와 연결부 및 창고

〈그림 9〉 이일우 가옥의 고방채

- 출입문: 판문
- 천장: 노출
- 내부 천장: 대들보가 특이, 후면 서까래 사이 일부에 보수한 흔적, 회칠
- 바닥: 마루구조
- 벽체: 시멘트 구조(초기 회벽으로 추정)

### (3) 창고채

- 모임지붕
- 일식기와
- 출입문: 판문(상부 광창)
- 목구조
- 5칸×1칸

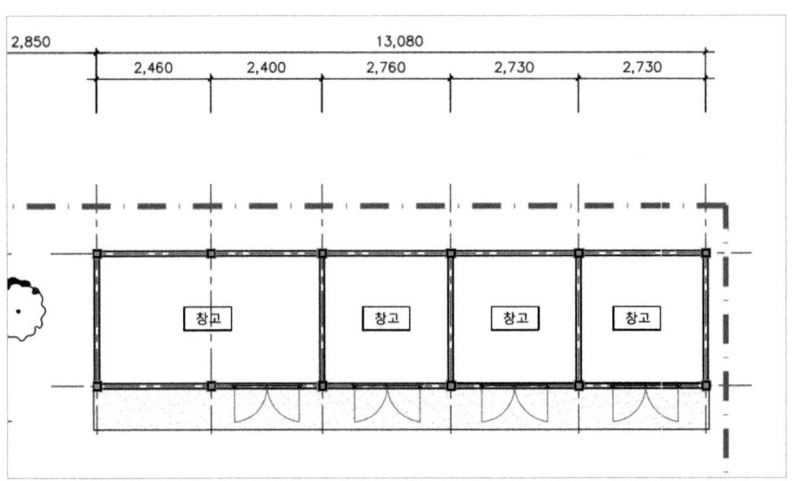

〈그림 10〉 이일우 가옥의 창고채 평면도

<그림 11> 이일우 가옥의 창고채

(4) 사랑채(행랑채 포함)

• 고방채와 연결되어 'ㄱ'자 구조

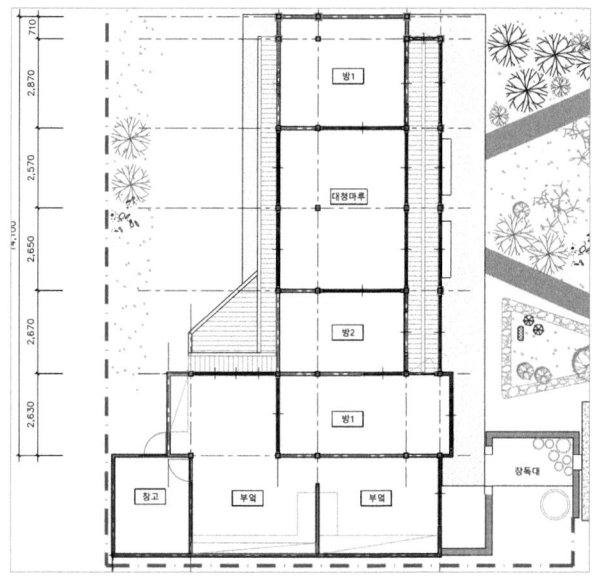

<그림 12> 이일우 가옥의 사랑채 평면도

〈그림 13〉 이일우 가옥의 사랑채

〈그림 14〉 이일우 가옥의 고방채와 사랑채, 행랑채의 구성 및 연결

- 'ㄱ'자 형태로 1935년 증축
- 일본식 건축양식
- 내부구조 심한 변화로 원형 상실(일본식 내부구조 변경)
- 주출입구: 현관 캐노피 설치, 시멘트 물갈기 기둥
- 용마루 기준으로 볼 때 주현관은 중심에서 이탈
- 지붕: 완만한 경사
- 박공부분: 시멘트
- 행랑채(대문간)와 'ㄱ'자로 연결

- 대문간 건너서 행랑방
- 바닥 하부에 환기구
- 일식 사랑채와 대문이 있는 행랑채의 축조연대가 다를 수 있음

〈증언〉
- 6.25 때 정일권, 장창국, 백선엽 씨가 숙소로 사용했다. 당시 삼덕국민학교가 육군본부였다.
- 문간방에 김현숙대령(여, 여군 최초 대령)이 기거했다. 할머니(이명덕)가 대한부인회 대구시지부장이 김현숙 대령을 데려왔다.

### (5) 옛 사랑채(현 삼성닥트기업)

- 안채(1919)보다 이전에 지었다
- 규모가 크다.
- 사랑채와 부속건물로 이루어져 있다.
- 서성로에 면한 부분은 일제하 목조 일본식 건물이다.

〈그림 15〉 이일우 가옥 옛 사랑채의 대청

〈그림 16〉 이일우 가옥의 옛 사랑채의 지붕. 지금은 다른 사람의 소유가 되어 창고로 쓰이고 있다.

- 대문채는 남자 출입문이었다.
- 담장은 가장 오래된 수제 기와이다.
- 실내에는 육각 불발기창이 있고 대청은 우물마루이다.
- 이탁희(차남)가 매각하여 현재는 다른 사람이 주인이다.

## 3. 등록문화재 제도 검토

## 근대유산 등재를 위한
# 등록문화재 제도 검토

---

## 문화재 등록제도

근대문화유산을 문화재로 등록하여 보존, 관리하기 위하여
2001년 문화재보호법 제42조에서 제42조의6까지
문화재 등록 관련 6개조문 신설

⬇

제42조　　 (문화재 등록)
제42조의2 (등록문화재의 관리)
제42조의3 (신고사유)
제42조의4 (등록문화재의 현상변경)
제42조의5 (등록말소)
제42조의6 (준용규정)

## 문화재 등록기준 (시행규칙 제35조의2)

문화재보호법 개정으로 그간 근대문화유산의 문화재 등록기준이 시설물·건조물에서 역사유적지, 생활문화자산, 동산문화재 등으로 등록대상이 확대시행(2005. 7.28 시행예정)

### 현 행
- 지정문화재가 아닌 문화재 건조물 또는 시설물 중 건설 후 50년이 경과한 것
- 우리나라의 역사, 문화, 예술, 산업 등 각 분야에서 기념이 되거나 상징적 가치가 큰 것
- 지역의 역사, 문화적 배경이 되고 있으며, 그 가치가 일반에게 널리 알려진 것
- 한 시대의 조형의 모범이 되는 것
- 건설기술이나 기능이 뛰어나고 의장 및 재료 등이 희소하여 학술적, 예술적 가치가 큰 것
- 전통건조물로서 당시의 건축사를 이해하는 데에 중요한 가치를 지니고 있는 것

### 개정 (안)
- 지정문화재가 아닌 문화재 중 건설, 제작, 형성된 후 50년이 경과한 것
- 역사, 문화, 예술, 사회, 경제, 종교, 생활 등 각 분야에서 기념이 되거나 상징적 가치가 큰 것.
- 지역의 역사, 문화적 배경이 되고 있으며, 그 가치가 일반에게 널리 알려진 것
- 기술발전 또는 예술적 사조 등 그 시대를 반영하거나 이해하는 데에 중요한 가치를 지니고 있는 것.

## 등록문화재에 대한 혜택

1. 원형보존을 위한 외형의 보수 시 수리비 지원
2. 건폐율 및 용적률 150퍼센트 이내에서 완화
3. 각종 세금감면 혜택

- 상속세 징수 유예
- 1가구 1주택 양도소득세 특례
- 재산세(종합토지세 포함) 50% 감면

## 문화재 등록 절차

- 문화재 등록신청 → 소유자, 관리자, 지방자치단체장
- 관계전문가 현지실사 → 문화재청, 문화재보호법제42조의6제2항 및 동법시행규칙 제35조의2제3항
- 소위원회 구성·운영 검토
- 등록예고 → 문화재보호법시행규칙 제35조의2제3항
- 문화재위원회의심의 → 종전 : 사전분과위원회에서 심의
- 등록문화재 등록

## 등록문화재 보수정비

문화재로 등록된 시설물의 외형의 보수정비에 한해서 지방자치단체를 통하여 보조금 지원

○ 2003년도 : 진주문산성당 등 13건 33억원
○ 2004년도 : 나주노안 천주교회 등 9건 29억원
○ 2005년도 : 부산임시수도 정부청사 등 13건 21억원

## 고택 고가 보존 및 활용 사례조사

1. **전주 학인당**(전라북도 민속자료 8호)
2. **사우당종택(四友堂宗宅)**(경상북도 문화재자료 제561호)
3. **정읍 김동수가옥**(중요민속문화재 26호)

---

## 한옥 보존 및 활용 사례조사-01

### 전주 학인당(전라북도 민속자료 8호)

- 전주 한옥마을에 위치.
- 후손이 직접 운영
- 본채(백범실 등 3호), 사랑채(4호), 별당(3호)으로 구성

**한옥문화재체험장(한옥스테이)**
- 학인당이야기
- 한복예절배우기
- 규래다방
- 오색다식
- 전통다례
- 명상차
- 전통국악공연(예약주문)

**한옥문화재 게스트하우스**
- 총 10실 예약제(1인 : 5-10만원)
- 총 20인 내외 수용

**문화행사(단기 및 장기 프로그램)**
- 공연, 세미나, 연회, 한옥체험 등

**문화시설(민속생활박물관)**
- 전통조경(마당)
- 일부 옛 모습 재현

학인당(인재고택)은 전 한옥마을에서 가장 오래된 고택으로 한옥마을 유일한 문화재(전라북도 민속자료 8호), 1908년 준공, 초기 판소리 공연장으로 신축.
'т' 자 형태의 본채는 7량집으로 7개의 들보를 사용, 100명 수용가능, 판소리공연 관람, 76평 35칸으로 구성, 대청을 중심으로 좌우 3칸의 방을 배치, 각방은 복도로 연결, 서재, 세면장, 목욕탕, 회장실 구비.
- 개화기의 근대주택, 전통적인 구성(행랑채, 솟을대문 등)
- 김구의 영빈관으로 사용
- 공연, 세미나, 연회, 한옥체험 등 전통문화 프로그램 운영

## 한옥 보존 및 활용 사례조사-02

**1. 사우당종택(四友堂宗宅)**(경상북도 문화재자료 제561호 )

- 경상북도 성주군 수륜면 수륜리 54-4 (윤동마을)
- 후손이 직접 운영
- 한옥이 7채로 구성
- 후면에 사우당과 영모당(永慕堂)(김용초 선생의 추모당)

한옥스테이(한옥문화재체험장)
- 수용인원 :55명
- 주차대수 : 10대 이상
- 객실명 :큰체험관방(독채), 작은체험관방(독채), 사우당채, 큰체험방1, 큰체험방2, 큰체험방3, 사우당방1, 사우당방2,
- 객실크기 :25평, 20평, 20평, 22평, 2평, 2평, 15평, 3평
- 기준인원 : 20-30, 10-15, 10-15, 2-3인, 2-3인, 6-7인, 2-3인,

사우당은 의성김씨 종가로 조선 개국공신 김용초(金用超) 선생을 모시는 종택이다. 사우당이라는 이름은 윤동마을에 입향한 김관석(金關石) 선생의 호를 가져온 것. 윤동마을은 의성 김씨(義城金氏) 집성촌. 마을 안에 사당인 세덕사와 사적비, 13채의 재실이 존치. 현재 21대 종손 김기대 씨와 종부 류정숙 씨가 종택을 지키며, 사라져가는 종가 문화를 널리 알리는 일까지 도맡고 있다

## 한옥 보존 및 활용 사례조사-03

정읍 김동수가옥(중요민속문화재 26호)
- 운영 준비 중(2015, 2016년 5월 체험프로그램운영(전북대학교)

# 등록문화재 활용 사례조사

1. 홍난파 가옥
2. 장욱진 화백 고택

## 1. 홍난파 가옥 (등록문화재 제90호)

홍난파 가옥은 서울시 종로구 홍파동 2-16번지에 위치한다. 이 가옥은 1930년에 독일인 선교사가 지었다고 하며 붉은색 벽돌의 근대양식 건축물이다. 홍난파(1897-1941)는 경기도 화성에서 태어나 1912년 YMCA중학부를 졸업한 뒤 조선정학연습소 서양악과에서 바이올린을 배우고, 1918년 도쿄음악학교에서 수학하고 1920년에 귀국하였다. 귀국 후 홍난파는 유명한 '봉선화'를 작곡하였고 연악회(1922)를 창설하기도 했고 '음악계'를 창간하기도 했다. 대표작으로는 '성불사의 밤', '옛동산에 올라', '금강에 살으리랏다', '봄처녀', '고향의 봄', '사랑' 등이 있다.

홍난파는 죽기 전 말년 6년(1935-1941)을 이 집에서 살았다고 하며 이 때문에 이 집을 <홍난파 가옥>이라고 부르게 되었다. 이 가옥은 2004년 근대문화재로 등록(90호)되어 종로구가 매입하고 2007년부터 소공연장으로 개보수 공사를 하였다. 거실과 안방을 50명 정도를 수용할 수 있는 공간으로 만들었으며 지하에는 자료실과 시청각실을 두었다.

현재 가곡의 날 기념식, 홍난파 추모음악회, 종로구 어린이 동요 가르치기, 등 음악관련 행사를 하는 장소로 활용하고 있다. 음악사랑운동본부가 종로구로부터 위탁받아 운영하고 있으며 인근의 정동 근대문화거리, 서울성곽, 경교장, 경희궁, 딜쿠샤가옥, 등과 연계된 답사코스로 활용되고 있다.

## 2. 장욱진 화백 고택 (등록문화재 제404호)

장욱진화백 고택은 경기도 용인시 기흥구 마북동 244-2번지에 위치한다. 고택은 광서(光緒) 12년(1884년)에 건립된 농가주택이었다. 장욱진은 충남연기군 동면 송용리에서 1918년 태어나 1990년에 생을 마감했다. 그는 도쿄제국 미술학교를 나와 서울대 미술대학 교수로 재직하기도 했다. 그는 김환기 등과 신사실파를 결성하기도 하고 한 때 판화 작업도 했다. 그는 주기적으로 작업실을 이동하면서 작업을 했기 때문에 그 때마다 '덕소시대'(1963-75), '명륜동시대'(1975-80), '수안보시대'(1980-85), '구성시대'(1986-90, 기흥구 마북동 244-2번지)로 불리우며 작품경향을 달리했다. 그의 작품의 특징은 전체적으로 유아적이고 토속적인 감성을 추상화시킨 독보적인 화가로 인정받고 있다.

장욱진화백 고택이 지역의 문화자산의 발상지로 떠오른 것은 경기도 용인의 그의 '구성시대'의 작업실이 수도권 개발 붐에 밀려 철거 위험에 있었기 때문이었다. 장욱진의 유족들은 (재)장욱진미술문화재단을 설립하고 그의 작품과 작업장을 관리하여 오던 중 이와 같은 개발 열풍에 휘말려 철거 위기에 이르자 문화계와 문화유산 시민단체와 힘을 합쳐 철거로부터 지켜내고 근대문화재로 등록시켰다. 용인시도 향토문화유적 지정 (2005.10월부터)하기 위하여 노력하였으나 개발 이익을 노린 인접한 주민들의 거센 반발과 집단민원제기로 어려움을 겪었다.

그러나 2008년 9월 17일 근대문화재 제404호로 등록되어 이 지역의 문화발신지 역할을 하게 되었다. 특히 가옥은 대한제국기의 경기지방 농촌가옥의 전형을 나타내고 있고 몇 차례의 수리공사를 하였으나 원형을 크게 손상하지 않는 등 평소 원형 유지를 위하여 화가가 크게 노력한 흔적을 볼 수 있는 흔치 않는 가옥으로 평가 된다.

나아가 이 지역이 부동산 투기 붐으로 주변이 급속하게 개발되는 상황 속에서 후손들과 문화계, 시민단체, 지역 행정기관이 협력하여 보존시킨 대표적인 사례로 꼽힌다.

(재)장욱진미술문화재단에서는 이 고택을 년중 개방하여 여러 가지 행사와 화백의 추모사업을 진행하고 있다.

제**2**부 토론

소남 이일우 발제에 대한 토론 ___ 변학수

# 소남 이일우 발제에 대한 토론

변학수(경북대학교)

소남 이일우 선생에 대한 평가 내지는 재평가에 대한 대구시민의 열망이 담긴 소중한 논의들을 잘 들었습니다. 그에 대한 (재)평가가 늦은 것은 여러 가지 사정이 있었을 것임에 틀림없다. 아마도 대구가 자랑하는 국채보상운동이 그를 그간 망각하게 한 원인도, 또 그를 다시 기억하게 원인도 되는 것 같다. 그간 우리 역사는 사실상 일제 강점과 좌우 이데올로기의 첨예한 대립 하에 역사라는 측면보다 '집단 기억'이라는 측면에서 더 강하게 각인되었다고 할 수 있다. 좌우 정권의 교체 과정에서 역사적 인물의 재평가는 극에서 극을 달릴 정도로 첨예한 대립을 보여 왔다. 그렇기 때문에 오늘 토론에서, 소남에 대한 문헌학적, 역사학적 구성도 매우 중요한 일이겠지만 기억과 역사에 대한 담론 또한 매우 중요하다는 점을 논의하고자 한다.

피에르 노라는 그가 편찬한 5권의 책 『기억의 장소』에서 기억과 역사의 관계를 이렇게 설명한다. "기억은 삶이고, 언제나 살아있는 집단에 의해 생겨나고 그런 이유로 영원히 진화되어 가며 (…중략…) 끊임없이 왜곡되며, 활용되거나 조작되기 쉽고, 오랫동안 잠자고 있다가 갑자기 회복되기도 한다." 노라에 따르면 역사는 분석과 비판적 담론을 요구하지만, 회상은 감정적이고 전(前) 논리적이다. 그러므로 역사가 보편적인 객관성을 지향하는 반면, (회상) 기억은 전이되거나 왜곡, 검열, 투사되기 쉽다. 그로인해 뺄 것은 빼고 더할 것은 더하고, 윤색하기도 하며, 치환하기도 한다.

노라의 말에서 역사와 기억은 서로 비슷한 말이면서도 때로는 정반대가 될 수도 있다는 것을 알 수 있다. 이것을 피에르 노라는 "기억의 터 lieux de mémoire가 존재한다는 것은 기억의 환경 milieux de mémoire이 더 이상 존재하지 않기 때문"이라는 역설적인 말로 설명한다. "기억의 환경"이란 바로 역사를 말한 것이다. 같은 프랑스 학자 모리스 알브박스(Maurice Halbwachs)는 노라와는 전혀 다른 방식으로 역사와 기억의 차이를 설명한다. 알브박스의 관심은 "무엇이 살아 있는 인간들을 결속시키는가" 하는 데 대한 물음이었다. 그에 대한 답으로 알브박스는 가장 중요한 결속력의 수단이 바로 공동체의 정체성을 만들어주는 "집단기억"임을 인식하게 되었다. 알브박스에 의하면 정치적 환경의 변화가 기억의 부상과 소멸을 가져 올 수 있다는 것이다.

그의 이론에 따라 우리는 (집단)기억과 역사의 특성을 다음과 같이 구분할 수 있다.

1. 우선 기억은 집단, 제도, 개인일 수 있는 보유자와 결부되어 있는 데 반해, 역사는 특수한 보유자(이를테면 오늘 날 우리)로부터 분리되어 있다. 가령, 우리가 이해하는 한니발은 당시 로마사람들이 스키피오 장군을 칭송하기 위해 그 업적을 칭송한 "한니발"과는 다르게 기술된

다. 다시 말해 어려운 환경을 극복한 한니발과, 그 위대한 한니발을 이긴 스키피오를 칭송하기 위해 끌어들인 한니발은 다르다는 것이다. 우리가 이해하려는 한니발은 기억에 가깝고, 로마 사람들이 이해한 한니발은 역사에 가깝다. 그렇게 본다면 소남의 발견 내지 재발견은 가문이라는 집단적 기억인지, 아니면 대구시의 인물이라는 집단적 기억인지, 역사의 재해석 내지는 복원인지 의문이 들지 않을 수 없다. 이상규 교수의 탁월한 지적대로 역사주의적 관점에서 본다면 그에 대한 기억과 송덕이 어떤 의미를 지니는가?

2. 기억은 죽어있는 역사가 아니므로 과거, 현재와 미래에 다리를 놓아 연결한다. 그러나 역사는 현재와 미래로부터 과거를 철저히 분리한다. 다시 말해 회상(기억) 행위는 용비어천가의 "해동육룡"처럼 이성계의 선조 중 목조를 조선의 역사에 포함시키는 행위를 말한다. 그러나 역사에서는 해동육룡 중 이성계와 태종만을 역사에 포함시킨다. 과거는 과거고 현재는 현재고 미래는 미래다. 소남의 독립운동, 국채보상운동, 우현서루를 통한 계몽운동은 대구의 집단기억에 큰 역할을 한다고 본다. 구체적으로 어떤 것이 왜 의미를 띠는가? 세 분께 공동으로 질문을 한다.

3. 집단 기억에서는 사건을 선택적으로 처리한다. 이를테면 김정은이 어머니 고영희를 선군의 어머니이자 백두혈통으로 고양하지만 재일교포인 그녀의 출신까지 포함하지는 않는다. 그러나 역사는 모든 것에 동등한 관심을 둔다. 심지어 기억 내러티브에서 왜곡한 것까지도. 소남을 역사나 집단기억과 관련하여 본다면 해방 이후의 이데올로기 체계와 관련한 그에 대한 평가는 혼란스럽다. 국채보상운동과 관련하여도 마찬가지며, 친일파 논란에 대한 것도 잠재울 수 있다. 다만 역

사는 선택적인 것이 아니기 때문에 소남이 그간 망각의 창고에서 소생하지 못했다. 이에 대해 백교수께서는 어떻게 생각하시는지?

4. 기억에서는 어떤 역사적 가치들을 매개하는데, 바로 이 가치에서 정체성과 행동규범이 생겨난다. 가령 보수적인 사고를 하는 사람들은 전근대의 삶을 매우 가치 있는 것으로 생각하고 그런 틀에서 사물과 사건을 보게 된다. 그러나 역사는 진리를 찾아내고 동시에 기억에서 중요시하는 가치와 규범은 멀리한다. 최미화 실장께 질문이다. 왜 하필 지금 소남과 우현서루인가?

# 부록

소남 이일우 「행장(行狀)」 ── 박승조(朴承祚)

소남 이일우 「유사(遺事)」 ── 이상악(李相岳)

『성남세고(城南世稿)』 발문(跋文) ── 이상무(李相武)

소남 이일우 년보 ── 이상규(李相揆)

경주이장가 소남공 가계

# 소남 이일우 「행장(行狀)」

박승조(朴承祚)

공의 휘는 일우(一雨), 자는 덕윤(德潤), 호는 소남(小南), 성은 이씨(李氏)로, 그 선대는 경주사람이다. 익재(益齋)선생 휘 제현(齊賢)이 공에게 현조(顯祖)가 된다. 원릉(元陵)1) 성세(盛世) 때 휘 무실(茂實)이라는 분이 공훈으로써 대구의 민충사(愍忠祠)에 배향되었는데 이분이 바로 공의 6대조이다. 조부의 휘는 증열(曾悅)인데 문장과 글씨가 당대에 저명하였다. 부친의 휘는 동진(東珍)이고 호는 금남(錦南)이다. 모친은 광주 이씨(廣州李氏) 이학래(李學來)의 따님이다.

고종(高宗) 7년 경오년(庚午年, 1870)에 대구부(大邱府)의 집에서 공을 낳았는데, 용모가 단아하고 타고난 성품이 영민하였다. 겨우 말을 배우고 글자 읽기를 배울 무렵에 한번 보면 바로 이해하였다. 뭇 아이들과 어울려 장난질 하지 않고, 항상 부모의 곁에서 시중들며, 나아가고 물러나며 부름에 대답하는『소학(小學)』의 가르침으로 일상생활의 절도로 삼았다. 일찍이 부친과 더불어 한 방에 거처하였는데 밤이 깊어지자 졸음 귀신이 점점 짙어져서 자신도 모르게 온몸을 뒤척이다가 문란(紊亂)에 이르게 되었다. 부친께서 조심하지 않음을 경계하자 이튿날 밤에는 허리에 두른 띠를 풀어서 문에 몸

---

1) 원릉(元陵): 영조(英祖)의 능. 동구릉(東九陵)의 하나로 건원릉의 왼쪽 언덕에 있으며 후에 그의 계비(繼妃) 정순왕후(貞純王后)가 같이 묻혔다. 현재 경기도 구리시 동구동에 있다.

을 묶고 임의대로 흔들리고 움직이지 못하게 하였다. 이는 공이 열 살 때의 일이었으니 어릴 때부터 조심(操心)하고 거경(居敬)하는 것이 대부분 이와 같았다.

집밖에 나가서 스승에게 배움에 이르러서는 마음을 오로지하여 학업을 받았는데 스승의 가르침과 감독을 번거롭게 하지 않았다. 한 글자나 한 구절에도 조금도 그냥 지나치지 않고 반드시 그 뜻을 깨쳤다. 이미 『소학』을 읽고는 부모를 사랑하고 윗사람을 공경하며 스승을 높이고 벗을 친하게 여기는 가르침을 가슴속에 두고 명심하였다. 또한 『대학(大學)』에서는 성의(誠意)·정심(正心)·수신(修身)·제가(齊家)의 일을 실천하여 행하였다. 『논어(論語)』·『맹자(孟子)』및 여러 경전에 이르러서는 반드시 깊이 연구하고 연역(演繹)하여 정밀하게 체득하였다. 항상 말하기를, "책을 읽을 때 한 글자라도 함부로 지나치지 않아야 고인(古人)의 의도를 알 수 있고 스스로 일가(一家)를 이룰 수 있다. 그리고 회암(晦菴) 선생의 '책을 읽음에 차라리 정밀하게 할지언정 성글게 하지 말라'는 가르침을 스스로 터득하여, 나는 차라리 정밀한 데에서 실수할지언정 성근 데에는 실수할 수가 없다."라고 하였다.

갑오년(甲午年, 1894)에 공의 나이가 겨우 25살이 되었다. 개연(慨然)히 종족(宗族)에게 돈독(敦篤)하고 가난한 이를 구휼하려는 뜻을 가지고 선공(先公)에게 여쭙고는 400마지기의 땅을 출연(出捐)하여 의장(義庄)을 설치하고 규정(規定)을 엄격하게 세워, 멀고 가까운 여러 종족들로 하여금 혼인, 장례, 교육, 홍수, 가뭄, 질병의 우환에 대비하게 하였다. 선공께서 여기에 뜻을 둔 지가 여러 해가 되었으므로 뜻을 받들어 따르고 조금이라도 어기거나 어긋남이 없었으며, 온힘을 다해 계획하여 오래도록 유지되기를 도모하였다. 옛날에 범문정(范文正)이 오현(吳縣)에서 거행(擧行)하였으나2) 세월이 이미 멀다. 우리 조선에는 500년 이래로 사대부 집안에서 그것을 행한 자가 전혀 없거나 겨우 있었으니 이것이 어찌 다만 한 집안의 아름다운 일일 뿐이겠는가. 세교(世敎)에 관련되는 것이 또한 적지 않을 것이다.

갑진년(甲辰年, 1904)에는 서울을 유람하였다. 세도(世道)가 변하고 풍조(風潮)가 사라져서 서구문명이 동양으로 옮기는 정세를 통찰하고는, 선비로서 이 세상을 살아가며 옛 전통에만 얽매여 지켜서는 안 된다고 생각하였다. 돌아와서 선공께 아뢰고는 바로 넓은 집 하나를 창립(刱立)하여 영재를 교육할 계획을 세우고 현판(懸板)을 '우현(友弦)'이라 하였다. 대개 옛날 상인(商人)현고(弦高)가 군사들에게 음식을 베풀어 위로하고 나라를 구제한 뜻[3]을 취하였으며, 또한 동서양의 신구(新舊) 서적 수천 종을 구입하여 좌우로 넓게 늘여놓았다. 총명하고 준수한 인재를 살펴 교육과정을 정립하고, 옛 학문을 근본으로 삼아 새로운 지식으로 윤색하였다. 의리(義理)의 가운데에서 무젖고 법도(法度)의 안에서 실천하게 하였다. 멀고 가까운 데에서 뜻이 있는 선비로서 소문을 듣고 흥기한 자가 날마다 운집(雲集)하여 학교에서 수용할 수 없었으니 한 시대에 빛나는 풍모(風貌)가 있었다.

을사년(乙巳年, 1905년)에 선공께서 심한 병으로 몸져누우시자 약

---

2) 범문정은 북송의 명재상인 범중엄(范仲淹)으로, 문정은 그의 시호이다. 소주(蘇州)의 오현(吳縣) 출신으로, "종족이란 조상의 입장에서 보면 똑같은 자손이다."라고 하며, 그들 중의 가난한 자들을 보살피고 친목을 돈독히 하였다. 『小學』「嘉言」.

3) 노 희공(魯僖公) 33년에 진(秦)나라가 정(鄭)나라를 치러 가는데, 정(鄭)나라의 상인(商人) 현고(弦高)가 주(周)나라에 가서 장사하려던 차에 도중에 진나라 군사를 만나 정 목공(鄭穆公)의 명이라고 하면서 우선 부드러운 가죽 4개를 바치고 소 12마리를 보내어 군사들을 위로하는 잔치를 벌이게 하였다 급히 역마를 보내 정 목공에게 이러한 사실을 보고하여 미리 대비하게 하였다. 이에 진나라 군대를 거느리고 온 장수 맹명(孟明)은 정나라에 충분한 대비가 되어 있다고 판단하고 물러갔다. 『春秋左氏傳』「僖公 33年」.

을 달이는 봉양을 몸소 맡아 게으르게 하지 않았으나 끝내 망극(罔極)함을 만났다. 무릇 상례(喪禮)를 치루는 법도는 반드시 예절에 알맞게 하였으며, 몸을 훼상(毁傷)하면서까지 예제(禮制)를 지켰는데 삼년상을 마치는 것이 마치 하루처럼 똑같았다. 일찍이 선공의 뜻에 간혹 다하지 못한 것이 있을까 염려하여, 더욱 의장(義庄)과 서루(書樓)에 전력을 다하였고 곤궁한 친족 중에 살 곳이 없는 자에게는 반드시 구급(救急)하였다.

여러 선비들의 공부에 대해 자세히 묻기길, "오늘은 무엇을 실제로 알았는가? 고인들이 학문할 때는 먼저 주견(主見)을 세우고 반복하여 생각하고 되새겼다. 그 책을 읽고 그 말을 실천하며 그 이치를 궁구하고 그 뜻을 이루어 진정한 맛을 배불리 먹으면 광휘(光輝)가 저절로 드러난다. 만약 기억하고 외우는 말단의 공부에 마음을 두면 힘쓰는 것이 더욱 힘들어 결국에는 집착하고 얽매이는 근심을 면하지 못하게 된다. 의사(意思)가 초조하고 흔들리며 견해가 막히게 되어 사업을 시행하더라도 스스로 당연한 도리를 얻지 못하게 된다. 지금 사람이 옛 사람에게 미치지 못하는 것은 대개 이 때문이다."라고 하였다.

사람들이 간혹 고금의 치란(治亂)과 성현의 출처(出處)를 언급하면 반드시 낯빛을 바르게 하고 답하기를, "배우는 자는 모름지기 이 충신(忠信), 독경(篤敬), 성실(誠實), 무위(無僞)를, 말할 때는 어눌하게 하고 지킬 때는 독실하게 하여야 하며, 뜨거운 물에 손을 넣는 수고로움이 있더라도 남을 너그럽게 포용하는 것에 힘써야 한다. 근신(謹愼)은 경계를 일으키는 단서이고 복종(服從)은 자기를 이기는 훈계이니 확실히 알고 깊게 실천해야 한다. 한마디 말을 하거나 하나의 일을 하더라도 다른 사람이 모두 존경하고 본받게 해야 한다. 이것이 바로 근신(謹身)하고 처사(處事)하는 방도인데 헛되이 망론을 말하고 득실을 따지는 데에만 힘쓰는 자들은 그 마음을 알 수가 없다. 하물며 '행동은 준엄하되 말은 겸손하게 하라'[4]는 성인의 훈계가 있으니, 묵묵히 받아들이는 자는 아마도 오늘날 우리들의 처지가 아니겠구나. 언어뿐만 아니라 문사(文詞)도 제외되지는 않는다. 여러 현인들이 각각 동서에 있었으니, 훗날 서로 헤어진 후에는 서로 편지를 서로 통하지 말고 단지 마음으로만 교제해도 충분할 것이다. 사람을 관찰할 때 먼저 마음가짐의 사정(邪正)을 살펴서 쉽게 허여하지 않아야 한다. 간혹 언행에 조그마한 실수가 있으면 더욱 절실하게 경계해야 한다. 그러므로 친구 가운데 아는 자는 대체로 적더라도 알아주는 자에게는 반드시 엄격한 스승처럼 경외(敬畏)해야 할 것이다."고 하였다.

십여 년 사이에 경전(經典)의 뜻을 강론하여 의리(義理)를 갈고 닦으며 수백 명의 많은 선비를 양성하였지만 조금도 싫증내거나 지쳐하는 뜻은 없었다. 세상의 도가 날마다 그릇되어 마침내 시대에 구애받고 버려졌다. 드디어 문을 닫아걸고 발자취를 거두어 성시(城市)와 산림(山林)에 여유롭게 노닐며 세상을 잊은 채 자신을 단속하고 집안을 바르게 하는 것으로 한 부분의 당연한 도리라고 여겼다.

자손들이 혹 새로운 풍조에 골몰(汨沒)하여 회사를 창립하기를 청하자 문득 허락하며 말하기를, "이는 공중(公衆)의 이익이요, 우리 집안에서 대대로 내려오는 법도이다."라고 하였다. 경영한지 얼마 되지 않아 결손(缺損)이 조금 생겨서 근심스러운 낯빛이 있자 조용히 타이르며 말하기를, "토지는 일정한 한도가 있으니 몇 가구의 생활에 불과하지만 이러한 사업은 내가 손해를 보면 이익을 얻는

---

[4] 『논어(論語)』 「헌문(憲問)」에, "나라에 도가 행해질 때에는 말과 행동을 모두 준엄하게 해야 하나 나라에 도가 행해지지 않을 때는 행동은 준엄하게 하되 말은 낮춰서 해야 한다[邦有道 危言危行 邦無道 危行言孫]"고 하였다.

자가 많을 것이니, 어찌 자질구레한 세속인들이 이해(利害)를 따지는 일을 본받겠는가?"라고 하였다. 집안이 매우 부유하여 허다한 돈과 곡식의 처리에 번거롭다고 말할 만하였지만 한결같이 미리 정해놓은 법규가 있었으므로 조금도 군색하거나 급한 때가 없었다.

타고난 성품이 자상하고 청렴(淸廉)하였으며 이미 남에게 은혜를 베풀고는 항상 은혜가 되기에 부족하다고 여겼다. 예사로운 비용은 매우 심하게 절약하였으나 어려운 사람을 구휼하고 난리를 구제함에 이르러서는 비록 곳간을 털더라도 애당초 인색하고 아끼는 태도가 없었다. 이 때문에 선산(善山), 칠곡(漆谷), 현풍(玄風), 경산(慶山) 등지의 수천 가구 가운데 여기에 힘입어 생활하는 자들은 그 덕을 갚고자 하여 바야흐로 돌에 새겨 칭송하기를 도모하였다. 마침내 사람을 보내 일하는 비용을 지급하게 하고는 애써 말렸다.

경신년(庚申年, 1920) 봄에 약목면(若木面) 동안리(東安里) 한 동네가 수굴(水窟)에 빠졌는데, 몸소 가서 위문하고 많은 액수를 내어 구휼해주었다. 동락학원(東洛學院)은 흉년을 두루 겪어서 유지하기가 매우 곤란하였는데 열 섬의 곡식을 기부하였다. 익재(益齋)선생의 신도비는 대대로 세울 겨를이 없었는데 혼자 힘으로 담당하여 존위(尊衛)5)하는 정성을 이루었다. 원근에서 유학(留學)하는 자들이 학자금이 궁핍하다고 간청하면 반드시 넉넉하게 염려해주어 그들이 학업을 마치게 하였다. 세상은 바야흐로 도도(滔滔)한데 공은 홀로 넓고 넓어서 남들이 지키지 못하는 지조를 지켰고 남들이 행하지 못하는 일을 행하였다. 비록 타고난 자질이 본디 아름답지만 선대의 사업을 돈독히 지켜서 실추시키지 않으려는 생각이 언제나 있었음을 알 수 있다.

---

5) 존위(尊衛): 조상의 유적을 존중하여 지킴.

정사년(丁巳, 1917)에 모친상을 당했는데 장례의 모든 절차를 부친상 때처럼 하였다. 예서(禮書)를 읽는 겨를에6) 선대의 유묵(遺墨)을 수합하였는데, 비록 조각조각의 조그마한 종이라도 하나하나 애호(愛護)하여 비단으로 단장하였다. 「양세연묵첩(兩世聯墨帖)」이라 이름을 짓고는 그것을 맡아서 지키지 못한 잘못을 자책하여 말미(末尾)에 적었다. 상복(喪服)을 벗고는 중국을 유람하며 만리장성(萬里長城)을 보고 절구 한 수를 읊었는데, "만일 이 힘을 옮겨 하천 제방을 쌓았다면, 천년이 지난 지금까지 덕정(德政)이 어떠하겠는가?"라고 하였다. 명산(名山)과 대천(大川)을 두루 관람하고 한 달여를 지내고 돌아왔다.

경오년(庚午年, 1930) 10월 며칠은 공의 회갑(回甲)이었다. 집안 식구들이 경사를 치르는 물품을 갖추고자 하였으나 공은 명하여 그만두게 하고 말하기를, "잔치를 열어 마시며 즐기는 것은 본래 나의 뜻이 아니다. 하물며 비통함이 배가(倍加)되는 날에 있어서랴."고 하고는 마련한 돈을 빈궁하고 의탁할 곳이 없는 사람들에게 모두 나누어 주었다. 하루는 자손들을 불러 말하기를, "거친 물결이 하늘까지 넘쳐나니 이미 한손으로는 만회할 수가 없다. 또한 시운(時運)을 받지 못하는 것은 옛 사람이 이른바 절물[絶物, 세상과 고립됨]이는 것이다. 우리와 같은 사람은 윤리와 기강이 어떤 일인지 알지 못하여 조금씩 금수(禽獸)의 영역에 날마다 동화되어 친척을 버리고 분묘(墳墓)를 버리는 것이 진실로 이상한 일이 아니다. 우리 집안의 선대의 분묘는 곳곳에 흩어져 있으니 사정상 보수(保守)하기 어려웠다. 장차 특별히 오환(五患)7)이 없는 지역을 선택하여 4세 이하의

---

6) 부모의 상중(喪中)에 있음을 뜻함. 옛날 부모의 상중에는 다른 책을 보지 않고 오직 예서(禮書)에 있는 상제(喪祭)에 관한 것만을 읽었던 데서 온 말이다.
7) 오환(五患): 묏자리를 잡을 때 피하여야 할 다섯 곳이다. 곧 후일에 도로가 날 자리,

선영을 한 구역 안으로 이장하여 수호하기에 편하게 하고 또한 후세의 폐단을 막게 하여라. 너희들이 그 일을 감독하여 나의 소원을 이루어다오."라고 하였다.

이로부터 항상 조그마한 질병의 증상이 있었는데 약을 쓰는 겨를에 마음을 평온하게 기운을 펼치는 것으로 양생(養生)하는 방도로 삼았다. 또한 사문(斯文)8) 최종한(崔宗瀚)에게 일러 말하기를, "동방의 옛날 서적이 장차 버려질 지경에 이르렀으니 내 널리 구해 사두고자 하네. 혹 서적을 보고자 하는 사람이 있으면 허락하고 그렇지 않으면 보관하여 지키면서 후일을 기다리게. 혹 옛 사람의 정화(精華)가 되는 원인은 알지 못하더라도 이것은 없어지지는 않을 것이네. 경영한지 이미 오래되었으나 더불어 의논할 자가 없었으니 그대는 그렇게 도모해주게."라고 하였다. 바로 산격동(山格洞)에 가옥 한 채를 샀으나 품은 뜻을 이루지 못한 채 병세가 심각해졌다. 자손들을 불러 경계하며 말하기를, "이장한 후에는 절세(節歲)와 기제(忌祭)는 폐지하라. 다만 봄과 가을에는 제각(祭閣)에서 두 번 제사지내고 포와 과일 각 세 품목으로 현주(玄酒)를 올려라. 또한 내가 눈을 감은 후에는 원근에 사는 친구들에게 부고(訃告)하여 부질없이 왕래하는 수고로움을 끼치게 하지 말라."고 하였다. 말을 마치고 편안하게 서거하였으니 병자년(丙子年, 1936) 8월 15일이었으며 향년 67세였다. 유명(遺命)에 따라 화원(花園) 가족묘지에 곤방(坤方)을 향하는 언덕에 장사지냈다.

---

성곽이 들어설 자리, 개울이 생길 자리, 세력 있는 사람이 탐낼 자리, 농경지가 될 자리이다. 일설에는 마을이 들어설 자리, 도자기를 구울 만한 자리도 이에 포함된다고 한다. 『增補四禮便覽』「喪禮5 治葬」.
8) 사문(斯文): 유교(儒敎)에서 도의(道義)나 문화(文化)를 이르는 말이다. 또는 유학자를 높여 이르는 말이기도 하다.

배위는 수원 백씨(水原白氏) 백교근(白皦根)의 따님으로 부인의 행실이 있었는데, 공보다 십년 앞선 정묘년(丁卯年, 1927)에 돌아갔다. 5남 1녀를 낳았는데, 아들은 상악(相岳)·상무(相武)·상간(相侃)·상길(相佶)·상성(相城)이고, 사위는 윤홍열(尹洪烈)이다. 상악은 3남 4녀를 낳았는데, 아들은 석희(碩熙)·탁희(卓熙)·숙희(叔熙)이고, 사위는 김한석(金漢錫)·한규대(韓圭大)·최한웅(崔韓雄)이며 딸 하나는 아직 어리다. 상무는 4남 4녀를 낳았는데, 아들은 철희(哲熙)·달희(達熙)·열희(烈熙)·설희(卨熙)이고, 사위는 서병직(徐丙直)이고 나머지 딸들은 어리다. 상간은 상길의 둘째 아들 법희(法熙)로 대를 이었다. 상길은 5남을 낳았는데, 섭희(涉熙)·법희(法熙, 공의 셋째 아들 상간의 호적에 오름)·합희(合熙)·기희(冀熙)·납희(納熙)이다. 윤홍열은 4남 4녀를 낳았는데, 아들은 성기(聖基)·봉기(鳳基)·중기(重基)·병기(炳基)이고, 사위는 배만갑(裵萬甲)이다. 나머지는 다 기록하지 않는다.

아! 품부(稟賦)는 이미 하늘로부터 두텁게 받았는데 삶은 어찌하여 좋은 시절을 얻지 못했는가? 그 자품(資稟)을 말하자면 정명(精明)하고 강과(剛果)하며 그 기개를 말하자면 경개(耿介)하고 염결(廉潔)하다. 책을 읽을 때는 반드시 정밀하여 부범(浮泛)한 습관을 끊고자 하였고, 행동을 삼갈 때는 반드시 단칙(端飭)하여 괴상한 폐단이 없고자 하였다. 여우나 담비가죽으로 만든 옷을 입은 자와 함께 서더라도 부끄러워하지 않았으니9) 그 뜻이 고상하였도다. 쇠로 만든 바퀴로 머리를 베더라도 바뀌지 않았으니10) 그의 지킴이 견고하였도다.

---

9) 『논어(論語)』「자한(子罕)」에 공자가 빈부에 마음을 동요하지 아니하고 도(道)에 나아가는 자로(子路)를 칭찬하여 "해진 솜옷을 입고서 여우나 담비 가죽으로 만든 갖옷을 입은 자와 같이 서 있으면서도 부끄러워하지 않는 자는 아마 자로일 것이다[衣敝縕袍 與衣狐貉者立而不恥者 其由也與]" 하였으니, 이를 인용한 것이다.

10) 철륜은 불교에서 나온 말로, 죄인의 목을 베는 형구이다. 주자의 「유계장에게 답함[答劉季章]」에서는 "철륜을 머리 위에다 굴리더라도, 또한 어떻게 그의 뜻을 움직

사람의 떳떳한 윤리를 돈독히 숭상하여 효제(孝悌)를 집안에서 행했으며, 인의를 몸소 행하여 화신(和信)을 남에게 미덥게 하였다. 언어로 표현할 때에는 애연(藹然)히 지초와 연꽃을 입은 은자가 삼가 펼치는 듯하고, 문장을 지을 때에는 패연(沛然)히 강하가 직선으로 쏟아지는 듯하였다. 친한 자는 경외하고 소원한 자는 흠모하였으며, 가까이 있는 자는 기뻐하고 멀리 있는 자는 심복하였다. 어질고 자애로운 성품, 높고 넓은 학식, 강직하게 스스로 지키는 지조, 갈고 닦아 남에게 미치는 이익은 우리 마을에서 찾더라도 그와 짝하는 이를 보기 드물었다.

만약 아름답고 밝은 세상을 만나 그 뜻을 얻어 그 포부를 펼쳤다면 큰 계책을 아름답게 꾸미고 사문(斯文)에 우익(羽翼)이 되어 시행함에 타당하지 않음이 없었을 텐데 이 무렵에는 가시나무 덤불에 깊이 숨어 드러내지 않았다. 철인(哲人)이 용납되기 어려운 것은 세상의 운수가 잘못된 것이며, 이단(異端)의 말이 솟아오르는 것은 우리의 도가 막혀서이다. 하늘에 가득히 궂은 비가 내려도 하나의 별은 외로이 빛났고, 여러 새들이 분분히 떠들어도 외로운 학은 길게 울었다. 곤륜(崑崙)의 옥(玉)11)이 비록 아름답다고 말하지만 값을 주고 살 수 없으며, 대아(大阿)의 검(劍)12)이 예리하지 않은 것은 아니지만 그 칼날을 시험할 수 없다. 표연(飄然)히 이 더러운 세상에 싫증을 내어 몸을 깨끗이 하고 행동을 고원하게 하였다. 나는 알겠노라, 지하 세계는 바로 선왕(先王)의 고국인 줄을. 예의(禮義)와 강상(綱常)

---

이겠는가[便有鐵輪頂上轉旋, 亦如何動得?]"라고 하였다. 『朱子大全』卷45. 어떠한 어려움 속에서도 마음이 동요되지 않을 것이라는 말이다.
11) 곤륜(崑崙)의 옥(玉): 옥 중에서 가장 좋은 옥을 가리킨다. 곤륜산은 좋은 옥이 산출되는 곳이다.
12) 대아(大阿)의 검(劍): 태아(太阿)와 같은 말로, 옛날의 보검 이름인데, 다른 사람에게 권병(權柄)을 잡도록 해서 스스로 피해를 입는 것을 뜻하는 말로 쓰인다.

이 예전 그대로 변하지 않았을 것이니 혹시 평소에 펼치지 못한 뜻을 펼칠 것인가. 몸은 비록 없어져도 없어지지 않는 것은 아직 남아 있으니, 선인(善人)이나 군자(君子)라는 이름이 진실로 초목과 함께 썩지 않는다면 공의 아름다운 명성과 뛰어난 행실은 장차 백대에 미치더라도 불후(不朽)할 것이다.

나는 이미 외람되게도 교유하는 말석에 있었으니 그 한두 가지를 기록해 주기를 부탁받았지만 나는 사람됨이 경솔하고 언어가 천박하니 어찌 감히 이것을 감당하겠는가. 평상시 공경하고 사랑하는 지극한 의리를 부쳤으나 뒷사람들의 꾸지람을 면하지 못할 것이다. 망령되이 분수에 넘치는 것을 헤아리지 못하고 삼가 안본(案本)에 나아가 대략 은괄(檃括)13)을 위와 같이 더하였다. 세상에 입언(立言)하는 군자들이 혹시 참람함을 용서하여 채택해준다면 다행이다.

신묘년(辛卯年) 음력 10월 하순에 월성(月城) 박승조(朴承祚)는 삼가 행장을 짓다.

## ○ 行狀

朴承祚

公諱一雨 字德潤 號小南 姓李氏 其先慶州人 益齋先生諱齊賢 爲顯祖也 元陵盛際 有諱茂實 以功勳享大邱愍忠祠 寔公之六代祖也 祖諱曾悅 辭翰筆篆 著於當也 考諱東珍 號錦南 妣廣州李氏學來女

---

13) 은괄(檃括): 기울어지고 굽은 것을 바로잡는 기구로, 굽은 것을 잡는 것은 은(檃)이라 칭하고 모난 것을 잡는 것은 괄(括)이라 한다. 『회남자(淮南子)』에, "그 굽은 것이 발라지게 되는 것은 은괄의 힘이다[其曲中規 檃括之力]." 하였다. 또한 은괄(檃栝)로도 쓰는데 이는 전체를 포괄(包括)한다는 뜻이다.

高宗七年庚午 生公于大邱府第 容皃端雅 姿稟穎敏 纔學語受字讀 一見輒解 不與群兒戲劇 常侍父母之側 以進退唯諾爲日用節度 嘗與先公同處一室 夜深後睡魔方濃 不覺四肢轉側 以致紊亂 先公以不敬戒之 其翌夜 解其腰鞶 繫身於門 無得任意搖動 是公十歲時事 而自孩提 其操心居敬 類多如此

及出就外傅 專心受業 不煩敎督 一字一句 或不放過 必曉其旨義 旣讀小學而以愛親敬兄隆師親友之訓 服膺以銘之 又於大學而以誠意正心修身齊家之事 實踐而行之 以至鄒魯及諸經 必深究演繹 精密體認 常曰讀書能不一字放過 可知古人用意 而自家亦有得晦菴夫子 於讀書寧密無踈 吾寧失於密 而不可失於踈也

甲午 公年纔二十五 慨然有敦宗恤貧之意 稟于先公 而出損四百斗地 營置義庄 嚴立條規 使遠近諸族 賴免婚葬敎育水旱疾病之憂 先公有志於此者 蓋屢年 而承順志意 毫無違拂 盡力綜劃 以圖永世 古有范文正吳中之擧 而世已邈矣 吾東五百年來 士大夫家行之者 絶無而僅有 是豈徒一家之美事 其有關於世敎者 亦不尠矣

甲辰 遊京洛 世級變嬗 風潮振盪 洞察西歐東漸之勢 自以爲士生斯世 不可膠守舊轍 歸白先公 乃刱立一廣廈 以爲育英之計而扁之 曰友弦 蓋取古商人犒軍救國之義 而又購得東西洋新舊書籍數千種 廣延左右 省聰俊之才 定其課程 本之以舊學 而潤之以新識 涵濡於義理之中 循蹈於規矩之內 遠近有志之士 聞風興起者 日益坌集 庠舍不容 而有一代彬彬之風矣

乙巳 先公寢疾 藥餌之奉 躬執不怠 竟遭罔極 凡附身附棺之節 必稱於禮 哀毁守制 終三年如一日 嘗恐先志之或有未就 益專力於義庄與書樓 而窮親之不得其所者 必救急之

考問諸士之課工 曰今日有何實見得也 古人之爲學 先立主見 反覆思繹 讀其書而踐其言 窮其理而致其志 飽喫眞腴 光輝自著 若留心於記誦

之末 則用力愈苦 而終不免泥著羈絆之患 意思燥撓 見解窒礙 施諸事爲 自不得當然之道 今人之不及古人 蓋由此也

　人或有語及古今治亂聖賢出處者 則必正色答之 曰學者須是忠信篤敬 誠實無僞 訥於言語 篤於持守 有探湯之疾 而勉容物之弘 愼興戎之機 而服克己之訓 知之篤 踐之深 發一言 行一事 人皆矜式而慕効 斯乃爲謹身處事之道 而徒務言語 妄論是非得失者 其心未可知也 況危行言遜 聖人有戒 其默而容者 其非吾輩今日之地耶 非惟言語而文詞亦外也 諸賢各在東西 異日相分之後 勿以書翰相通 只以心相交足矣 觀人先察其心術之邪正 不輕許與 或有言行纖微之失 尤切規砭 故人之知者蓋少 而知之者 必敬畏之如嚴師矣

　十數年間 講論經旨 刮磨義理 養成數百多士 毫無厭倦之意 世道日非 竟拘於時而見廢焉 遂閉門斂跡 城市山林 優遊忘世 以律身正家爲一部當道理

　子姪輩 或役於新潮 請以刱立會社 則輒許之 曰是公衆之益 而吾家先世之遺規也 營之未幾 或有缺損而有憂色 則從容諭之 曰土地有定限 不過幾個戶生活 而若此等事 吾有損失 則得利者衆 何足効區區俗子輩較其利害之爲哉 家甚富饒 許多錢穀處理 可謂煩劇 而一向有預定之規 小無窘急之時

　素性慈詳廉潔 旣惠人而常以爲不足爲惠 等閒之費 節約殊甚 而至於恤窮救亂 雖傾廩 初無吝惜之態 是以 善山漆谷玄風慶山等地數千戶 賴爲生活者 欲報其德 方謀刻石以頌之 竟使人給其役費而力寢之

　庚申春 若木東安 一洞陷爲水窟 躬往慰問 捐巨額以恤給 東洛學院 備經歉荒 維持甚艱 以十石租寄助 益齋先生神道碑 積世未遑 獨力擔當 以遂尊衛之誠 遠近留學者 懇以學資困乏 則必優念而使之卒業焉 世方滔滔 公獨恢恢 守人所不能守之操 行人所不能行之事 雖其天質之固美 而尤見篤守先業 恆有不墜之思矣

丁巳 遭內艱 送終凡節如前喪 讀禮之暇 收拾先世遺墨 雖斷爛寸紙 一一愛護以錦爲粧 名之曰兩世聯墨帖 自責其不謹典守之罪而書于尾 服闋 遊覽中華 觀萬里長城 吟一絶曰 若移此力河堤築 千載如今德政何 歷觀名山大川 洽經月餘而還

庚午十月日 卽公晬辰 家人欲爲稱慶之具 命止之曰 宴飮歡樂 本非吾意 況當倍加悲痛之日乎 乃以辦備之金 盡散於貧窮無托者焉 一日詔子姪曰狂瀾漲天 旣不能以隻手挽回 又不受時命 是古人所謂絶物也 吾人之類 不知倫紀之爲何事 而駸駸然日化於禽獸之域 背親戚棄墳墓 固非異事 吾家先世墳墓 散在各處 勢難保守 將欲別擇無五患之地 移塋四世以下先塋於一域之內 以爲便於守護 且防後弊 汝其敦事 以遂吾願也

自是常 有微痾之症 試藥之暇 以平心叙氣爲攝養之方 又謂崔斯文宗瀚曰 東方舊日書籍 將至休棄之境 吾欲廣求買置 或有求覽者則許之 否則藏而保守 以待後日 或未知古人精華之因 此不泯也 營之已久 無可與議者 子其圖之 方買一屋於山格洞 有志未就 而病勢沈劇 呼子若孫 戒之曰 移塋後 節歲與忌祭廢止 只行春秋兩祀於祭閣 以脯果各三品 玄酒薦焉 且吾暝目後 勿爲通訃於遠近知舊謾費往來之勞也 言訖 迫然而逝 丙子八月十五日也 享年六十七 用遺命 塟于花園家族地向坤之原

配水原白氏曒根之女 有婦行 先十年丁卯沒 生五男一女 男相岳相武相侃相佶相城 女尹洪烈 相岳生三男四女 男碩熙卓熙叔熙 女金漢錫韓圭大崔韓雄 一幼 武生四男四女 男哲熙達熙烈熙高熙 女徐丙直 餘幼 相侃以相佶二子法熙爲嗣 相佶生五男 涉熙法熙出合熙冀熙納熙 尹洪烈生四男四女 男聖基鳳基重基炳基 女裵萬甲 餘不盡錄

嗚乎 賦旣厚受於天 而生何不得其時也 言其資稟 則精明剛果 言其氣槪 則耿介廉潔 讀書必欲精密 而絶浮泛之習 制行必欲端飭 而無矯異之弊 狐貉竝立而不恥 其志之高尙也 鐵輪旋頂而不易 其守之堅確也

敦尙彛倫 孝悌行於家 躬行仁義 和信孚於人 發之言語 藹然若芝荷之

競敷 著之文章 沛然若江河之直瀉 親者畏而疎者慕 近者說而遠者服 仁慈之性 高豁之識 剛毅自守之操 琢磨及人之益 求之吾黨中 鮮見其儔也

若値休明之世 得其志展其蘊 則可以賁飾洪猷 羽翼斯文 無施不當 而際此枳棘深藏不市 哲人難容 世運之否矣 異言之交騰 吾道之塞矣 滿天陰雨 一星孤明 衆鳥紛咻 獨鶴長唳 昆山之玉 雖曰美矣 而不能售其價 大阿之劒 非不銳矣 而不能試其銛 飄然厭此濁世 而潔身高擧 吾知地下乃先王古國也 禮義綱常 依舊不變矣 庶或展其平日所未展之志耶 身雖亡 而其不亡者猶存 善人君子之名 固不得與草木同腐 則公之令名卓行將亙百世而不朽矣

余旣忝在交遊之末 而屬記其一二 人輕言淺 何敢當是 寄平素敬愛之至義 不免後死之責 不揆妄越 謹就案本中 略加鱻括之如右 世之立言君子 倘恕其僭而采擇之則幸也

# 소남 이일우 「유사(遺事)」

이상악(李相岳)

부군의 성은 이씨(李氏)이고, 휘는 일우(一雨)요, 자는 덕윤(德潤)으로 경주인(慶州人)이며 익재선생(益齋先生) 휘 제현(齊賢)의 후손이다. 조선 영조(英祖) 때에 공훈으로써 대구 민충사(愍忠祠)에 배향된 휘 무실(茂實)의 6세손이다. 조부의 휘는 증열(曾悅)로 문장과 글씨로써 저명하였다. 부친의 휘는 동진(東珍)이요, 자는 금남(錦南)이며 부인은 경주 이씨(慶州李氏) 휘 학래(學來)의 따님이다.

고종(高宗) 경오년(庚午年, 1870)에 대구 집에서 부군이 태어났다. 체격과 인품이 온화하고 빼어났으며 말소리가 맑았다. 아이들과 더불어 장난치는 것을 좋아하지 않았으며 항상 어른의 곁을 떠나지 않았다. 나이가 아직 10세가 되지도 않았을 때 선친(先親)과 더불어 같은 처소에서 잠잘 때 몸을 문란하게 뒤척였기 때문에 조심하지 않는 것으로 선친이 훈계하였다. 그 다음날 밤에는 허리띠로 문고리에 몸을 매어서 마음대로 흔들리고 움직이지 못하게 하였다. 스승에게 나아가 독서함에 미쳐서는 글의 뜻을 이해하는 데에 오로지 힘썼고 기억하고 외는 데 뜻을 두지 않았다. 그러므로 스승에게는 도리어 번뇌해야 하는 곳이 많았다. 이에 말하기를, "이 아이는 실지(實地)의 공부를 따르니 훗날에는 반드시 지식과 행동이 아울러 발전할 것이다."고 하였다. 나가서는 윗사람을 공경하고 들어와서는 어버이를 사랑하였으니 이는 가르침을 기다리지 않고 천성(天性)

에서 나온 것이다.

25세 갑오년(甲午年, 1894) 봄에 부친의 명을 받들어 친족들을 불러 400두락(斗落)의 땅으로 의장(義庄)을 설치하였다. 혼인, 장례, 교육, 홍수, 가뭄에 구휼하고 길거(拮据)[1]하는 등의 방법과 지략은 모두 부군이 손수 스스로 빈틈없이 조리있게 처리하였는데 선친의 뜻에 털끝만큼도 어긋남이 없었다.

갑진년(甲辰年, 1904)에 서울을 유람하였다. 세상의 수준이 점점 달라지는 것을 보고, 선비가 이 세상에 살면서 옛날 것에만 집착하여 지켜서는 안 된다고 스스로 생각하였다. 또한 열국(列國)이 동쪽으로 점점 세력을 뻗쳐오는데 지식으로 경쟁하려면 영재를 교육하는 것이 첫째의 일이라고 여겼다. 돌아와서 집안에 아뢰니 선친께서 기뻐하면서 장려하고 허락하였다. 이에 동서양의 고금의 서적 수천 종을 구매하고 경상남북도에서 통달하고 총명한 재주 있는 선비들을 초치(招致)하여 일 년에 수십 명씩 양성하였다. 서루(書樓)를 '우현(友弦)'이라 명명(命名)하였는데 대개 상인(商人) 현고(弦高)가 미리 알아서 군사들에게 음식을 주어 위로하여 나라를 구한 뜻[2]에서 취하였다. 또한 호를 '소남(小南)'이라 하였으니, 아버지 금남공(錦南公)의 뜻을 잘 계승하려는 까닭이었다. 이에 당일에 여러 선비들이 굳게 요청하였으나 부군의 겸양을 어떻게 할 수 없었다.

---

[1] 길거(拮据): 새가 둥지를 짓느라 손발과 입을 함께 움직여서 열심히 일하는 모양이다. 애쓰는 모양을 가리킴. 『시경』 「빈풍(豳風) 치효(鴟鴞)」에 나온다.

[2] 노 희공(魯僖公) 33년에 진(秦)나라가 정(鄭)나라를 치러 가는데, 정(鄭)나라의 상인(商人) 현고(弦高)가 주(周)나라에 가서 장사하려던 차에 도중에 진나라 군사를 만나 정 목공(鄭穆公)의 명이라고 하면서 우선 부드러운 가죽 4개를 바치고 소 12마리를 보내어 군사들을 위로하는 잔치를 벌이게 하였다 급히 역마를 보내 정 목공에게 이러한 사실을 보고하여 미리 대비하게 하였다. 이에 진나라 군대를 거느리고 온 장수 맹명(孟明)은 정나라에 충분한 대비가 되어 있다고 판단하고 물러갔다. 『春秋左氏傳』 「僖公 33年」.

을사년(乙巳年, 1905) 봄에 선친의 상을 당했는데 몹시 슬퍼하여 몸이 상하면서도 예제(禮制)를 지켰다. 이미 상을 마치고 선친의 뜻을 조금이라도 이루지 못할까 더욱 두려워하여 의장(義庄)과 서루(書樓)에 힘을 다하고 달마다 항상 곤궁한 친족 중에 혹 살 곳을 얻지 못한 자들을 살폈다. 한가한 날에 또 서루에 올라 여러 선비들의 공부를 물으며 말하기를, "근래에 무엇을 실제로 터득하였는가? 기억하고 외는 것은 족히 귀하지 못하다. 대저 서책은 옛사람의 조박(糟粕)3)이니 다만 뜻을 풀이하고 음미하여야 할 따름이니 집착하지 말고 얽매이지 말아야 한다. 항상 내 마음속에 먼저 주견(主見)을 세우고 반복하여 궁구한 이후에 터득하게 하라."고 하였다.

간혹 신진 선비들 가운데 지나간 왕조의 인물과 정치의 득실을 언급하는 자가 있으면 부드러운 안색과 온화한 말투로 답하기를, "대저 선비는 상론(尙論)4)을 귀하게 여기므로 먼저 그 처지와 시기를 살펴는 것이 옳을 듯하다. 만약 오늘날에 지금의 나로써 옛날이나 고인을 논한다면 항상 전인(前人)이 실수한 폐단이 있다. 혹 양기초(梁起超)가 공부자(孔夫子)를 논함에, '그 대부를 비난하는 것이 아니면 백성들에게 알게 할 수 없다'라는 구절에서, 한 쪽 편을 든다면 '역(易)'이라 하고 '시(時)'라 한 것은 크고도 성스럽다. '시(時)'라는 것은 이것은 전제시대(專制時代)가 아니겠으며, '성(聖)'은 부자만한 이가 없는데 한 명의 성인으로써 가능하겠는가? 대저 정치는 일정

---

3) 조박(糟粕): 술을 거르고 남은 술 찌꺼기. 참된 도(道)는 언어와 문장으로써는 전할 수 없으므로 옛 사람의 언어와 저서로써 현재까지 전해오는 것은 다만 술 찌꺼기와 같은 것일 뿐이라는 말이다. 『莊子』「天道」.

4) 상론(尙論): 고인(古人)의 언행(言行)과 인품을 논함. 『맹자』「만장 하(萬章下)」의 "천하의 훌륭한 선비를 벗으로 사귀는 것이 만족스럽지 못할 경우에는 또 위로 올라가 옛사람을 논한다[以友天下之善士爲未足, 又尙論古之人]"라는 말에서 나온 것이다.

한 선량(善良)이 없고 그 때에 맞게 베풀 뿐이니 지금으로써 옛날에 미치지 못한 것을 논하는 것이 어찌 옳겠는가? 또한 행동을 고상하게 하되 말은 공손하게 하는 것5)은 바로 지금이 아니겠는가? 대저 마음에 두면 말로 드러나고 말로 드러나면 문장이 되는 것은 선비에게는 흔한 일이니, 후일에 서로 나뉘어 각각 거처할 때에 편지로써 서로 교유하지 않는 것이 좋을 듯하다."라고 하였다. 이로써 고금을 강론하였는데 10년 동안 싫어하거나 게으른 모습이 조금도 없었다. 마침내 시속(時俗)에 구애를 받아 폐쇄한 이후로는 문을 닫고 칩거하였으며 단지 스스로 집안의 일을 엄숙히 다스렸을 뿐이었다.

불초(不肖)한 우리들이 풍조(風潮)를 추구하여 명을 따르지 않을 뿐만 아니라 거금을 탕진할 때가 자못 많았으나 전혀 엄한 꾸짖음은 없고 문득 돈을 갚아주기까지 하였다. 혹 회사를 창립하기를 청하면 바로 허락하며 말하기를, "이는 우리 집안에 내려오는 비결(秘訣)이다. 토지를 사서 설치하는 것은 몇 가구가 생활하는데 지나지 않지만 이러한 경영은 무려 몇 백 가구가 생계가 살아나니 어찌 좋지 않겠는가?"라고 하였다. 그 후에 내가 불민함으로써 손해를 보아 혹 근심하는 기색을 띠고 있으면 문득 말씀하기를 "손해를 보는 자는 너 한 사람이고 이득이 있는 자가 수백 명이라면 그 효과가 과연 어떠하겠는가?"라고 하였다. 이것이 우리 아버지의 평소의 뜻이 아니겠는가. 또 토지와 금전을 처리하는 등에 이르러서는 한결같이 일정한 규정을 두었으니 관계되는 사람들이 한 번도 문간에 이른 자가 없었다. 그러므로 항상 옆에 있는 자들이 보면 일개 한미한 선비의 모습에 불과할 뿐이었다.

---

5) "나라에 도가 있을 때는 말과 행동이 높고 바르지만, 나라에 도가 없을 때는 행실을 높게 하고 말은 낮추어 겸손하게 할지니라[邦有道 危言危行 邦無道 危行言孫]"(『論語』「憲問」)에서 나온 말.

병오년(丙午年, 1906)에 선산(善山) 장천면(長川面)의 소작인들이 덕을 칭송할 뜻으로 비석을 80여냥(餘兩)에 샀다. 그것을 들은 날에 좌우의 사람들을 불러 타이르며 말하기를, "내가 은혜를 베푼 것이 없는데 어찌하여 돈을 써서 쓸모없는 곳에 낭비하는가. 차라리 이 돈으로 뽕나무 묘목을 사서 부업(副業)을 장려하여라. 이것이 내가 원하는 것이다."라고 하였다. 바로 그날 비석을 산 대금을 돌려받았다. 이후에 비석을 세우고자 하는 자가 경산(慶山)과 현풍(玄風) 등지에 모두 예닐곱 곳이 있었는데 모두 미리 알고는 멈추게 하였다.

경신년(庚申年, 1920) 봄에 약목면(若木面) 동안동(東安洞) 일대가 수재(水災)를 당하여 집들이 유실되고 전복되었다. 직접 가서 위문하고 2500여금(餘金)으로 구휼하였다. 그 해 12월에 수재민(水災民)들이 비석을 세워 덕을 칭송한다고 하였으므로 사람으로 하여금 가서 보게 하고는 끝내 그 비석을 묻게 하였다. 또 약목의 동락학원(東洛學院)이 유지하기가 어렵다고 하니 벼 10석(石)을 기증하여 도와주었다. 익재(益齋) 선조(先祖)의 신도비(神道碑)는 여러 세대가 지나도록 세울 겨를이 없었는데 홀로 꾸밈을 맡아 세웠다. 그러므로 종중에서 의논하여 표창비(表彰碑)를 세우려 하였으나, 부군(府君)이 힘써 막아서 세우지 못하였다. 또 원근(遠近)에서 유학(留學)하는 자들이 학자금이 궁핍함을 요청하면 문득 주었고, 혹 진취(進就)할 것 같은 희망이 있으면 다소(多少)를 헤아리지 않고 졸업하게 하였다.

정사년(丁巳年, 1917)에 모친상을 당하여 애도를 표하기를 전상(前喪)과 같이 하였다. 항상 상주가 거처하는 방에 있으면서 피눈물을 흘리는 겨를에 선대인(先大人) 양세(兩世)의 유묵(遺墨)을 수습하였다. 비록 짧고 간단한 편지일지라도 하나하나 아껴서 비단으로 단장하여 이름하기를「양세연묵첩(兩世聯墨帖)」이라 하였다. 불초하고 무식하여 삼가 전수(典守)하지 못한 책임을 스스로 느끼며 그것을 적어서 묵첩 아래에 달았다. 상복(喪服)을 마치고는, 오랫동안 칩거한 나머지 심신이 쇠약한 듯하니 감히 조심하지 않겠는가라고 생각하고는 바로 중원(中原)을 유람하였다. 만리장성을 보고 한 절구시를 읊었는데, "만일 이 힘을 옮겨 하천 제방을 쌓았다면, 천년이 지난 지금까지 덕정(德政)이 어떠하겠는가?"라고 하였다. 명산(名山)과 대천(大川), 누각의 화려한 곳을 달포동안 두루 관람하고 돌아왔다. 이로부터 집안일을 나에게 맡기고 세상과 스스로를 단절하여 종일토록 단정히 앉아있었으니 마치 진흙인형과 같았다. 간혹 기분이 우울하고 마음이 답답할 때에는 홀로 이리저리 거닐며 시를 읊었기 때문에 작은 책상자에는 단지 약간의 시편(詩篇)만 있었다.

경오년(庚午年, 1930) 10월 14일은 바로 부군의 회갑(回甲)이었다. 우리들이 장차 경사를 치르는 준비를 갖추고자 하니 명하여 말씀하기를, "전(傳)에서 말한,6) 비통함이 배가 되어야 마땅한데 어찌 차마 술자리를 마련할 수 있겠는가? 내가 옛 말씀을 따르고자 해서가 아니라 스스로 차마 못하는 바이다."라 하고는 준비한 금전을 곤궁하여 의탁할 곳이 없는 자들에게 모두 주었다. 하루는 나를 불러 말씀하기를, "세도(世道)는 이미 만회(挽回)할 수 없으며 또한 시명(時命)을 받지도 못하였다. 이는 고인이 말한 '절물(絶物)'이라는 것이다. 윤기(倫氣)가 모두 사라지면 무덤을 떠나고 친척을 버리는 것이 상례(常例)이니 누가 막을 수 있겠는가? 나는 이것을 두려워하여 장차 4세 이하의 선영(先塋)을 오환(五患)이 없는 곳을 특별히 선택하여 한 지역으로 이장하려 하는데 어떠한가?"라고 하였다. 나는 세월이

---

6) 이천(伊川)선생이 말하기를, "사람이 부모가 없으면 자신의 생일에 마땅히 슬픈 마음이 배나 더할 것이니, 또 어찌 차마 술자리를 마련하고 풍악을 벌여 즐거워할 수 있겠는가. 만일 부모가 모두 생존해 계신 자라면 그리해도 괜찮다."라고 하였다[伊川先生曰 人無父母 生日 當倍悲痛 更安忍置酒張樂 以爲樂 若具慶者 可矣].

오래되었기 때문에 미안(未安)하다고 어려워하자 바로 말하기를, "오늘 미안한 것이 그 후일에 묘지가 실전(失傳)되는 것과는 과연 어떠하겠는가? 너는 내가 살아있는 동안에 감독하는 것을 피하지 말라."고 하였다. 묘역 내의 계단(階段)과 제각(祭閣)과 재고(齋庫) 등을 차례대로 도모하고 일일이 협의하여 결정하였다.

갑술년(甲戌年, 1934)부터 가벼운 병의 증세가 조금 있었는데 신음이 항상 많아도 가볍게 의약(醫藥)을 드시지 않았으며 마음이 평안하고 기운을 펼치는 것으로 양생(養生)의 방법으로 삼았다. 어느 날에 사문(斯文) 최종한(崔宗瀚)씨에게 이르기를, "동방(東方)의 옛날 서적이 열람을 받지 못할 뿐만 아니라 심지어 고물(古物)로 매각(賣却)되어 마침내 버려지는 곳으로 모두 돌아가니 매우 애석하다. 널리 구하여 사들여서 간혹 보고자 하는 자가 있으면 바로 허락하게. 또한 보려는 자가 없더라도 공경히 보관하여 후일을 기다리면 우리나라의 정화(精華)가 어쩌면 무너지지 않을지 또한 알 수 없다네. 경영한지 이미 오래되었으나 더불어 의논할 자가 없으니 그대가 도모하는 것이 어떻겠는가?"라고 하였다. 곧바로 산격동(山格洞)에 있는 집을 샀으나 이로부터 병세가 점점 심해졌다.

이때에 내가 묘지(墓地)와 재고(齋庫)를 지으려고 하였는데 묘역(墓域)은 이미 이루어졌으나 제각(祭閣)은 짐짓 아직 준공하지 못하였다. 부군께서 몸소 살필 수 없었으므로 화공(畵工)에게 명하여 그림을 그려서 완상하게 하였다. 이에 경계하여 말하기를, "이장(移葬) 후에는 절세(節歲)와 기제(忌祭)는 폐지하고, 제각(祭閣)에서 봄가을의 두 차례 제사만 지낼 것이며, 포와 과일은 각각 삼품(三品)으로 하고 현주(玄酒)를 올려라."라고 하였다. 또 이르기를 "내가 죽는 날 원근(遠近)에 부고(訃告)하지 말라. 내가 죽고 사는 것은 사람들과 조금도 관계가 없으니 괜히 친구들에게 헛되이 왕래하게 하겠는가?"

라고 하였다.

숨기운이 드디어 끊어지려 하였는데 우리들이 두려워하며 정침(正寢)에 들기를 청하니 말하기를, "내일이 바로 명절(名節)이니, 불길(不吉)한 염려가 있을 것 같으면 행사를 하고 난 이후면 좋겠다."고 하며 조금도 고통스러워하는 모습이 없었다. 날이 새려고 할 무렵에 명하기를, "행사를 행하였느냐? 나를 정침으로 옮겨라."고 하였다. 드디어 정침에 들어가 자리를 바로하자 금방 돌아갔으니 병자년(丙子年, 1936) 8월 15일이었다. 몸 전체에는 타박의 흔적이 조금도 없었고 평생 질병의 고통이 없었으며, 치아와 머리카락은 중년과 차이가 없었고 피부는 몇 달이나 병들어 약해졌지만 염습(殮襲)7)하는 날에 이르도록 죽은 지 깨달을 수 없었다. 어찌 유독 청명(淸明)함을 품부(稟賦)받아도 정밀한 공부를 더하지 않았다면 이와 같을 수 있겠는가? 유언을 받들어 화원(花園)의 가족묘지에 간방(艮方)을 등진 언덕에 장사지냈다.

배위는 수원 백씨(水原 白氏)로 백교근(白皦根)의 따님이었는데, 어여쁘고 온순하며 부인의 덕을 지녔다. 부군보다 10년 앞선 정묘년(丁卯年, 1927)에 세상을 떠났다. 5남 1녀를 낳았는데 아들은 상악(相岳), 상무(相武), 상간(相侃), 상길(相佶), 상성(相城)이요, 사위는 윤홍열(尹洪烈)이다. 상악(相岳)은 3남 4녀를 낳았는데 아들은 석희(碩熙), 탁희(卓熙), 숙희(叔熙)이고, 사위는 김한석(金漢錫), 한규대(韓圭大), 최한웅(崔漢雄)이며, 하나는 아직 시집가지 않았다. 상무(相武)는 4남 4녀를 낳았는데 아들은 철희(哲熙), 달희(達熙), 열희(烈熙), 설희(卨熙)이고, 사위는 서병식(徐丙直)이며, 나머지는 아직 시집가지 않았다. 상간(相侃)은 자식이 없어 상길(相佶)의 둘째 아들인 법희(法熙)를 후

---

7) 염습(殮襲): 죽은 사람의 몸을 씻긴 다음, 옷을 입히고 염포(殮布)로 묶는 일.

사로 삼았다. 상길(相佶)은 5남을 낳았는데 섭희(涉熙), 법희(法熙), 합희(合熙), 엽희(葉熙), 납희(納熙)이다. 윤홍열(尹洪烈)은 4남 4녀를 낳았는데 아들은 성기(聖基), 봉기(鳳基), 중기(重基), 병기(炳基)이고, 사위는 배만갑(裵萬甲)이며, 나머지는 아직 시집가지 않았다.

아, 어찌 차마 말할 수 있겠는가? 나는 학문이 보잘것없을 뿐만 아니라 새로운 풍조(風潮)에 내달려서 가정에 어떤 사업이 있는지 알지 못하였다. 문득 아버지의 상(喪)을 당해 천지간에 편안하지 못하였으나 떳떳한 마음은 항상 사라지지 않았다. 전형(典型)을 미루어 생각해보니 날이 멀어질수록 날로 잊어버리는 고통이 있을까 두렵다. 그러므로 평소 보고 들은 것을 대략 기술하여 후일 갱장(羹牆)[8]의 바탕으로 삼고자 하니, 어찌 감히 조금이라도 사실과 어긋남이 있어서 곧장 다른 사람이 되어버리는 경계를 범할 수 있겠는가? 삼가 세상의 군자들이 어쩌면 가련히 여겨 채택해줄지의 여부는 알지 못하겠다.

불초(不肖) 고애자(孤哀子) 상악(相岳)은 눈물을 흘리며 삼가 기록한다.

○ 遺事

李相岳

府君姓李諱一雨字德潤慶州人 益齋先生諱齊賢之后也 入我英廟 以功勳配享大邱愍忠祠 諱茂實之六世孫也 祖諱曾悅 以辭翰筆篆著 考諱東

---

8) 갱장(羹牆): 늘 지극하게 사모하는 것을 말한다. 요 임금이 죽은 뒤에 순 임금이 담장을 대해도 요 임금의 모습이 보이고 국에 대해도 요 임금이 보였다는 고사가 있다. 『後漢書』 卷63 「李固列傳」.

珍號錦南 配慶州李氏諱學來女

　高宗庚午 生府君于大邱里第 骨相溫秀 語音淸郞 不嬉與兒遊戲 常不離長者側 年未十歲時 與先大人同處寢寐時 轉展紊亂 故先大人戒之以不敬 其翌夜 以腰絏繫身於門環 不得自由撓動 及就師讀書 專務義解 不注記誦 故師還有煩惱處多 而曰此兒從實地工夫 他日必知行幷進云爾 出而敬長 入而愛親 不待敎而從天性中出來

　二十五歲甲午春 承庭命招門族 以四百斗地 設義庄 婚葬敎育水旱 救恤拮据等方略 皆府君手自綜理 而於親志毫無少違

　甲辰 遊京師 觀世級稍異 自以爲士生斯世 不可膠守舊轍 且列國東漸之勢 以知識競爭 則育英爲第一義務 歸白家庭 先大人卽欣然獎許之 乃購得東西洋古今書籍數千種 招延南北道通敏才士 一年養成數十人式 名樓曰友弦 蓋取諸商人弦高預知犒軍救國之義也 且號曰小南 以其克承錦南之義也 乃當日諸士之固請 而府君之謙抑 不得已者也

　乙巳春 遭先大人喪 哀毀守制 旣闋 尤恐先志或未就 專力于義庄與書樓 月常考窮親之或有不得其所者 暇日且登樓 問其諸士之課工 曰近日得如何實見得也 記誦不足貴也 夫書古人糟粕 只令解義諷味而已 勿爲泥著 勿爲羈絆 常令吾胸中 先立主見 反覆思繹 后乃得

　或有新進之士 言及往朝人物與政治得失 則以怡顏順辭答之 曰夫士貴尙論 而先審其地與時 似爲乃可 若以今日今我 論其古日古人 常有前人失之之弊云 或以梁起超論孔夫子 不非其大夫 民不可使知之句 右祖則曰易曰時之義大且聖 時者 此非專制時代歟 聖莫若夫子而以一聖能之乎 夫政治 無一定善良 措其時而已 豈以今日論古之未及 可乎 且危行言遜 其非今日乎 夫存諸心則發於言 言發而爲文 士子之常例 則日後相分各處之時 勿以書翰相交 似好 以是 講論古今 十年間 少無厭倦之像 卒爲拘於時 閉鎖自後 杜門蟄伏 只自肅淸家庭間事而已

　不肖輩逐奔風潮 不惟不遵命 蕩費巨金頗多 而一無峻責 輒與報給 或

請以劦立會社 則輒許之曰 是吾家遺訣也 貿置土地 不過幾戶生活 而此等經營 無慮數百口計活 則無奈可乎 其後 余以不敏見損 或有憂色則輒曰 損之者汝一人 而得之者數百人 則其效果何如 是其非吾父之素志乎 且至於土地金錢處理等 一有定規 而關係輩 一無踵門 故常以在側者觀之 不過一寒士樣子而已

丙午年 善山長川面 作人輩以頌德之意 買石八十餘兩 聞之之日 招諭右人曰 吾無施惠 何奈以有用之金 浪費於無用之地 寧以此金貿桑苗而獎副業 是吾願也 卽日 石代金還給焉 繼后欲立石者 慶山玄風等地 凡六七處 而皆預知使寢之

庚申秋 若木東安洞一帶 罹水災 家戶流失顚覆 躬往慰問 以二千五百餘金恤給矣 其年十一月 災民立石頌德云 故使人往視之 竟埋其石 且若木東洛學院維持艱澁云 故以租十石寄助焉 益齋先祖神道碑 屢世未遑 獨擔貢隨 故全宗議立表彰碑 而府君力拒之而未爾 且遠近留學者 請以學資困乏 則輒與之 而或有似進就之望 則不計多少 而使之卒業焉

丁巳 丁內艱 致哀如前喪 常處堊室 泣血之暇 收拾先大人兩世手墨 雖零片寸紙一一愛護 粧以錦帖 名之曰兩世聯墨帖 自傷其不肖無識不謹典守之責 書而尾其下 服闋以爲久蟄之餘 心身似衰削 敢不敬歟 因遊中原觀萬里長城 吟一絶句曰 若移此力河堤築 千載如今德政何 名山大川樓觀壯麗之地 周覽月餘而還 自是家 事付諸不肖 與世自絶 終日端坐 如泥塑人 或有氣紆心鬱之時 則獨自散步吟詠 故巾衍只有略干詩什

庚午十月十四日 卽府君晬辰也 不肖輩將欲爲稱慶之具 則命之曰 傳云當倍悲痛 安忍置酒乎 余非欲遵古訓 而自有所不忍也 以營辦之金 畢給於窮之無托者焉 一日召不肖曰 世道旣不能挽回 又不受時命 是古人所謂絶物也 □倫氣盡斁則離墳棄親 例也 孰能御之 余爲是之懼 將欲以四世以下先塋 別擇無五患之地 一域移葬 如何 不肖以歲久未安難之 則曰與其今日之未安 其於後日之域或爲失傳 果何如 汝其勿避敦事于余在

世之日 兆域內 次第階級與祭閣齋庫等圖 一一商定焉

　自甲戌以來 少有微痾之症 呻吟常多而不輕試醫藥 以平心斂氣 爲攝養之道 日又謂崔斯文宗瀚氏 曰東方舊日書籍 不啻無披閱者 甚至賣却于古物 肆盡歸休棄之地 甚可惜也 廣求貿置 或有求覽者 卽許之 且無有而敬以藏之 以待後日 則海東精華之或不墜 亦未可知也 營之已久 而無可與議者 子爲圖之如何 卽買屋于山格洞 自是 病勢漸沈

　于時也 不肖營築墓地齋庫 兆域已成 而祭閣姑未竣也 府君未能親審命畫工寫眞而玩賞 因戒之曰 移葬後 節歲與忌祭廢止 於祭閣 只行春秋兩祀 而以脯果各三品玄酒薦焉 又謂余歸日 遠近間勿爲訃告 余之去來少無關於時人 則謾使知舊空費往來乎

　氣息遂奄奄 不肖輩恐懼 請入于正寢 則曰明日卽節日也 似有不淨之慮 行事後乃可 少無辛吟之狀矣 昧爽仍命之 曰行事乎 移我于寢 遂入寢正席 頃刻而逝 乃丙子八月十五日也 全體少無撲傷之痕 平生無疾病之苦 齒髮無異中年 皮膚數月間瘦削 而至斂日 不覺已化 豈獨以稟受之淸明 而不有用工之精密 烏能爾哉 以遺命葬于花園家族地負艮之原

　配水原白氏 噭根之女 婉順有婦德 先府君十年 丁卯卒 生五男一女 相岳相武相侃相佶相城 尹洪烈 相岳生三男四女 碩熙卓熙叔熙 金漢錫韓圭大崔漢雄 一未嫁 相武生四男四女 哲熙達熙列熙卨熙 徐丙直 餘未嫁 相侃無育以相佶二男法熙爲嗣相佶生五男涉熙法熙合熙葉熙納熙尹洪烈生四男四女聖基鳳基重基炳基裵萬甲餘未嫁

　嗚乎 尙忍言哉 不肖 不惟蔑學 馳騁新潮 不知家庭間有何事業 奄遭大故 穹壤莫逮 而秉彛之衷 尙未泯也 追想典型 恐有日遠日忘之痛 故略記平日見聞 欲以爲後日羹墻之資 則豈敢一毫有爽實 以犯其便是別樣人之戒哉 伏未知世之君子庶或垂憐而採擇之否

　不肖孤哀子　相岳 泣血謹識

# 『성남세고(城南世稿)』 발문(跋文)

이상무(李相武)

아, 나의 조부이신 금남부군(錦南府君)과 선친이신 소남부군(小南府君)께서 돌아가심에 이미 향기는 가라앉고 소리는 끊어졌도다. 남은 시문과 옛날 자취는 아직도 먼지 쌓인 상자 안에 보관되어 있다. 예전에 나의 큰 형님께서 그 산일(散佚)된 것을 수습하여 사문(斯文) 최종한(崔宗瀚)씨에게 간청하여 잘못을 바로잡고 차례대로 편집하였다. 처음부터 끝까지 정밀하게 생각하여 두 세대의 유문(遺文)을 합하여 2권 1책으로 만들고 『성남세고(城南世稿)』라 제목하여 오랫동안 세상에 전해지길 바랐지만 그 일을 끝마치지 못하고 돌아가셨으니 하늘이 우리 집안에 어찌 이리도 심한 재앙을 내려주는가.

두 세대의 경륜(經綸)과 지업(志業)을 추억하면 무너진 세상의 큰 범위를 구제하지 않음이 없었으나 가시덤불과 같은 세상을 만나 끝내 널리 시행하지 못하였으니, 애통하고 안타까운 마음을 어찌 감히 다 말할 수 있겠는가? 다행스럽게도 입언(立言)과 행장(行狀)과 묘갈(墓碣) 등이 대략 갖추어졌으니 백세토록 불후(不朽)할 것이다. 불초한 내가 다시 어찌 감히 그 사이에 한 마디라도 실상과 다른 말을 하겠는가? 이에 수조(繡棗, 인쇄)에 부치니 아마도 큰 형님이 남긴 뜻에 만 분의 일이라도 보탬이 되지 않겠는가.

일을 마치는 날에 불초(不肖) 차손(次孫) 상무(相武)는 삼가 쓰노라.

## ○ 跋

李相武

嗚呼 我王考錦南府君 先考小南府君之歿 已薰沈而響絶矣 遺文舊蹟 尙弆在塵箱 昔我伯兄 收拾其散佚 乃懇請於崔斯文宗瀚氏 訂其訛編其次 自始至終 克費精思 兩世遺文 合爲二卷一冊 而題之曰城南世稿 期圖壽傳于世矣 未克卒業而逝 天於我家 何降割之偏也 追想兩世經綸志業 則無非救頹俗之大範圍 而値世枳棘 竟不得廣施 痛惜之私 曷敢勝言 惟幸諸立言家狀 碣大略備之 則可以不朽於百世矣 不肖叟何敢一言爽實於其間 玆付繡棗 庶或無負於伯兄遺志之萬一也否

役訖之日 不肖次孫 相武 謹書

# 소남 이일우 년보[1]

이상규(李相揆)

소남(小南) 이일우(李一雨, 1870~1936)는 경주이씨로 시조는 신라시대 알평공(謁平公)의 제73세손이며 중시조 거명공(居明公)의 제39세손이며, 고려시대에 익제공(益齊公)의 제18세손으로 파조로는 논복공(論福公) 제10세손, 무실공(茂實公) 제6세손, 동진공(東珍公)의 아들이다. 공의 휘는 일우(一雨), 자는 덕윤(德潤), 호는 소남(小南), 성은 이씨(李氏)로, 그 선대는 경주사람이다. 익재(益齋) 휘 제현(齊賢)이 공에게 현조(顯祖)가 된다. 원릉(元陵)[2] 성세(盛世) 때 휘 무실(茂實)이라는 분이 공훈으로써 대구의 민충사(愍忠祠)에 배향되었는데 이 분이 바로 공의 6대조이다. 조부의 휘는 증열(曾悅)인데 문장과 글씨가 당대에 저명하였다. 부친의 휘는 동진(東珍)이고 호는 금남(錦南)이다. 모친은 광주 이씨(廣州李氏) 이학래(李學來)의 따님이다. 특히 동진공 이후 이 집안을 "경주이장가(慶州李庄家)"라고 한다. 이 명칭은 금남(錦南) 이동진(李東珍, 1836. 4. 6~1905. 3. 5) 공이 〈이장서(李庄書)〉에 밭 260두락과 논 994두락 가운데 밭 80두락과 논 150두락을 친지

---

1) 소남 이일우 년보를 작성하는데 그동안 많은 연구물과 언론 잡지 등의 기록을 근거로 하였음을 밝혀 둔다. 다만 지면의 제약으로 일일이 출전을 밝히지 못했다.
2) 원릉(元陵): 영조(英祖)의 능. 동구릉(東九陵)의 하나로 건원릉의 왼쪽 언덕에 있으며 후에 그의 계비(繼妃) 정순왕후(貞純王后)가 같이 묻혔다. 현재 경기도 구리시 동구동에 있다.

들에게 고루 나누어 주고 논 400두락은 종족에게 농사를 짓도록 하여 의식 걱정이 없도록 하면서 '李庄'은 '義庄(지혜로운 재산 형성과 그 회향함)'의 뜻을 생각하였으나 범공(范公, 범중엄(范仲淹)을 말한다)의 의미가 없으므로 '義'를 대신하여 '李'라 하고 '庄, 농막장'은 스스로를 낮춘다는 의미로 경주 '이장가(李庄家)'라 하여 후손들이 조금도 태만하지 않고 근검절약하여 함께 도우며 살기를 바라는 동진공의 깊은 뜻을 담고 있다.

소남 이일우는 대구지역의 근현대 흐름에 여러 가지 방면에 매우 중요한 영향을 미친 분으로 조선 후기에서 근대로 이행하는 전형적인 민족 자산의 이행과정을 보여주는 핵심 인물이다. 특히 일제 강점기에 대구광학회를 이끌며 국채보상운동을 대구광문회와 함께 추진한 핵심 인물이다. 소남 이일우 선생은

첫째, 1904년 〈우현서루〉를 개설하여 많은 신지식정보를 제공하고 한편 우국지사를 배출하였고, 또 교남학교 등을 설립의 기초를 놓은 대구의 계몽교육의 선구자이다.

둘째, 구한말 대구를 중심으로 아들인 상악(相岳)과 더불어 광산개발, 섬유산업, 주정회사, 금융기관, 언론기관 설립과 운영을 통한 민족자산을 축적하고 근대산업 기술을 발전시킨 대구 근대산업화의 중심인물이다.

셋째, 독립운동가 상정(相定), 일제저항 시인 상화(相和), 초대 IOC 위원 상백(相佰)과 대한체육회사격연맹 제4대 회장 상오(相旿) 등 집안의 인재 양성뿐만 아니라 많은 독립지사들을 후원하고 독립운동을 지원한 인물이다.

넷째, 당시 대부분의 대구 지주와 자산가들이 비난의 대상이 되었으나 소남 이일우는 소작농들에게는 호의를 베풀어 모범적인 대지주로서 노블레스 오블리제(noblesse oblige)를 실천한 인물로 평가된다.

1683년 11월 13일~1736년 10월 25일 무실공 계실(啓實) 5대조.

1836년 4월 6일~1905년 3월 20일 소남의 아버지인 동진(東珍) 공, 자는 사직(士直), 호는 금남(錦南) 부인은 광주이씨 이인당(1840~1917)이며 맏아들 일우(一雨, 1870. 10. 4~1936. 8. 15), 둘째아들 시우(時雨, 1877. 3. 4~1908. 8. 22)를 두었다. 동진공은 중후한 인품과 총명한 기개를 겸비한 인물로 알려져 있다. 동진공은 어린 시절의 가난을 뛰어넘는 근면한 노력으로 낙동강을 통한 어염미두의 유통사업과 경산과 청도 지역의 채금사업으로 벌인 2백원을 자산으로 하여 방적, 영농 사업으로 대구, 경산, 청도 등지에 일천 수백 두락의 전지를 마련하였다. 동진공은 3대 독자 소년가장으로 가업을 일으켜 대성하였으나 늘 겸손하게 학문을 존숭하고 가난하고 힘든 이웃을 위해 헌신한 인물이다.3) 이장가(李庄家)의 문호를 열어낸 분으로 조선 말 사회적 격동기에서도 가난한 이웃을 본심으로 도와주는 부의 사회적 환원을 몸소 실천한 경세가로서 훗날 대구지역의 계몽운동의 씨앗을 뿌린 인물이다. 1901년 3월 11일과 1904년 5월 10일『황성신문』기사에 금남공의 사회에 헌신한 내용이 "자비와 덕의 마음으로서 빈민을 구휼하였다."라는 기사를 통해서도 대구의 부호로서 이미 기반을 확보하였으며 이를 사회에 나누어 주는 미담은 그의 후손가에 교훈으로 실천덕목으로 살아남게 되었다.

1870년 10월 4일 소남 이일우 탄생. 아버지 금남공(錦南公) 이동진(李東珍, 1836. 11. 13~1905. 3. 20)과 어머니 광주 이씨 학래(學來)의 여 이인당(1841. 10. 13~1917. 1. 19) 사이에 맏아들로 태어났다.

---

3) 동진공과 그의 아들 소남공의 부자 문집인『성남세고(城南世稿)』가 남아 있다. 그 외에 '이장서(李庄序)', '이장비문(李庄碑文)' 등을 통해 동진공의 가업의 성취 과정과 그의 인품을 읽을 수 있다.

소남 이일우의 자는 덕윤(德潤), 호는 소남(小南)이며 1870년 10월 4일에 태어나서 1936년 8월 15일 57세로 하세하였다. 맏아들(相岳, 1886. 9. 24~1941. 1. 8, 배 달성 서씨 서병오(徐丙五)[4] 5여 법경(法卿), 재취 전주 이씨 신영(信泳)의 장녀 명득(命得), 둘째아들 상무(相茂, 1893. 7. 3~1960. 1. 30, 배 달성 서씨 상춘(相春)의 여 응조(應祚), 재취 평산 이씨 성원(性原) 여 원임(元任), 셋째 아들 상간(相侃, 1898. 8. 5~1916. 7. 15, 배 성주 이씨 정준(貞俊) 여 계수(季守), 넷째아들 상길(相佶, 1901. 1. 23~1968. 1. 27, 배 성주 이씨 문환(文煥) 여 학수(鶴殊), 다섯째 아들 상성(相城, 1928. 4. 2~1993. 1. 16, 배 단양 우씨 도형(道亨) 여 문안(文安)을 두었다. 이장가의 소남 이일우는 1904년 〈우현서루〉를 설립하여 대구의 근대 교육과 계몽운동의 중심적 활동을 하였고 민족 독립 운동과 국채보상운동과 근대 산업의 흐름에 큰 영향력을 미친 인물이다. 금남공에서 튼튼하게 마련한 재지기반을 기초로 하여 근대적 민족 자본으로 전환, 성장시킨 대표적인 사례에 속한다.

고종(高宗) 7년 경오년(庚午年, 1870)에 대구부(大邱府)의 집에서 공을 낳았는데, 용모가 단아하고 타고난 성품이 영민하였다고 한

---

[4] 본관은 달성(達城). 호는 석재(石齋). 영남출신으로 일찍이 군수를 지냈다. 1901년을 전후하여 중국 상해(上海)로 가서 그때 그곳에 망명 중이던 민영익(閔泳翊)과 친밀히 교유하면서 그의 소개로 당시 상해에서 활동하던 유명한 중국인 서화가 포화(蒲華), 오창석(吳昌碩) 등과 가까이 접촉하여 많은 영향을 받았다. 1909년도 상해와 일본을 여행하였고, 중국에 머무르는 동안 특히 포화와 매우 밀접한 관계를 가지며, 그의 문인화법의 영향을 받은 문기(文氣) 짙은 묵죽(墨竹) 등 사군자를 그리게 되었다. 글씨는 매우 격조 있는 행서(行書)를 남겼다. 대구에 살면서 영남 일원의 대표적 서화가로 최대의 명성을 누렸다. 1922년 대구에서 교남서화연구회(嶠南書畵研究會)를 발족시켜 회장이 된 뒤, 서화연구생들을 지도하였다. 서동균(徐東均)과 성재휴(成在烋)가 그 시기의 그의 제자이다. 1922년부터 서울에서 조선미술전람회(朝鮮美術展覽會, 鮮展)가 열리게 되자 박영효(朴泳孝), 정대유(丁大有), 김돈희(金敦熙), 김규진(金圭鎭) 등과 더불어 '서(書)와 사군자' 부심사위원을 여러 번 역임하였으나 한 번도 작품을 출품하지는 않았다.

다. 겨우 말을 배우고 글자 읽기를 배울 무렵에 한번 보면 바로 이해하였고 뭇 아이들과 어울려 장난질 하지 않고, 항상 부모의 곁에서 시중들며, 나아가고 물러나며 부름에 대답하는『소학(小學)』의 가르침으로 일상생활의 절도로 삼았다. 일찍이 부친과 더불어 한 방에 거처하였는데 밤이 깊어지자 졸음 귀신이 점점 짙어져서 자신도 모르게 온몸을 뒤척이다가 문란(紊亂)에 이르게 되었다. 부친께서 조심하지 않음을 경계하자 이튿날 밤에는 허리에 두른 띠를 풀어서 문에 몸을 묶고 임의대로 흔들리고 움직이지 못하게 하였다. 이는 공이 열 살 때의 일이었으니 어릴 때부터 조심(操心)하고 거경(居敬)하는 것이 대부분 이와 같았다.

1876년 소남의 아버지인 금남공 이동진으로부터 한학을 공부하였다. 금남공으로부터 물려받은 조상을 섬기고 자손끼리 서로 아끼며 나누어 사랑하는 가풍과 대인 겸양충신의 처세관의 훈도와 근검절약의 유훈은 소남공 대에 와서 실천궁행함으로써 지금까지 이장가의 정신으로 가풍으로 전승되고 있다. 집밖에 나가서 스승에게 배움에 이르러서는 마음을 오로지하여 학업을 받았는데 스승의 가르침과 감독을 번거롭게 하지 않았다. 한 글자나 한 구절에도 조금도 그냥 지나치지 않고 반드시 그 뜻을 깨쳤다. 이미『소학』을 읽고는 부모를 사랑하고 윗사람을 공경하며 스승을 높이고 벗을 친하게 여기는 가르침을 가슴속에 두고 명심하였다. 또한『대학(大學)』에서는 성의(誠意), 정심(正心), 수신(修身), 제가(齊家)의 일을 실천하여 행하였다.『논어(論語)』,『맹자(孟子)』및 여러 경전에 이르러서는 반드시 깊이 연구하고 연역(演繹)하여 정밀하게 체득하였다. 항상 말하기를, "책을 읽을 때 한 글자라도 함부로 지나치지 않아야 고인(古人)의 의도를 알 수 있고 스스로 일가(一家)를 이룰 수 있다. 그리고 회암(晦菴) 선생의 '책을 읽음에 차라리 정밀하게 할지언정 성글게 하지 말라'는 가르침을 스스로 터득하여, 나는 차라리 정밀한 데에서 실수할지언정 성근 데에는 실수할 수가 없다."라고 하였다.

1876년 일본 함포 공격과 강화도조약으로 조선의 개방.

1877년 3월 4일, 동진공의 둘째 아들 시우 공(時雨公)이 태어났다. 1908년 8월 22일 하세함. 시우 공은 자는 내윤(乃允) 호는 우남(又南)이며 김해 김씨 김신자(愼子, 법명 華秀, 1876. 3. 20~1947. 4. 7) 사이에 상정(相定, 1897. 6. 10~1947. 9. 10), 상화(相和, 1901. 4. 5~1943. 3. 21), 상백(相佰, 1903. 8. 5~1966. 4. 14), 상오(相晤, 1905. 7. 16~1969. 8. 15)를 두었다.

1886년 9월 20일 소남의 장자 상악(相岳, 1886. 9. 20~1886. 11. 27, 초취 달성 석제 서병오의 녀 법경, 재취 전주 이씨 이영의 여 명득) 태생. 상악은 자 성담(聖膽), 호는 긍남(肯南)으로 소남의 뒤를 이어 대구지역의 유력한 사업가로 가업을 이어 받았다.

1893년 7월 3일 소남의 둘째 상무(相武, 1893. 7. 3~1960. 1. 30, 초취 달성 서씨 상춘의 여 응조, 재취 평산 이씨 성원 여 원임) 태생.

1893년 대구 객주 상인들이 청도, 밀양 객주 상인들 하관포의 임궁객주에 가입하였다.

1893년 10월 18일 소남의 장녀 숙경(淑瓊, 1893. 10. 18~), 파평 윤홍열(尹洪烈)의 처. 소남 이일우의 사위인 윤홍렬은 대구 태생으로 달성학교 교장인 윤필오의 장남이다. 박정희 전 대통령과 대구사범 동기이며 호남정유 서정귀의 장인이기도 하다. 사립 달성학교를 졸업하고 일본 와세다고등학원과 메이지대 법과를 다녔다. 그는 끝까지 창씨개명을 거부하고 달성학교 동창인 동암 서상일과 조양회관을 건립하는 데 힘을 보탰다. 1928년 일왕 궁궐폭파 사건으로 사형된 김지섭 열사의 유해가 대구에 도착해 추도식을 하던 중 격문으로 된 추도문을 읽은 죄목으로 일경에 연행되기도 했다. 요시찰 대상이었던 그는 1930년부터 일경의 감시를 피해 광복 때까지 칠곡군 약목면에서 광산업을 했다. 그러면서 만주에서도 광산을 경영했다. 그의 아들 성기 씨는 광산 경영이 독립군과의 접촉을 위한 방편이었다고 주장했다. 광복 후 대구로 온 윤홍렬은 이우백 등과 대구시보를 창간해 사장이 된다. 하지만 1945년 10월 신탁통치반대와 관련한 필화사건으로 미군정으로부터 탄압을 받아 신문사는 이듬해 폐간됐다. 그는 그해 3월 경북광업주식회사를 설립해 상무 취체역을 하면서 건국활동을 했다. 1946년 10월 미군정청이 남한 입법기구설치에 관한 법령을 발표하면서 도별로 입법의원을 뽑은 가운데 경북의 경우 1, 2선거구에서 각각 윤홍렬과 서상일이 당선됐다. 하지만 이듬해 병을 얻어 웅지를 펴지 못하고 사망했다.

1894년 갑오년에 공의 나이가 겨우 25살 무렵 개연(慨然)히 종족(宗族)에게 돈독(敦篤)하고 가난한 이를 구휼하려는 뜻을 가지고 선공(先公)에게 여쭙고는 400마지기의 땅을 출연(出捐)하여 의장(義庄)을 설치하고 규정(規定)을 엄격하게 세워, 멀고 가까운 여러 종족들로 하여금 혼인, 장례, 교육, 홍수, 가뭄, 질병의 우환에 대비하게 하였다. 선공께서 여기에 뜻을 둔 지가 여러 해가 되었으므로 뜻을 받들어 따르고 조금이라도 어기거나 어긋남이 없었으며, 온 힘을 다해 계획하여 오래도록 유지되기를 도모하였다. 옛날에 범문정(范文正)이 오현(吳縣)에서 거행(擧行)하였으나5) 세월이 이미 멀다. 우리 조선에는 500년 이래로 사대부 집안에서 그것을

---

5) 범문정은 북송의 명재상인 범중엄(范仲淹)으로, 문정은 그의 시호이다. 소주(蘇州)의 오현(吳縣) 출신으로, "종족이란 조상의 입장에서 보면 똑같은 자손이다."라고 하며, 그들 중의 가난한 자들을 보살피고 친목을 돈독히 하였다. 『小學』「嘉言」.

행한 자가 전혀 없거나 겨우 있었으니 이것이 어찌 다만 한 집안의 아름다운 일일 뿐이겠는가. 세교(世敎)에 관련되는 것이 또한 적지 않을 것이다.

1895년 4월 일본인 상공인들이 대거 대구 남문 부근 이주.

1895년 고종의 을미개혁, 신교육제 시행, 소학교 및 사범학교, 상공학교, 외국어학교 등 설립.

1897년 6월 10일 조카 상정(相定) 태생.

1898년 8월 5일 소남의 3자 상간(相偘, 1898.8.5~1916.7.15, 성주 이씨 정준의 여 계수) 탄생.

1898년 8월 이일우는 수창상회(壽昌商會), 일명 수창사(壽昌社)를 설립하여 대구지역 상인들의 거점으로 삼고, 대일무역의 거점인 부산의 동래(東萊)와 하단(下湍)에 그 지점을 두었다. 수창상회는 '상업흥왕(商業興旺)과 상권보호(商權保護)'를 목적으로 설립한 상인조합으로 개항 이후 부산항을 거점으로 물화(物化)를 저장하고 물가를 관리하기 위한 지점으로 각각 설치하였던 것이다.6)

1898년 9월 이일우는 독립협회(獨立協會) 대구지회(大邱支會) 설립 청원에 참여하였다.7) 그 외에도 개진협회, 홍화학교지교, 달성학교 설립을 지원하였다.

1900년 11월, 대구일본인회 구성.

1901년 3월 11일 『황성신문』 소남의 아버지인 금남 이동진이 이웃을 도운 내용의 글이 실림.

1901년 1월 23일 상길(相佶, 1901. 1. 23~1968. 1. 27, 배 성주 도씨 문환의 여 학수) 탄생.

---

6) 「壽昌商會社規則」(1898.8).

7) 『황성신문』, 1898.9.22, 「又許支會」.

1901년 4월 5일 조카 상화(相和) 태생.

1904년 5월 10일『황성신문』「가난한 이를 구휼」한 소남의 아버지인 금남 이동진의 관련 기사.

1903년 경부성 철도 부설공사.

1903년 8월 5일 소남의 조카 상백(相佰, 1903. 8. 5~1966. 4. 14) 이시우(1877~1907) 공과 김신자(1876~1947) 사이에 태생.

1904년 갑진년(甲辰年)에는 서울을 유람하였다. 세도(世道)가 변하고 유학의 풍조(風潮)가 사라져서 서구문명이 동양으로 옮기는 정세를 통찰하고는, 선비로서 이 세상을 살아가며 옛 전통에만 얽매여 지켜서는 안 된다고 생각하였다. 돌아와서 선공께 아뢰고는 바로 넓은 집 하나를 창립(刱立)하여 영재를 교육할 계획을 세우고 현판(懸板)을 '우현(友弦)'이라 하였다. 대개 옛날 상인(商人)현고(弦高)가 군사들에게 음식을 베풀어 위로하고 나라를 구제한 뜻8)을 취하였으며, 또한 동서양의 신구(新舊) 서적 수천 종을 구입하여 좌우로 넓게 늘여놓았다. 총명하고 준수한 인재를 살펴 교육과정을 정립하고, 옛 학문을 근본으로 삼아 새로운 지식으로 윤색하였다. 의리(義理)의 가운데에서 무젖고 법도(法度)의 안에서 실천하게 하였다. 멀고 가까운 데에서 뜻이 있는 선비로서 소문을 듣고 흥기한 자가 날마다 운집(雲集)하여 학교에서 수용할 수 없었으니 한 시대에 빛나는 풍모(風貌)가 있었다. "대구 서문 외에 있

---

8) 노 희공(魯僖公) 33년에 진(秦)나라가 정(鄭)나라를 치러 가는데, 정(鄭)나라의 상인(商人) 현고(弦高)가 주(周)나라에 가서 장사하려던 차에 도중에 진나라 군사를 만나 정 목공(鄭穆公)의 명이라고 하면서 우선 부드러운 가죽 4개를 바치고 소 12마리를 보내어 군사들을 위로하는 잔치를 벌이게 하였다 급히 역마를 보내 정 목공에게 이러한 사실을 보고하여 미리 대비하게 하였다. 이에 진나라 군대를 거느리고 온 장수 맹명(孟明)은 정나라에 충분한 대비가 되어 있다고 판단하고 물러갔다. 『春秋左氏傳』「僖公 33年」.

는 유지신사 이일우 씨는 일반 동포를 개도할 목적으로 자본금을 자당하여 해지에 우현서루라 하는 집을 건축하고 내외국에 각종 신학문 서적과 도화를 수만 여종이나 구입하여 적치하고 신구학문에 고명한 신사를 강사로 청빙하고 경상 일도 내에 있는 중등학교 이상 총준 자제를 모집하여 그 서루에 거접케 하고 매일 고명한 학술로 강연 토론하며 각종 서적을 수의 열람케 하여 문명의 지식을 유도하여 완고의 풍기를 개발시키게 한다는데, 그 서생들의 숙식 경비까지 자당한다 하니 국내에 제일 완고한 영남 풍습을 종차로 개량 진보케 할 희망이 이시의 열심히 말미암아 기초가 되리라고 칭송이 헌전한다니 모두 이씨같이 공익에 열심하면 문명사회가 불일 성립 될 줄로 아노라."(『해조신문』, 1908. 4. 22)라고 소개하고 있다. 이 우현서루를 거쳐 간 인물로는 장지필, 윤세복, 안확 등이 있다. 우현서루(友弦書樓)는 1904년 소남 이일우가 민지개발(民智開發)을 위한 교육진흥(敎育振興)의 일환으로 설립하였다. 곧이어 1905년 소남은 우현서루 내에 시무학당(時務學堂)을 설립하였으며, 1906년 8월에는 대구광학회(大邱廣學會)를 조직하였다.9)

1904년 6월 일본인 1천명 대구일본동문회 조직.

1904년 8월 대구 일본거류민회 설립.

1905년 8월 29일 을사조약, 통감부 설치와 국권 상실. 국치일.

1905년 3월 20일 소남공의 아버지 금남공 동진 하세함. 을사년(乙巳年, 1905년)에 선공께서 심한 병으로 몸져누우시자 약을 달이는 봉양을 몸소 맡아 게으르게 하지 않았으나 끝내 망극(罔極)함을 만났

---

9) 우현서루의 설립연도를 1905년으로 비정하는 경우도 있으나, 「小南遺稿」의 行狀에 의하면, 1904년이 분명하다.

다. 무릇 상례(喪禮)를 치르는 법도는 반드시 예절에 알맞게 하였으며, 몸을 훼상(毁傷)하면서까지 예제(禮制)를 지켰는데 삼년상을 마치는 것이 마치 하루처럼 똑같았다.

1905년 달서여학교 설립. 서상돈과 이일우가 주도. 근대적인 여학교. 1906년 고종의 흥학조칙(興學詔勅) 발표. 이에 따라 경상도관찰사 신태휴는 흥학훈령(興學訓令) 발표. 이미 이 전 1898년 3월 경북 청도에서 신교육 기관인 사립유천학교 설립, 1899년 7월 대구 사립 달성학교, 1905년 달서여학교가 설립되었다.

1905년 2월 이일우는 우현서루 내에 시무학당(時務學堂)을 설립하고 학문에 뛰어난 사람은 초빙하여 학당장으로 모시고 지식 발달에 유용한 신구서적과 신문 잡지를 구입하여 비치하였다. 1911년 일제에 의해 우현서루와 시무학당을 강제 폐쇄되고 강의원(講義院)으로 운영되었다. 당시 우현서루에는 중국으로부터 수천 종의 서적을 수입하여 비치 하였다. 그 후 소남의 맏아들 상악(相岳)이 최남선과 협의 하여 상해로부터 추가로 중국 도서를 수입하였다. 그러다가 1952년 소남의 손자인 석희(碩熙)가 중화민국 18년 상해 상무서관에서 영사한 『사부총서(四部叢書)』를 비롯한 동양 문학, 역사, 철학, 문집 등 3,937권의 소장도서를 경북대학교 중앙도서관 고도서실 〈友弦書樓(古友)〉에 기증하여 보존하고 있다. 소남이 설립한 〈우현서루〉는 신문화 신사상을 접하고 익힐 수 있는 신학문과 신교육의 요람이었다.

1905년 7월 16일 조카 상오(相旿) 태생.

1905년~1906년 1차 대구성곽 철거.

1906년 1월 김광제와 서상돈이 중심이 되어 대구광문사 설립. 장지연, 장지필, 윤세복 등 25일 의원단 구성한 후에 일본인 상업회의소와 대항. 금연단체회의 구성하였다. 동년 7월에 이일우가 중심이 되어 대구광학회를 설립하고 대구광문사와 함께 국채보상운동을 전개하였다.

1906년 2월 대구광문사를 중심으로 사립보통학교 건립 신청.

1906년 3월 사범학교를 관덕정 자리에 설립. 1906년 3월 관찰사 신태휴에 의해 관덕정(觀德亭)에 사범학교(師範學校)를 설립하게 되었는데, 전군수 김윤란(金允蘭, 김병순), 전시찰 서상돈(徐相燉), 김윤란, 서상돈, 정규옥, 서병오, 이선형, 서돈순, 서우순, 서상하, 서상규, 최성조, 이장우, 정재래, 곽의견, 이석진, 박치서, 이일우 등 65인이 의연금을 출연하였다. 발기인이었던 이일우는 500원을 출연하였다.10)

1906년 3월 29일 대한협회 대구지회에서 이일우는 동년 국문야학교 설립 제안하고 이종면, 서기하, 김재열과 함께 설립연구위원을 맡음. 동년 6월 대한협회 대구지회에서 설립한 노동야학교에 이일우는 교사로 활동. 협성학교 설립에도 직접 관여하고 임원개선, 교과목 선정, 학사행정 등에 관여하였다.

1906년 6월 동년 3월 [농공은행조례] 제정에 따라 6월 14일까지 주식 모집 이후 창립총회를 통한 농공은행을 설립하였다. 당시 자본금 20만원이었는데 이상악이 70주를 가진 주주로 참여하였다.

1906년 8월 대구지역에 계몽운동단체로 대구광문사(大邱廣文社, 김광제, 서상돈 등)가 설립되었고 이와 함께 동년 8월에 이일우가 중심이 되고 최대림, 이종면, 윤필오, 김선구, 윤영섭 등 대구광학회(大邱廣學會)가 결성되어 교육흥학(敎育興學), 민지개발(民智開發), 상업발달(商業發達)을 내세우고 특히 교육흥학과 민지 개발을 위해 학교설립, 박물관, 도서관, 박람회, 토론회, 연설회, 도서전시회

---

10) 『大韓每日申報』, 1906.3.11, 「達察美蹟」.

등의 사업들을 추진하였다.

1906년 8월 현 대구 상공회의소의 전신인 대구민의소 설립. 1907년 2월 대구상무소(대구조선인 상업회의소)로 개편, 1915년 10월 대구상업회의소로 통합, 1930년 10월 대구상공회의소로 개편되었다.

1906년 9월 대구에 거주하는 일본인들이 결성한 거류민단과 일본인 상업회의소에 맞서는 대구상무소(객주조직)를 결성하였다. 이일우는 박기돈, 정재학, 이병학, 이영면 등 25명으로 구성하는 의원단을 결성하여 일본 상권에 대항하는 운동을 전개하였다.

1906년 2차 대구성벽 철거. 박중양 관찰사와 일본거류민단이 주도함. 이에 소남 이일우는 중립적인 입장을 취하였다.

1906년 대한자강회 창립.

1906년 면회, 대구상무소 등 조직 결성, 박기돈, 정재학, 이병학, 이영면, 이일우 등 대구 재계 유력 인사들 중심.

1906년 10월 『대한자강회월보』 4, 본회회보 42쪽, "1906년 8월 대구정거장에 도착ᄒᆞ미 당지 유지 신사 수십인이 김선구(金善久) 씨의 예선통지ᄒᆞᆷ을 인ᄒᆞ야 정거장에 출영ᄒᆞ야 광학회 사무소로 전도하니 즉 소위 우현서루요, 해 서루는 당지 유지 이일우 씨가 건축경영ᄒᆞᆫ 비니 동변에 서고가 유ᄒᆞ야 동서서적 수백 종을 저치ᄒᆞ고 도서실 자격으로 지사의종람을 허ᄒᆞ야 신구학문을 수의 연구케 ᄒᆞᆫ 처이라." 하여 우현서루를 소개하고 있다.

1907년 1월 29일(음 12.16) 대구광문사를 대동광문회로 명의 변경을 위한 특별회의 개최, 박해령(회장), 김광제(부회장), 서상돈(부회장) 선출. 국채 일천삼백만 보상운동의 시작.

1907년 2월 21일 금연상채회 명의로 북후정에서 대구광문회의 실행단체인 민의소 설치.

1907년 2월 대구광문사를 대동광문회로 명칭 변경, 국채보상운동(김광제, 서상돈, 이일우 중심) 전개, 일본의 동아동문회와 청나라의 광학회와 국제 교육 교류 전개.

1907년 2월 21일 이일우는 대구광학회를 중심으로 대구민의소 단연회 설치.

1907년 3월 국채지원금수합사무소 설치.

1907년 4월 대구시의소가 설립되었는데 대구광학회의 이일우가 주도함. 대구에서의 계몽운동은 1898년 독립협회 대구지회 설립과 함께 1906년 서상돈 김광제가 중심이 된 대구광문사(대동광문회로 명의 변경)와 인민대의소를 한 축으로 하고 이일우가 주도한 대구광학회와 대구시의소가 또 다른 한 축이 되어 각종 교육사업과 더불어 국채보상운동을 발의하여 추진하게 되었다.

1907년 4월 30일 국채보상운동의 일환으로 금연상채소(금연상채회, 단연동맹회) 운동으로 국채보상 모금 운동을 결의하고 서상돈이 1천원, 정재학 4백원, 김병순, 정규옥, 이일우는 각각 1백원 기부.

1907년 7월 25일 대구단연회 보상소에서 『대한매일신보』 광고를 냄. 이현주, 서상돈, 정재학, 이종면, 이일우 등. 소남 이일우는 이종면과 함께 '대구단연상채소대표(大邱斷烟償債所代表)', 곧 대구지역 금연을 통한 국채보상 추진회의 대표로서 활동하였다. 그들은 서울로 올라가 경향 각지의 여러 회사와 연계해 모금활동을 벌였다. 이에 관해 각 신문에 광고도 낼 만큼 그들의 활동은 적극적이었다. 그런데 모금액의 처리를 둘러싸고 잡음이 일어났던 것 같다. 이에 이일우와 이종면은 귀향을 결정하고, 여러 신문에 광고를 싣는 사태가 일어났다.[11]

---

11) 『황성신문』에 게재한 광고의 전문은 다음과 같았다. "國債報償金措處方法을 硏究하기 爲하야 陰 七月 晦日 京城総合所로 各社會와 地方收金所에 會同을 請홈은 各新聞에 前已 廣告훈바 本人 等이 到京훈 際에 京城各社會에서 該金調査會를 設立하얏

1907년 7월 대한협회(대한자강회) 창립. 계몽운동회 구상. 대한 제국 시기 계몽 운동을 전개했던 국민 교육회(國民敎育會)[1904년], 대한자강회(大韓自强會)[1906년 4월], 대한협회(大韓協會)[1907년 11월], 그리고 지역 학회 운동의 일환으로 조직된 서북 학회(西北學會), 호남 학회(湖南學會), 기호 학회(畿湖學會), 교남 교육회(嶠南敎育會), 관동 학회(關東學會), 신민회(新民會) 등의 계몽 운동 단체와 이와 연관된 계몽 운동가들은 신교육 구국 운동에 선도적인 역할을 했다. 그 결과 1907년부터 1909년 4월까지 설립된 사립학교 수는 3,000여 개교에 달하였다. 경상북도의 경우 계몽 운동이 확산되면서 선각적인 개화 인사의 노력과 정부의 적극적인 지원으로 학교 설립이 매우 활발하였다. 그 결과 경상북도에서는 1905년부터 1909년 3월 1일까지 155개교의 사립학교 인가를 청원했다.

1907년 대구광문사 대동광문회로 명의 변경.

1907년 대구농공은행 70주, 이상악 주주.

1907년 대구연성학교 설립, 협성학교 이충구, 계남학교, 가산학교 설립.

1907년 이일우의 동생이자 상정, 상화, 상백, 상오의 아버지 이시우(李時雨, 1870~1907) 하세.

1908년 1월 25일 대한협회 대구지회 발기인 대회 달본소학교에서 개최.

1908년 3월 6일 대한협회 대구지회 임시회의 개최. 장재덕, 최대림, 일일우, 양재기, 박기돈, 이종면 6인이 임원선정위원 구성.

1908년 3월 25일 대한협회 대구지회 창립을 위한 특별 총회. 회장 박해령, 부회장 서봉기, 평의원 이일우, 서병오, 이종면, 최대립 등. 이일

---

기로 本人 等도 亦爲會商인바 調査 後에는 措處方法도 自在하깃기 其實行을 姑俟홀 次로 歸鄕홈 大邱斷烟償債所代表人 李宗勉 李一雨"(「廣告」, 『황성신문』, 1908년 9월 3일, 3쪽)

우 등 대구광학회 계열의 인사들이 주도하였다. 이일우는 1908년 3월 대한협회 대구지회 설립에 참여하였다. 1908년 3월 14일 대구지회 창립이 허가된 이후, 3월 22일 임시총회에서 준비위원으로 선정되었으며, 3월 25일에는 특별총회에서 평의원(評議員)으로 선출되었다. 3월 30일 열린 임시총회를 마친 뒤 열린 연설회에서 「본회(本會) 7강령(七綱領)의 의지(意志)」란 연제(演題)로 강연을 하였다. 이 강연은 독립협회 대구지회 활동 이후 계몽운동에 대한 강력한 의지를 피력한 연설이었다. 이 연설에서 그는 교육과 실업을 강조하였다.

1908년 3월 총설학교 교남교육회와 연계.

1908년 5월 대한협회 대구지회 이일우 제안으로 국문야학교 설립제안 설립연구위원으로 이일우, 이종면, 백일용, 서기하, 김재열 등 선임.

1908년 6월 대한협회 대구지회 노동야학교 개설. 교장 현경운, 교사로 최시영, 이쾌영, 이종면, 김재열, 김봉업, 서기하, 이은우, 허협, 이일우가 담당. 대한협회 대구지회에서는 협성학교, 수창학교 설립운영에도 깊이 관여하였다.

1908년 9월 5일 대한협회 대구지회는 국권회복단(달성친목회)과 협력. 남형우, 안희제, 서상일, 신상태, 이근우, 김용선, 이일우 등.

1908년 9월 15일 대한협회 대구지회 통상총회에서 이일우 실업부장에 선임. 이일우의 실업과 교육에 대한 의지는 대한협회 대구지회를 이끌어가는 과정에서 교육부(敎育部)와 실업부(實業部) 설치로 나타났으며, 자신이 실업부장을 맡았다. 그 이후 실업부장(實業部長)·수금위원(收金委員)·총무(總務) 등의 직책을 맡아 대한협회 대구지회를 이끌어나가는 데 주도적인 역할을 담당하였고, 특히 학교 설립과 지원 활동에 적극적으로 대처하였다.[12]

1908년 11월 19일 대한협회 대구지회 임시 평의회, 박중양이 추진한 대구부 성곽 2차 철거 시에 이일우는 중립적인 입장 표명하였다.
1908년 12월 대한협회 대구지회에서는 대구애국부인회와 연계하여 국채 보상운동을 전개하였다.
1909년 1월 대한협회 대구지회에서는 통상총회 평의원, 식림장려.
1909년 3월 25일 대한협회 대구지회 제2회 임원 선거에서 이일우 평의원에 선출.
1909년 5월 4일 대한협회 대구지회 평상총회에서 이일우 실업부장 선출.
1909년 7월 대한협회 대구지회 연구위원 이일우, 최재익, 서기하 등 참여.
1909년 경상농공은행 설립운영.
1909년 교육부인회(여자 교육회) 결성, 이일우 계수 김화수(이상정, 이상화의 어머니)를 비롯한 100여 명이 결성. 서상돈, 이일우가 발기하여 설립한 대구사립달서여학교의 운영지원을 하였다. 김화수는 200원의 기금을 마련하여 달서여학교에 기부하고 부인야학교를 설립하여 20여 명의 부녀자들을 교육하였다.
1910년 3월 대한협회 대구지회 창립 2주년 기념 총회 회장 이교섭, 부회장 이종면, 총무 이일우 등 선임. 대한협회 강령 〈본회 7강령의 의지〉를 이일우가 기초함. 그 내용은 ① 교육의 보급, ② 산업의 개발, ③ 생명재산의 보호, ④ 행정제도 개선, ⑤ 관민폐습, ⑥ 근면저축 실행, ⑦ 권리의무 책임복종 사상고취. 대한협회 대구지회를 통해 소남 이일우의 계몽 교육운동과 민족자본 구축을 위한 그의 사상이 반영되어 있다.
1910년 한일 병합 조약은 1910년 8월 22일에 조인되어 8월 29일 발효된 대한제국과 일본 제국 사이에 일방적인 위력에 의해 이루어진 합병조약(合倂條約)이다. 한일 합방 조약(韓日合邦条約)이라고도

---

12) 『大韓協會大邱支會會錄』(영남대학교 박물관 소장, 필사본).

불린다. 대한제국의 내각총리대신 이완용과 제3대 한국 통감인 데라우치 마사타케가 형식적인 회의를 거쳐 조약을 통과시켰으며, 조약의 공포는 8월 29일에 이루어져 대한제국은 일본 제국의 식민지가 되었다. 한국에서는 국권피탈(國權被奪), 경술국치(庚戌國恥) 등으로 호칭한다. 을사조약 이후 급격하게 기울던 대한제국은 결국 일본 제국에 강제 편입되었고, 일제 강점기가 시작되었다. 한편 병탄 조약 직후 황현, 민영환, 한규설, 이상설 등 일부 지식인과 관료층은 이에 극렬히 반대하여 자결하거나 독립운동을 전개하였다. 한일 병탄 직후 14만 명이 독립운동에 참여하였다

1910년 이일우는 의병에 의한 '안동 협동학교(協東學校) 교원 및 생도의 폭도피해사건'에 대해 비판적인 입장을 취하였다. 대한협회 대구지부의 평의원으로서 성토문(聲討文)을 발표하고, 연설회(演說會)를 개최하여 여론을 환기하는 등 적극적으로 개입하였다.13)

1910년 5월 이일우는 제해 의연금 모금에 10환을 냈다. 『대한흥학보』 제13호(1910년 05월 20일, 49쪽)의 〈會計報告〉 4월에 모금된 의연금이 총 45환이었고, 그 가운데 10환은 이일우가 내었다.

1910년 달성친목회 사건(조선국권회복단 중앙총회), 이일우는 이 사건에 연루되어 일경에 조사를 받았다. "1910년대 달성친목회는 한말 계몽운동이 활발했던 대구지역을 배경으로 경상도 일대 나아가 국외 독립운동 세력과 연계하여 민족운동을 전개한 비밀결사였다. 달성친목회는 대한협회 대구지회의 청년조직의 성격을 가진 계몽운동 단체였으나 한일병합으로 인해 활동이 정지되었다. 그 뒤 1913년 1월 아파에 소재한 안일암 시회에서 새로운 구성원이

---

13) 國史編纂委員會, 『韓國獨立運動史資料』 18(義兵編XI), 480쪽.

참여한 가운데 달성친목회는 재건되었다. 재건 달성친목회는 대종교의 이념을 수용하면서 민족독립을 위한 비밀결사로 재조직되었다. 달성친목회는 강유원간친회와 함께 대구를 중심으로 경상도 일대까지 영향력을 넓혀갔다. 이때 달성친목회는 대구권총사건이 발생하자 태궁상점을 기반으로 계몽운동노선을 견지하였다. 또한 1919년 3.1운동을 계기로 독립운동 자금 모집 운동과 독립청원서 운동에 참여하는 등의 실천 활동을 벌였다. 그러나 재건 달성친목회의 민족운동은 관련자의 밀고에 의해 일제의 탄압을 받고 좌절되었다. 이 과정에서 일제 사법당국은 달성친목회를 국권회복단이라는 이름을 붙였고, 경찰은 조선을 덧붙여 조선국권회복단이라 하였다. 따라서 달성친목회는 한말 계몽운동 시기에 결성된 이래로 계몽운동의 노선에서 독립을 전망하고 실천한 비밀결사였다. 그리고 이 운동은 1920년대 이후 대구지역에서 문화운동과 자본증식운동을 내용으로 하는 실력양성운동 노선으로 이어졌다."14)

1911년 대구전기회사 서상돈, 정규옥, 이석진, 정재학, 이병학, 정해붕, 김홍조 등과 함께 이일우 중역.

1911년 〈우현서루〉가 일제에 의해 강제 철폐, 신교육 기관인 강의원(講義院)으로 운영(교남학교의 전신), 홍주일 교장.

1912년 7월 대구은행 설립계획서 총독부에 제출. 정재학, 이일우, 이종면, 이병학, 장길상, 최준, 배상락 등 서명.

1912년 8월 26일 대구은행 발기인 대회, 정제학, 이일우, 이종면, 장길상, 최준, 배상락, 이병학 등과 함께 이사로 설립참여. 이일우는 900

---

14) 김일수, 「1910년대 달성친목회의 민족운동」, 『한국학논집(韓國學論集)』 제45집, 2011, 261~285쪽 참고.

주 소유주주 및 이사.

1912년 〈은행령〉 개정과 일본 자본가들이 대구 지주들을 끌어 들여 설립한 선남상업은행에는 투자를 하지 않았다.

1913년 5월 29일 대구은행 창립총회. 정재학 은행장, 이일우 주주 참여.

1913년 5월 31일 대구지역 지주조합 설립, 150명 중에 전답 50두락 이상 지주는 김덕경, 박병윤, 이영면, 서병조, 이장우, 최만달, 서철규, 정재학, 이일우, 정해붕 등10인.

1913년 7월 7일 대구은행 대구본점 설립이사.

1914년 4월~1916년 3월 조선총독부 제령 제7호에 근거하여 부제 실시에 따라 대구부협의회 구성. 제1기 정회원 조선인 5명, 일본인 5명으로 구성되었는데 정해붕, 최달만, 이일우, 서병조, 서병규 5인.

1914년~1917년 이일우는 수년간 조선총독부의 직속기관인 '경상북도지방 토지조사위원회'의 임시위원을 지냈다.

1914년 4월 13일『매일신보(每日申報)』에 따르면, 이일우 본인의 요청에 따라 "대구부 참사"를 그만 둔 것으로 되어 있다. 당시 그와 함께 정해붕(鄭海鵬)도 대구부 참사직에서 '의원해직'되었다. 신임 대구부 참사로는 이종면(李宗勉)과 이도선(李道善)이 임명되었다. '참사(參事)'는 지방행정의 고위직으로, 식민통치에 협력하는 인사들로 구성되었다. 이일우 등 대구부의 신구 참사들은 구한말 애국계몽활동에 앞장선 인사들이었다. 조선총독부가 출범한지 불과 3~4년 만에 그들은 높은 공직을 맡았던 것이다. 이러한 사실은 그들의 처신에 관한 의혹을 불러일으킬 수도 있는 것이다.

1914~1915 년 무렵 이일우, 곽세헌 및 배상락[훗날 제2대 국회의원 배상연의 형] 등이 중국시찰을 한다고 하기에 나는, 그들과 함께 안동현(安東縣), 봉천(奉天), 천진(天津), 북경(北京)에 가서 1개월 가량 구경하고 귀가한 일이 있다. 서상일은 그들의 중국여행에 어떠한

정치적 목적도 없었다고 주장했다. 하지만 석연치 않은 점이 있다. 하필 그 시점에 이일우 등 대구 경북지방의 유지들은 왜, 교통과 숙식의 불편을 무릅쓰고 동북지방과 북경을 여행한 것일까? 여행의 안내자 서상일은 그때 이미 조선국권회복단 운동에 깊이 간여하고 있지 않았던가? 더욱이 그 무렵에는 조선국권회복단의 교통부장 이시영(李始榮, 1882~1919, 이인 변호사의 숙부)은 안동현에 망명 중이었다. 그가 대구의 유명한 포목상 출신이었다는 사실을 고려할 때, 이일우 일행과 이시우는 당연히 가까운 사이였을 것이다. 여러 정황으로 보아, 이일우 일행의 중국행은 단순한 명승지 관광으로 볼 수가 없다. 짐작컨대 국내에서 활동하는 그들로서는, 중국의 동북지방과 북경으로 모여들고 있던 국외독립운동세력의 현황이 못내 궁금했던 것이 아닐까. 요컨대 이일우 등은 한국독립의 가능성을 객관적으로 파악하고 싶었을 것이다. 그들이 중국현지의 독립운동세력과 밀접한 관계에 있던 서상일에게 안내를 부탁했던 것은 바로 그러한 까닭이 아니었을까 추측된다.

1915년 이일우의 조카 상화 서울 중동학교진학. 당시 전진한의 집에 기숙.

1916년 3월~1918년 4월 조선총독부 제령 제7호에 근거하여 부제 실시에 따라 대구부협의회 구성. 제2기 정회원 조선인 5명, 일본인 5명으로 구성되었는데 박기돈, 정해봉, 서병조, 이일우, 이종면 5인.

1917년 1월 29일 정사년(丁巳, 1917)에 소남의 어머니 광주이씨 이인당 하세. 모친상을 당하여 장례의 모든 절차를 부친상 때처럼 하였다. 예서(禮書)를 읽는 겨를에15) 선대의 유묵(遺墨)을 수합하였는

---

15) 부모의 상중(喪中)에 있음을 뜻함. 옛날 부모의 상중에는 다른 책을 보지 않고 오직 예서(禮書)에 있는 상제(喪祭)에 관한 것만을 읽었던 데서 온 말이다.

데, 비록 조각조각의 조그마한 종이라도 하나하나 애호(愛護)하여 비단으로 단장하였다. 『양세연묵첩(兩世聯墨帖)』이라 이름을 짓고는 그것을 맡아서 지키지 못한 잘못을 자책하여 말미(末尾)에 적었다. 상복(喪服)을 벗고는 중국을 유람하며 만리장성(萬里長城)을 보고 절구 한 수를 읊었는데, "만일 이 힘을 옮겨 하천 제방을 쌓았다면, 천년이 지난 지금까지 덕정(德政)이 어떠하겠는가?"라고 하였다. 명산(名山)과 대천(大川)을 두루 관람하고 한 달여를 지내고 돌아왔다.

1917년 이일우의 조카 상화는 현진건, 백기만과 함께 프리트판 시집 『거화(炬火)』를 간행하였다.

1918년 계림농림(주) 임업 관련 회사 설립에 최준, 서병조, 진희규, 서창규, 편동환, 정재학, 김홍조 등과 함께 이일우 중역.

1918년 조선물산무역(주) 우피, 미곡, 면포 등 무역 거래 회사, 정재학, 이병학, 이장우, 서병조와 함께 이일우 중역으로 참여.

1919년 3월 8일 대구 만세시위 운동. 이상화, 백기만 주도. 이 사건으로 일경에 감시를 피해 서울 박태원의 하숙집에 은거하였다. 이 사건과 연루되어 소남 이일우는 일제의 강압으로 대구의 토호들 대부분과 함께 자제단에 이름을 올렸으나 일체의 일동을 하지 않았다.

1919년 3월 8일 3.1운동 이후 독립 만세 운동의 파급을 저지하기 위해 총독부에서 자제회단 설립. 일제는 3.1운동 확산 저지를 위한 대구부내 조선인들을 중심으로 자제회단을 결성하여 3.1만세운동의 확산을 저지하려고 하였다. 단장으로는 경상도관찰사인 박중양, 발기인으로 이병학, 이장우, 정해붕, 이일우, 이영면, 정재학, 한익동, 김홍조, 서경순, 장상철, 서철규, 서병원 등이었다. 대구를 대표하는 계몽운동의 지도자이자 재계의 유력 인사와 일체

협력 단체인 교풍회 회원으로 구성되었다. 이 기간 소남 이일우는 일제에 강압적 탄압을 받았을 것으로 추정된다.

1919년 6월 이일우 제령7호 위반사건 관련 일경에 신문 "죽은 동생의 아들 이상정이란 자는 일본에서 부기 공부를 했다는데, 그는 원래가 방탕무뢰하여 항상 내가 감독은 하고 있으나 지금부터 한 달쯤 전에 가출하여 현재 행방을 알 수 없는 상태인데, 혹은 그와 신문하는 것과 같은 말이 있었는지는 모르겠다. 그도 3~4만원의 재산이 있다."16)라고 진술하였다.

1919년 경상북도 물산공진회 결성.

1919년 설립된 최초의 근대식 면방직회사. 설립 당시 민족계 기업체로서는 최대 규모의 근대식 제조업체로, 민족의 성원과 기대 속에서 김성수(金性洙)에 의해 설립되었다. 1900년대 초부터의 일본의 면직물 및 면방직 자본의 거센 진출에 대항하여 자립경제를 수립하기 위하여 전국적으로 민족자본을 규합, 민족기업임을 표방하면서 설립하였다. 창립 당시의 경영진은 사장에 박영효(朴泳孝), 전무에 박용희, 오늘날의 이사인 취체역에는 이강현, 선우전, 윤상은, 안종건, 김성수, 감사역에는 장두현, 이일우, 장춘재, 박승직, 조설현 등이었다.

1920년 경신년(庚申年) 봄에 약목면(若木面) 동안리(東安里) 한 동네가 수굴(水窟)에 빠졌는데, 몸소 가서 위문하고 많은 액수를 내어 구휼해주었다. 동락학원(東洛學院)은 흉년을 두루 겪어서 유지하기가 매우 곤란하였는데 열 섬의 곡식을 기부하였다. 익재(益齋) 선생의 신도비는 대대로 세울 겨를이 없었는데 혼자 힘으로 담당하여 존위(尊衛)17)하는 정성을 이루었다. 원근에서 유학(留學)하는 자

---

16) 『한국민족독립운동사료집』 7, 44쪽.

들이 학자금이 궁핍하다고 간청하면 반드시 넉넉하게 염려해주어 그들이 학업을 마치게 하였다. 세상은 바야흐로 도도(滔滔)한데 공은 홀로 넓고 넓어서 남들이 지키지 못하는 지조를 지켰고 남들이 행하지 못하는 일을 행하였다. 비록 타고난 자질이 본디 아름답지만 선대의 사업을 돈독히 지켜서 실추시키지 않으려는 생각이 언제나 있었음을 알 수 있다.

1920년 1월 민족적 성향에 있던 한익동, 서상일, 이응복, 이우진, 정운해, 최원택, 이상정 등 자산가, 변호사, 지식인 등이 대구청년회 결성과 참여.

1920년 4월 28일 경일은행 설립 주주총회.

1920년 7월 경상공립은행, 경일은행(설립이사 이일우).

1920년 대구은행 이일우 900주 주주.

1920년 조카 이상백 일본으로 건너가 그 이듬해 4월 와세다고등학권(早稻田高等學院) 제1부 문과 입학.

1920년 4월 경일은행 설립.

1921년 고려요업주식회사에 소남의 둘째 아들인 상무(相茂) 이사로 참여.

1921년 4월 소남 이일우는 대구명신학교의 운영비 일부를 희사하였다.18)

1921년 9월 이일우가 설립한 우현서루에서 출범한 교남학교는 1921년 9월 홍주일, 김명지, 정운기 등이 우현서루(대구 팔운정 101-11번지)에서 사설학습강습소로 출발하여 설립하였다. 교남학교 설립은 이일우 선생의 지원과 그를 따르던 홍주일, 김명지, 정운기가 주동하여 학교를 설립하게 된다. 1940년 10월 서병조가 이를 인수하여 대륜학교로 교명을 바꾸고 재단명칭을 대봉교육재단

---

17) 존위(尊衛): 조상의 유적을 존중하여 지킴.
18) 『동아일보』, 1921년 4월 12일, 3쪽.

으로 명명하였다. 1948년 1월 25일 대봉교육재단은 대륜교육재단으로 변경하였다가 1971년 서병조는 대륜교육재단 설립 50주년 기념식을 하였고 1963년 5월 다시 재단이 변경되어 오늘에 이르고 있다.

1922년 8월 경상북도산업자문위원 위원 이일우, 산업자문위원에는 진희규, 정해붕, 이일우, 서병조, 문명기, 김명옥

전주사이일우연의기념비(前主事李一雨捐義記念碑)

등, 임업, 산업, 상공업, 무역 분야 자문위원에는 이일우, 우상학, 권병선, 한익동, 박정준, 이기소, 문명기 등이다.

1922년 9월 대구곡물시장 개장. 경상북도산업자문위원 정해붕, 서병조, 한익동, 이일우.

1922년 이일우 칠곡공립보충학교 한진아라는 학생에게 학생 학비를 지원하였으며,[19] 그해에 칠곡군 약목면의 빈민구제에도 앞장섰다.[20]

1922년 임술년(壬戌年) 정월 경상북도 칠곡군 약목면 복성리 약목면사무소 내에 '전주사이일우연의기념비(前主事李一雨捐義記念碑, 전 주사 이일우의 의로움을 바친 것을 기념하는 비석)'이 세워졌다. 1922년 이일우가 칠곡공립보충학교 학생들에게 학비를 지원해

---

[19] 『동아일보』, 1922년 01월 26일, 4쪽.
[20] 『동아일보』, 1922년 12월 16일, 4쪽.

준 것과 약목면의 빈민구제에 앞장 선 것에 보답하여 세운 비석으로 자연석 대석에 각진 호패형으로 만들어 세워져 있다. 자연석 받침돌과 네모난 호패형 비신으로 이루어져 있으며, 높이는 119cm, 너비는 전면 42.4cm 측면 14cm이다. 전면 중앙에 세로로 "전주사이일우연의기념비(前主事李一雨捐義記念碑)"라는 명문이 새겨져 있고 좌우측에는 4언절구의 시가 새겨져 있다. 〈우측〉에는 "先公義庄 曠世昌基(선친께서 마련한 의장을 세상에 드물게 기반을 넓혔네), 繼志潤色 有實無私(선친의 뜻을 이어 더욱 빛냈으니, 진실을 지닌 채 사사로움이 없었네)", 〈좌측〉에는 "惠究存沒 感浹髓肌(은혜가 산 자와 죽은 자까지 미쳤으니, 감동이 살갗과 뼛속까지 사무치도다.), 不待輪章 已成口碑(높다랗게 빛내기를 기다리지 않아도, 구전하는 비석이 이미 이루어졌네)"라는 시가 새겨져 있다. 우측 면에는 "壬戌 正朔 立"이 새겨져 있어 이 비석이 건립된 일자가 1922년 임술년(壬戌年) 정월 초하루임을 알 수 있다. 원래 이 비석은 칠곡군 약목면사무소[약목면 복성리 1004번지] 좌측편에 11기의 비석이 있었는데 약목면 약목로 98[복성리 84 7-12번지] 도로가에 있던 것을 도로 정비 시에 면사무소 내로 이동하였다가 다시 약목면사무소 신축 공사로 인해 남계리에 있는 약목 평생학습복지센터 앞으로 다시 이동하였다.

1923년 대구은행에 이일우 900주주.
1923년 7월 7일 대구 상공인 중심으로 대구락부 창립. 서상일, 김의균, 김재환, 박기돈, 백남채, 서병원, 서병조, 서철규, 양대경, 윤홍렬, 이상린, 이상악, 이선호, 장직상, 정봉진, 한익동 등이 참여. 특히 이일우의 맏아들 이상악과 윤홍렬이 함께 참여하고 있다.
1923년 상화는 「나의 침실로」를 발표하였다.
1924년 조양무진주식회사 주주 이상악.

1924년 조카 상백 와세다대학(早稻田大學) 문학부 철학과 입학. 1927년 동대학교 대학원 진학 동양학, 사회학 연구.

1925년 대구은행 이일우 1200주주, 이사 이일우, 이종면 등.

1925년 대구 용진단 단장 이상정, 항일운동에 적극 참여.

1925년 5월 경 이상정 중국 망명.

1926년 4월 20일 펑위샹군이 장쭤린, 우페이푸, 연합군의 공격으로 장자커우로 퇴각, 장자커우에서 권기옥 항공처 부행장(소위) 임명. 서왈보의소개로 펑위샹의 막료였던 유동열과 이상정을 만남.

1926년 10월 6일 바오터우 남주인의 셋집에서 이상정 과 권기옥 결혼.

1926년 11월 이상정과 권기옥 바오터우를 떠나 베이징에 도착.

1926년 상화는 『개벽』 70호에 「빼앗긴 들에도 봄은 오는가」 발표.

1927년 대구은행 1,200주 소유주주 및 이사.

1927년 7월 7일 이상악 등 창립.

1927년 7월 대구은행 이사에서 물러남.

1927년 대구상공협회: 1) 조선 경제권 공동이해, 2) 조선인의 생존권 발취

1927년 대구은행 주주, 이일우 1천 200주.

1927년 9월 30일 소남 이일우 배 수원백씨 하세. 배위는 수원 백씨(水原白氏) 백교근(白瞰根)의 따님으로 부인의 행실이 있었는데, 공보다 십년 앞선 정묘년(丁卯年, 1927)에 돌아갔다. 5남 1녀를 낳았는데, 아들은 상악(相岳), 상무(相武), 상간(相侃), 상길(相佶), 상성(相城)이고, 사위는 윤홍열(尹洪烈)이다. 상악은 3남 4녀를 낳았는데, 아들은 석희(碩熙), 탁희(卓熙), 숙희(叔熙)이고, 사위는 김한석(金漢錫), 한규대(韓圭大), 최한웅(崔韓雄, 최남선(崔南善)의 아들)이며 딸 하나는 아직 어리다. 상무는 4남 4녀를 낳았는데, 아들은 철희(哲熙), 달희(達熙), 열희(烈熙), 설희(卨熙)이고, 사위는 서병직(徐丙直)이고 나머지 딸들은 어리다. 상간은 상길의 둘째 아들

법희(法熙)로 대를 이었다. 상길은 5남을 낳았는데, 섭희(涉熙), 법희(法熙, 공의 셋째 아들 상간의 호적에 오름), 합희(合熙), 기희(冀熙), 납희(納熙)이다. 윤홍렬은 4남 4녀를 낳았는데, 아들은 성기(聖基), 봉기(鳳基), 중기(重基), 병기(炳基)이고, 사위는 배만갑(裵萬甲)이다. 나머지는 다 기록하지 않는다.

1927년 대구출신 이종암이 1919년 3.1운동 이후 동년 11월 10일 중국 지린[吉林]에서 김원봉(金元鳳), 윤세주(尹世冑), 이성우(李成宇) 등 12명과 함께 일제에 대한 전면적 폭력투쟁을 목적으로 하는 의열단을 창립하여 활동하였다. 독립군 군자금을 모집하기 위해 1925년 7월 잠입하여 1927년 대구에서 자금모집 활동을 하다가 일본 경찰에 붙잡혔다. 대구고보를 나온 이종암과 백기만, 이상화가 함께 연루되어 상화가 구금되었다.

1927년 12월 조카 상백 와세다대학(早稻田大學) 농구부 인솔 미국원정.

1927년 신간회를 조직하여 민족 해방운동을 보다 효과적으로 전개. 노차용, 장택원, 정대봉, 이상화 등이 관여함.

1928년 4월 2일 소남의 막내아들 상성(相城, 1928.4.2~1993.1.16, 배 단양우씨 도형의 여 문안) 태생. 일반외과 전문의, 의학박사, 대구시의사회회장, 경북대학교총동창회장.

1928년 대구은행과 경남은행이 합병되어 경상합동은행으로 설립될 당시 이사로 있었던 이일우는 930주를 보유한 주주가 되었다. 그러나 1931년 경상합동은행 주식을 전부 매각하고 은행 투자를 정리하여 맏아들 상악(相岳)이 경영 주체로 적극 활동하게 된다.

1928년 소남의 맏아들 상악은 시대일보를 인수하여 창간된 중외일보사에 자본을 투자. 상악의 딸 무희(茂熙)와 동주인(東州人) 최한웅(崔漢雄, 부친 최남선(崔南善)) 연계.

1928년 경상합동조합 이일우 330주.

1928년 대구은행과 경남은행 합병 경상합동은행 설립. 이일우 930주 주주.

1928년 시대일보 인수, 이상악.

1928년 시대일보 인수 중외일보 지분 지주, 이상악.

1928년 중외일보. 자본 투자, 이상악.

1928년 6월 이일우와 이상악 송덕비 건립. 1923년 수해, 1924년 한해 등으로 소작농들의 피해가 가중되면서 생산물 60%이상의 도지를 수취한 대구의 악덕지주 정재학, 서우순, 장길상, 장직상, 이병학, 최재교, 마석룡, 이상태 등의 명단이 공개되는 상황이었으나 1928년 다시 재해가 찾아다섯째아들 청도군의 소작농들은 지주 이일우와 이상악이 도지 수취를 대폭 인하하고 구휼미를 나누어 구제함으로 이에 송덕비를 겁립하였다. 이상악은 소작인 3~4백여 명에게 정도 5두씩 나누어주고 특히 재해가 심했던 각북면에는 정조 30석을 구휼미로 무이자로 배급함여 구제하였다.[21]

1929년 소남으로부터 경영권을 이어받은 맏아들 상악은 조양무진회사 210주 주주.

1930년 9월 29일 소남 이일우는 환갑잔치 비용을 절약하여 솜, 옷 200벌을 이웃사람들에게 기증. 경오년(庚午年, 1930) 10월 며칠은 공의 회갑(回甲)이었다. 집안 식구들이 경사를 치르는 물품을 갖추고자 하였으나 공은 명하여 그만두게 하고 말하기를, "잔치를 열어 마시며 즐기는 것은 본래 나의 뜻이 아니다. 하물며 비통함이 배가(倍加)되는 날에 있어서랴."고 하고는 마련한 돈을 빈궁하고 의탁할 곳이 없는 사람들에게 모두 나누어 주었다. 하루는 자손들을 불러 말하기를, "거친 물결이 하늘까지 넘쳐나니 이미 한손으로는 만회할 수가 없다. 또한 시운(時運)을 받지 못하는 것은 옛

---

21) 『동아일보』, 1928.6.18; 『중외일보』, 1930.5.30.

사람이 이른바 절물[絶物, 세상과 고립됨]이는 것이다. 우리와 같은 사람은 윤리와 기강이 어떤 일인지 알지 못하여 조금씩 금수(禽獸)의 영역에 날마다 동화되어 친척을 버리고 분묘(墳墓)를 버리는 것이 진실로 이상한 일이 아니다. 우리 집안의 선대의 분묘는 곳곳에 흩어져 있으니 사정상 보수(保守)하기 어려웠다. 장차 특별히 오환(五患)[22]이 없는 지역을 선택하여 4세 이하의 선영을 한 구역 안으로 이장하여 수호하기에 편하게 하고 또한 후세의 폐단을 막게 하여라. 너희들이 그 일을 감독하여 나의 소원을 이루어다오."라고 하였다. 이로부터 항상 조그마한 질병의 증상이 있었는데 약을 쓰는 겨를에 마음을 평온하게 기운을 펼치는 것으로 양생(養生)하는 방도로 삼았다. 또한 사문(斯文)[23] 최종한(崔宗瀚)에게 일러 말하기를, "동방의 옛날 서적이 장차 버려질 지경에 이르렀으니 내 널리 구해 사두고자 하네. 혹 서적을 보고자 하는 사람이 있으면 허락하고 그렇지 않으면 보관하여 지키면서 후일을 기다리게. 혹 옛 사람의 정화(精華)가 되는 원인은 알지 못하더라도 이것은 없어지지는 않을 것이네. 경영한지 이미 오래되었으나 더불어 의논할 자가 없었으니 그대는 그렇게 도모해주게."라고 하였다. 바로 산격동(山格洞)에 가옥 한 채를 샀으나 품은 뜻을 이루지 못한 채 병세가 심각해졌다. 자손들을 불러 경계하며 말하기를, "이장한 후에는 절세(節歲)와 기제(忌祭)는 폐지하라. 다만 봄과 가을에는 제각(祭閣)에서 두 번 제사지내고 포와

---

22) 오환(五患): 묏자리를 잡을 때 피하여야 할 다섯 곳이다. 곧 후일에 도로가 날 자리, 성곽이 들어설 자리, 개울이 생길 자리, 세력 있는 사람이 탐낼 자리, 농경지가 될 자리이다. 일설에는 마을이 들어설 자리, 도자기를 구울 만한 자리도 이에 포함된다고 한다. 『增補四禮便覽』, 「喪禮 5 治葬」.
23) 사문(斯文): 유교(儒敎)에서 도의(道義)나 문화(文化)를 이르는 말이다. 또는 유학자를 높여 이르는 말이기도 하다.

과일 각 세 품목으로 현주(玄酒)를 올려라. 또한 내가 눈을 감은 후에는 원근에 사는 친구들에게 부고(訃告)하여 부질없이 왕래하는 수고로움을 끼치게 하지 말라."고 하였다. 말을 마치고 편안하게 서거하였다.

1930년 이상백 일본 농구부 창설과 상무이사.

1930년 8월 대구 경일은행과 경남 밀양은행을 합병하여 경상공립은행으로 합병.

1930년 이일우의 맏아들 이상악이 조선국자제조주식회사 설립이사 자본 8만원으로 설립. 1939년에는 자본금이 32만원으로 크게 증식.

1931년 성주 소작인 지세를 지주 부담. 소작인 부담해야 할 소작료가 늘어나자 소작인들의 생활이 곤궁해지는 것을 보고 소작인이 담당하는 지세를 지주인 이일우가 담당하여 소작인들을 지원하였다. 당시 비난의 대상이 되었던 대구의 대지주들과는 달리 이일우와 그의 아들 이상악은 소작인들에게 도지(賭地)를 인하하거나 지세(地稅)를 대납해 줌으로써 소작인들로부터 칭송을 받았으며 노블레스 오블리제(noblesse oblige)를 몸소 실천하였다.

1931년 경상합동은행 주식 처분. 맏아들 이상악이 경영 일선에 나섬.

1931년 중외일보 임원진, 사장에 안희제, 이사에 이우식, 이상협, 최윤동, 문관협, 박규석, 이상악, 장길상, 감사에 이판수, 유시혁, 진희무.

1933년 2월, 『삼천리』 잡지 1933년 2월호의 별책부록인 『조선사상가총관(朝鮮思想家總觀)・반도재산가총람(半島財産家總覽)』(A6판, 120면)은 '대구'의 자산가 명단이 실려 있다. △ 100만원 이상 정재학(鄭在學) 서병국(徐丙國) 장길상(張吉相) 추병화(秋秉和) 김태원(金泰源) △ 50만원 이상 서병조(徐丙朝) 이일우(李一雨) 정해붕(鄭海鵬) △ 30만원 이상 서병린(徐丙麟) 서병항(徐丙恒) 서철규(徐喆圭) 서창규(徐昌圭) △ 10만원 이상 이근상(李根庠) 서병주(徐丙柱).

1936년 8월 15일 병자년(丙子年, 1936) 8월 15일이었으며 향년 67세로 하세하였다. 유명(遺命)에 따라 화원(花園) 가족묘지에 곤방(坤方)을 향하는 언덕에 장사지냈다.

1937년 경북상공(주) 이상익 주주.

1937년, 소남의 조카 이상정의 동생 시인 이상화가 중국 난징 방문 3개월 머뭄.

1937년 경북상공주식회사 이사, 교육진흥, 산업발전, 문화계몽 서창규, 이상악 등 이사.

1937년 광성초자공업주식회사 이상악 자본금 10만 주주 및 감사.

1937년 대구약주양조주식회사 주식, 주주 정운용, 이상악 등 이사.

1937년 대구양주양조주식회사 이사 사돈 안병규 경북무진주식회사 자본금 200만 주주

1937년 이상악은 대동주조주식회사 자본금 10만 주주 및 감사.

1937년 대구약주양조(주) 이상악 이사.

1938년 경북무진 주식회사 중역 이상악 2381주 대주주, 정운용, 윤상태, 서병원, 이상익 등 이사.

1938년 조양무진주식회사에 이상악 자본 투자. 조양무진주식회사가 대구무진주식회사, 포항무진주식회사, 김천무진주식회사가 합병되어 경북무진주식회 설립. 이상악은 총주식 4만주 중 2,381주의 대주주가 되었다.

1938년 이일우의 조카 상정은 신한민주혁명당 조직, 중앙위원 겸 군사부장.

1939년 광성초자공업(주) 이상악은 감사를 맡았다.

1939년 이상악은 경북상공주식회사 이사 선출,

1939년 이상악은 대동주조주식회사 감사, 대구약주양조주 이사.

1939년 이상악 조선국자제조회사 자본금 32만원 증자.

1939년 6월 와세다대학(早稻田大學) 재외특별연구원자격으로 2년 6개월

동안 중국 체재. 그 기간 동안 소남에게 체재 경비 700원의 거금을 요청하자 이일우 선생은 흔쾌히 받아들 상악을 통해 송금.

1940년 10월 서병조가 인수했던 대륜학교재단을 대봉교육재단으로 명의를 바꿈.

1940년 3월 중국 체재 중이었던 상백은 몽양(夢陽) 여운형(呂運亨) 만남. 그해 중국 육군유격대훈련학교 교수.

1941년 1월 8일 소남의 장자 상악 하세.

1942년 1월 조선임전보국단 경북지부 부인부 결성. 동 2월 군용기 5대에 해당되는 거액을 헌납. 박중양, 서병조(서상돈의 둘째아들), 장직상, 신현구, 서상일 등의 반민족 행위가 자행됨.

1942년 이일우의 조카 상정은 화중군사령부 고급막료로 난징전, 한커우전에 참전하였다. 그후 태평양전쟁 종결과 동시에 육군중장으로 승진되어 일본군 북동부 방면에 최고사령관으로 무장해제의 임무와 동포들의 보호를 위한 활동을 하였다.

1944년 10월 조카 상백은 건국동맹에 가입. 동년 12월 조선독립연맹과의 연락을 담당하여 중국에 파견.

1945년 3월 21일 조카 시인 상화 하세.

1945년 8월 15일 조카 상백은 이만규, 이여성, 김세용, 이강국, 박문규, 양재하 등과더불어 건국준비위원회 기획처를 구성. 동 건국위 총무 역임.

1945년 8월 조카 상백은 경성대학 교수 사회학 담담.

1947년 4월 조카 상백은 서울대학교 문리과대학 교수.

1948년 1월 25일 대륜교육재단.

1947년 8월 27일 이상정이 어머니의 사망 소식을 받고 고국으로 귀국.

1947년 10월 27일 조카 뇌일혈로 이상정 하세.

1951년 조카 상백 대한체육회 부회장 피선.

1952년 7월 조카 상백 제15회 헬싱키올림픽대회 한국선수단 총감독.

1955년 3월 조카 상백은 김정희 여사와 결혼. 그해 서울대학교에서 문학박사학위 취득.

1956년 11월 조카 상백은 제16회 맬버른올림픽대회 한국선수단장.

1960년 1월 31일 소남의 둘째 상무 하세.

1960년 8월 조카 상백 제17회 로마올림픽대회 대한올림픽위원회 대표.

1963년 5월 서병조로부터 인수.

1964년 1월 조카 상백 대한올림픽위원장, 그해 10월 IOC위원 피선.

1966년 4월 14일, 조카 상백 심근경색으로 하세.

1989년 7월 9일 소남 이일우 계 울산 박씨 홍선 하세.

1970년 3월 5일 상악의 계배인 전주 이 명득 여사 하세. 대한부인회 대구지부장, 대구적십자사 경북지부 부회장 역임.

# 경주이장가 소남공 가계[1]

## [소남(小南) 이일우(李一雨)]

소남 이일우(日雨, 1868.10.4~1836.8.15)
  배 수원백씨 성희(聖熹) 여 자화(自和, 1868.10.7~1927.9.30)
  계배 울산 박씨 종로(鍾魯) 여 홍선(興先, 1907.10.16~1989.7.9)

1) 맏아들 상악(相岳, 1886.9.24~1941.1.8)

  배 달성 서씨 병오(丙五) 여 법경(法卿, 1886.11.27)
  계배 전주 이씨 신영(信泳) 여 명득(命得, 1897.2.3~1970.3.5)
○ 맏아들 석희(碩熙, 1920.1.17~1990.2.8)
  배 순흥 안씨 병규(炳圭)의 여 귀동(貴童, 1922.6.2~2007.10.4)[2]
  맏아들 재철(1942~2008)
  배 수원백씨 종애(種愛), 원호(1978~)(AST대표), 배 경주 배씨 배한아
    (裵瀚娥, 1982~) 장자 준서(濬瑞, 2009~)와 둘째 준혁(濬赫, 2010
    ~), 미경(1972~), 선경(1975~), 진경(1976~)

---

1) 『경주 이씨 익제공파 소경공후, 논복공파보』, 대보사간, 2013. 기준으로 하였기 때문에 생몰년대의 변화가 있을 수 있음을 감안해 주시기 바람.
2) 귀동(貴童, 1922.6.2~2007.10.4)은 안귀동, 경북대 병원장 안두홍의 누나, 영남의료원장을 역임한 안종철의 고모.

여 재주(在珠 , 1947~) 부 밀양 손일식(孫一植), 맏아들 손보성(1968~)(피부과원장) 배 이지원(1972~), 둘째아들 손준성(1974~)(대검찰청정책과장)3) 배 김수진(1987~), 딸 민정(1971~) 부 정연호(1967~)(피부비뇨기과원장)

여 재숙(在淑, 1950~) 부 김해 김씨 김상흡(金相洽), 딸 김보경(1975~) 부 정대호(1972~)(공무원), 맏아들 김정용(1977~)(사업) 배 이경미(1977~), 딸 보미(1975~), 딸 보윤(1978~)

재란(在蘭, 1953~) 부 충주 박씨 박영철(朴英哲)(정형외과원장). 맏아들 박성기(1976~)(나래정형외과원장), 배 김연정(1978~)(이화약국원장), 딸 지민(1979~)(대구국제학교팀장) 부 김준영(1977~)(경대장형외과)

둘째아들 재일(在日, 1955~)((주)서남기업 대표이사)

배 밀양 박씨 윤경(倫慶, 1957~)(케이케이(주)(전경북광유) 대표), 맏아들 인호(寅鎬, 1983~)(변호사, 공인회계사), 배 순천 박씨 희수(1985~), 여 혜령(1981~)(이비인후과 전문의) 부 성주 이씨 이동현(李東鉉 1979~)(신경외과 전문의)

셋째아들 재용(在庸, 1962~)(사업)

배 의령 남씨 주현(周鉉, 1964~), 맏아들 건호(健鎬, 1989~)(군복무 중), 여 연지(姸芝, 1993~)

○ 둘째아들 탁희(卓熙, 1921.12.12~1996.8.17)

배 성주 이씨 근상(根庠) 여 정옥(貞玉, 1928.6.12), 재수(在洙, 1950~) 배 아주 신씨 선의(善議, 1953), 둘째아들 재호(1951~)(전 신세계건설 대표), 배 평산 신씨 혜정(惠晶, 1955~), 셋째아들 재구(在九, 1956~)(정형외과, 병원장) 배 남평 문씨 재원(哉元, 1959~), 넷째

---

3) 김광림(金光琳), 경북 안동 국회의원, 새누리당 정책위원장의 사위.

아들 재혁(在爀, 1963~)(이비인후과 병원장) 배 안동 권씨 영희(玲姬, 1964), 여 재성(在星, 1953~) 부 고성 이씨 이동수(李東守)(산부인과원장), 여 지연(知姸, 1960~) 부 김해 김씨 김재연(金宰演)(신경외과원장)

○ 셋째아들 숙희(叔熙, 1925.9.4~1984.6.26)(전 대구적십자병원장) 배 함령 김씨 학진(鶴鎭) 여 윤자(潤子, 1930.6.20~)(가톨릭대학병원소아과과장), 맏아들 재원(在元, 1957~) 배 월성 손씨 숙자(淑子, 1961~), 둘째아들 재근(在根, 1960~) 배 수원 백씨 희정(喜晶, 1962~), 셋째아들 재준(在晙, 1961) 배 탐진 최씨 정숙(貞淑, 1962)

○ 여 소요(小姚, 1906.2.20~), 부 김한석(金漢錫)

○ 여 차요(且姚, 1907.10.13), 부 청주인 한규대(韓圭大)

○ 여 무희(茂熙, 1918.2.29), 부 동주인 최한웅(崔漢雄)(최남선(崔南善)의 자, 서울대 의대교수)[4]

○ 여 수희(壽熙, 1923.2.29), 부 여주인 이경형(李暻衡)(전 서울공대 교수)

2) 둘째아들 상무(相武, 1893.7.30~1960.1.30)

배 달성 서씨 상춘(相春) 여 응조(應祚, 1893.1.22~1918.10.5)

○ 맏아들 철희(哲熙, 1918.10.22~2001.2.15)

배 밀양 박씨 남극(南極) 여 영진(永珍, 1923.2.20~?), 맏아들 정호(正浩,

---

4) 최남선(崔南善, 1890년 4월 26일~1957년 10월 10일)은 상악(相岳)의 딸 무희(茂熙, 1918~?)의 부군인 동주 최씨 최한웅(崔漢雄, 1918~2002)은 최남선과 연주 현씨 사이에 태어난 맏아들로 서울대 의대교수를 지냈다. 그러니까 상악(相岳)과 최남선이 사돈 관계로 『중외일보』 인수에 대한 투자가 이루어졌던 것으로 보이며 최남선은 중국으로부터 많은 서책을 수입하고 또 대구와 서울의 교류 역할을 담당했던 것이다.

1943~)(신경정신과 인제대 교수) 배 여주 이씨 원희(源姬, 1947~)(안과전문의), 둘째아들 재권(在權, 1956~) 배 용인 이씨 규희(圭姬, 1960~), 여 정교(貞嬌, 1949~) 부 반남 박씨 박상우(朴相雨), 여 재원(在媛, 1953~) 부 인동 장인복(張仁福), 여 재향(在香, 1959~) 부 김창일(金昌一)

○ 둘째아들 달희(達熙, 1921.10.15~2007.12.11)(국립검역소장)

배 남원 양씨 천손(千孫)의 여 익자(益子, 1925.7.6~), 맏아들 재웅(在雄, 1953~)(성형외과전문의) 배 김해 김씨 정희(禎姬, 1954~), 둘째아들 재홍(在洪, 1955~) 배 전주 이씨 덕원(德媛, 1958~), 셋째아들 재형(在亨, 1957~2009) 배 밀양 박씨 학수(鶴壽, 1961~), 여 재숙(在淑, 1949~) 부 김해 김씨 김기철(金基哲), 여 재옥(在玉, 1951~), 부 현풍 곽씨 곽무헌(郭武憲)

○ 셋째아들 열희(烈熙, 1924.12.18~2012.8.9)(전 경북대치대학장)

배 밀양 박씨 문웅(文雄) 여 부남(富南, 1931~),5) 맏아들 재창(在昶, 1957~)(정형외과전문의) 배 능성 구씨 정연(貞延, 1960~), 여 재영(在瑩, 1953~) 부 영천 이씨 이경락(李景洛), 여 재정(在貞, 1960~) 부 인천 채씨 채인돈(蔡仁敦), 여 은정(垠靜, 1964~) 부 고창 오씨 오재윤(吳在允), 여 재미(在美, 1967~)(재미)

○ 넷째아들 설희(卨熙, 1936.7.13~)(재미 대학교수)

배 청주 한씨 설봉

---

5) 박중양(朴重陽, 1872년 5월 3일~1959년 4월 23일), 상무의 셋째 아들 열희(烈熙)의 부인인 박부남(朴富南, 1931~?)의 아버지는 박문웅(朴文雄, 1890~1959)이고 조부가 박중양이다. 소남 이일우가 1936년에 하세하였으므로 박중양과 사돈관계라는 어불성설이나 다만 소남의 사후에 소남의 손자이자 전 경북대 치대학장을 지낸 열희(烈熙)의 아버지 상무(相武)와 사돈격이 된다. 이러한 사실을 분명하게 파악하지 않고 소남 이일우와 박중양이 사돈 관계로 추정하고 친일 세력으로 몰아세우려는 견해는 잘못된 것이다.

○ 여 명희(明熙, 1916.6.25~2002) 부 달성인 서병직(徐丙直)
○ 여 경희(瓊熙, 1923.10.24~) 부 김해인 허탁(許琢)
○ 여 양희(良熙, 1929.12.28~) 부 김성호(金聖鎬)
○ 여 영희(英熙, 1933.6.16~) 부 죽산 박씨 박상덕(朴相德)

3) 셋째아들 상간(相侃, 1898.8.5~1916.7.15)

　배 성주 이씨 정준(貞俊) 여 계수(季守, 1896.3.9~1936.8.24)
　계자 법희(法熙, 생부 상길, 1927.3.8~1986.12.18)
　배 은진 송씨 재호(在顥) 여 경호(慶鎬, 1938.8.19~), 맏아들 재인(在仁, 1961~)(에스테크 사장) 배 경주 손씨 영희(永熙, 1965~), 둘째아들 재황(在晃, 1963~)(서울대공학박사) 배 고흥 유씨 류연(柳薦, 1968~)

4) 넷째아들 상길(相佶, 1901~1968)

　배 성주 도씨 문환(文煥) 여 학수(鶴殊, 1904~1983)
○ 맏아들 섭희(涉熙, 1923~1991)
　배 김해 김씨 홍범(洪範) 여 순희(順熙, 1928~), 맏아들 재우(在禹, 1949~)(내과전문의, 고신대교수) 배 칠원 제씨 인선(仁仙, 1953~), 둘째아들 재신(在信, 1954~) 배 탐진 안씨 향경(香瓊, 1959~), 셋째아들 재훈(在勳, 1957~) 배 김해 김씨 수영(秀英, 1961~), 여 재경(在瓊, 1952~) 부 예천 임씨 임태진(林台鎭), 여 숙경(淑璟, 1959~) 부 전주 이씨 이영근(李英根)
○ 둘째아들 법희(法熙) → 상간의 계자.
○ 셋째아들 합희(合熙, 1928~2005)(한일교과서협회 한국측 수석대

표)6)

배 이안 박씨 기정(其定) 여 인숙(仁淑, 1933~), 맏아들 재명(在明, 1955) (홍국공업대표) 배 안동 장씨 장명심(張明心, 1958~), 둘째아들 재순(在淳, 1958~) 배 수원 최씨 최옥열(崔玉烈, 1958~), 셋째아들 재하(在厦, 1961~) 배 김해 김씨 김경연(金京燕, 1961~), 여 미미(1963~) 부 금령 김씨 김대영(金大暎)

○ 넷째아들 엽희(葉熙, 1931~)(성덕 도교교구장)

배 상산 박씨 장훈(章勳) 여 경애(敬愛, 1939~), 맏아들 재민(在旼, 1968~), 둘째아들 재관(在寬, 1970~)(레디언코리아 사장) 배 경주 김씨 김양수(金良洙, 1974~), 여 재은(1965~) 부 밀양 박씨 박헌식(朴憲植)

○ 다섯째아들 납희(納熙, 1933~)

배 달성 서시 의수(義洙) 여 옥자(玉子, 1940~1999), 맏아들 재성(在晟, 1967~) 배 동래 정씨 정문주(鄭文珠, 1971~), 둘째아들 성원(晟源, 1969~) 배 해평 윤씨 윤혜정(尹惠正, 1974~), 여 재현(在晛, 1965~) 부 수원 백씨 백오규(白伍奎)

5) 다섯째아들 상성(相城, 1928~1993)(대구시의사회회장, 경북대의대교수)

배 단양 우씨 도형(道亨) 여 문안(文安, 1933~)

○ 맏아들 승봉(承鳳, 1955~)(울산고려의원병원장)

배 진주 강씨 인형(仁馨) 여 영숙(英淑, 1956~), 맏아들 재영(在濚, 1981

---

6) 그의 큰아버지 이상악의 딸은 육당 최남선의 아들과 결혼하여 사돈을 맺었다. 이 인연으로 이상악의 조카이자 이열희의 사촌인 이합희는 육당 최남선이 만든 문예지 『소년』의 출판사인 동명사에서 장기간 부사장직을 맡는다.

~), 여 정은(姃恩, 1983~)
○ 둘째아들 창봉(昌鳳, 1956~)(태평양제약지점장)
　배 능성 구씨 익모(益謨) 여 윤옥(潤玉, 1955~), 맏아들 재찬(在璨, 1984
　~)(서울중앙지법 판사), 여 정아(姃娥, 1986~)
○ 셋째아들 길호(吉鎬, 1964~)(정형외과전문의)
　배 진양 강씨 우용(又用) 여 지은(智恩, 1977), 여 윤정(玧姃, 2010~),
　현정(炫姃, 2012~)
○ 여 동희(東熙, 1957) 부 전의 이씨 이헌실(李憲實)
○ 여 원희(沅熙, 1959~1999) 부 김해 김씨 김상범(金尙範)

6) 여 숙경(淑瓊, 1893) 부 파평 윤씨 윤홍렬(尹洪烈)(대구일보사장)[7]


## [우남(又南) 이시우(李時雨)]

우남(又南) 이시우(時雨, 1877.3.4~1908.8.22)
　배 김해 김씨 도근(道根) 여 화수(華秀, 1876.3.20~1947.4.7), 김신자(金
　愼子)라고도 함.

1) 맏아들 상정(李相定, 1897.6.10~1947.10.27) 독립운동가.
　아호(雅號)는 청남(晴南), 산은(汕隱). 중국군 중장. 이직우(李直又)
　혹은 이연호(李然皓)라고도 부름.

---

7) 윤홍열(尹洪烈, 1893년~1947년 2월 19일), 남조선과도입법위원회 의원과 대구시 보사 사장 역임. 윤영주, 윤성기, 윤덕주(尹德珠, 1921년 6월 23일~2005년 7월 8일[5]), 농구선수, 대한체육회 부회장·명예회장 역임. 서정귀(徐廷貴, 1919~1974), 4대·5대 국회의원, 재무부 차관(1960년), 호남정유사 사장 역임.

배 초취 청주 한씨 정원(鼎源) 여 문이(文伊, 1897.5.7~1966.6.12)
　　배 재취 권기옥(權基玉, 1901.1.11~1988.4.19)(여성 최초의 비행사, 대한독립군 대령)
○ 맏아들 중희(重熙, 1918~1990)(대학교수)
　　배 창령 성씨 태련(胎連, 1923~1993), 중희(重熙)의 자식으로는 맏아들 재현(在賢) 배 경주 김씨 김인숙(金仁淑), 둘째아들 재윤(在允) 배 평해 황씨 황영숙(黃英淑), 셋째아들 재건(在建) 배 경주 김씨 순금(順今), 넷째아들 봉화(奉和) 배 밀양 박씨 박은자(朴銀子), 다섯째아들 재익(在益) 배 경주 김씨 김현숙(金賢淑), 여섯째아들 창훈(昌勳) 배 여양 진씨 진혜경(陣惠敬), 여 재진(在珍) 부 충남 여씨 여인상(呂寅相).
○ 여 선희(善熙) 부 경주인 배기식(裵基式).

2) 둘째아들 상화(相和, 1901.4.5~1943.3.21)(항일저항 민족시인)

　　배 달성 서씨 서온순(徐溫順, 다른 이름은 서순애(徐順愛), 1902.9.18~1984.1.4)
○ 맏아들 용희(龍熙, 1926~1950)
○ 둘째아들 충희(忠熙, 1934~),(전 홍국공업사 대표)
　　배 영일 정씨 정태순(鄭泰順), 맏아들 재상(在祥, 1969~) 배 경주 정씨 정희주(鄭喜珠, 1971~), 둘째아들 재역(在烈, 1970~), 여 승은(承恩, 1968) 부 안능 강씨 강문석(姜文碩).
○ 셋째아들 태희(太熙, 1938~) 미국으로 이민.
　　배 진주 강씨 강옥순(姜玉順, 1940~) 재미. 맏아들 재성(在晟, 1971~)(재미), 여 윤선(胤先, 1973~)(재미)

3) 셋째아들 상백(相佰, 1903.8.5~1966.4.14)

사학자 겸 체육행정가. 국제올림픽위원회 위원. 아호(雅號)는 상백(想白), 백무일재(百無一齋).

배 김해 김씨 계용(癸用) 여 정희(貞喜, 1924.6.11~)
○ 계자 영희(1938~1991)(생부 상오)
　배 당진 최씨 최신자(崔信子, 1941~), 맏아들 재훈(在勳, 1971~) 배 김해 김씨 김현숙(金賢淑, 1975~), 여 윤진(1972~) 부

4) 넷째아들 상오(相旿, 1905.7.16~1969.8.15)(수렵가, 바둑인)
아호(雅號)는 모남(慕南).

배 달성 서씨 병원(丙元) 여 연희(蓮姬, 1910.5.9~1984.10.21)
○ 맏아들 창희(昌熙, 1935~)
　배 영천 이씨 이홍자(李弘子, 1942~), 재하(在夏, 1965~) 배 문화류씨 문선정(文善貞, 1968~), 여 연진(沇珍, 1967~) 부 경주 김씨 김진영(金鎭永), 여 화진(和珍, 1970~)
○ 둘째아들 영희, 상백 양자.
○ 셋째아들 광희(光熙, 1945~)
　배 재령 이씨 이윤숙(李允淑, 1952~) 여 정진(定珍, 1978~), 부 죽산 박씨 박성준(朴晟濬), 여 성진(星珍, 1981~)
○ 넷째아들 원오(垣墺, 1947~2010)
　배 경주 최씨 최수연(崔水榮, 1955~), 맏아들 재준(在埈, 1988~), 여 수진(秀珍, 1981~) 부 월성 이씨 이원희(李元熙), 여 경진(炅珍, 1982~)
○ 다섯째아들 종희(宗熙, 1947~)(중국해운대표)
　배 성산 배씨 배효경(裵曉慶, 1960~), 맏아들 재화(在和, 1990~), 여 여

진(如珍, 1986~)
○ 여 남희(南熙, 1931~) 부 윤온구(尹溫求)
○ 여 겸희(謙熙, 1933~) 부 밀양 박씨 박창암(朴蒼巖, 1923.5.15~ 2003.11.10. 군인, 정치가. 아호(雅號)는 만주(滿洲), 허주(虛舟), 농부(農夫). 대한민국 군사영어학교 1기 출신. 대한민국 육군 준장 전역.)